博学而笃志,切问而近思。
（《论语·子张》）

博晓古今,可立一家之说;
学贯中西,或成经国之才。

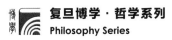

当代知识论导论

王聚 著

复旦大学出版社

内容提要

　　本书对当代知识论进行系统的介绍、分析与反思。全书内容主要围绕当代知识论领域的经典挑战展开，如葛提尔问题、阿格里帕三难问题、彻底怀疑论与相对主义。围绕这些挑战，书中既呈现了较早的重要理论，也涵盖了当代知识论领域最新的前沿理论。围绕葛提尔挑战引入知识的可挫败理论、反运气知识论与德性知识论，围绕认知辩护的结构问题展开基础主义、融贯主义、无限主义与语境主义，围绕彻底怀疑论剖析语境主义、新摩尔主义与解释主义。对于经典问题的剖析可以夯实读者的理论基础，对于新兴发展的引介可以让读者更好地与国际前沿接轨，把握当下研究热点。

引　言

亚里士多德在《形而上学》的开篇指出，求知是人的本性。人类对真理和知识的求索不仅表现为实证的科学研究，还表现为对知识本身的追问。什么是知识？知识的价值是什么？我们如何获得知识？知识可以获得吗？这一系列追问构成了知识论研究的重要话题。简而言之，知识论就是对人类知识展开全面的、系统的、批判的研究的哲学分支。

在哲学史上，知识论问题是哲学事业的重要组成部分。在进行形而上学的考察前，一种审慎的做法是先分析我们的认识能力，从而划定形而上学讨论的合理范围。在讨论道德责任时，我们不得不考虑行动者在认知方面的处境。当解释语言表达式的意义时，我们会诉诸语言使用者的思想。在解释人们的行动时，我们会诉诸行动者的信念。由此可见，知识论问题与形而上学、语言哲学、心灵哲学、行动哲学、道德哲学等领域的哲学问题有着千丝万缕的联系。

在当代英美分析哲学中，特别是随着1963年葛梯尔发表论文《被辩护的真信念是知识吗？》后，知识论领域获得了长足的发展。这个领域的变化可谓日新月异。掌握该领域的基本发展脉络和重要理论思想，对于理解英美分析哲学的发展，实现与国际学界的对话尤为重要。

本书有两个写作目的。首先，本书可以用作我国哲学系本科生和研究生学习"当代知识论"课程的入门教材。在我看来，一本优秀的哲学教材需要满足3个方面的要求。第一，书中介绍的内容应该基本涵盖当代知识论的重要研究内容，这样才足以让学生对该领域有一个整体的把握。毫无疑问，话题的选择不可能巨细无遗，否则会让这本书成为一本知识论领域的百科全书。因此，本书参考了国内外出版的知识论领域的一些教材，并节选了其中讨论最多的部分。此外，我根据自己的研究经历补充了一些子话题，使得话题内容更加充实。第二，书中的内容应该按照理论发展的脉络，在清晰的逻辑框架中用简洁明了的文字呈现给读者。任何一个哲学分支的入门都很困难，因此，一本好的教科书必须借助直白清晰的语言来介绍深奥晦涩的理论，以免造成额外的学习负担。为了让本书的受众尽可能广泛，写作时我不预设读者拥有很多相关的哲学背景知识。读者在阅读的过程中会发现有很多有趣的例子，大部分例子甚至不是真实的，而只是构造出来的。但是，借助直观的例子，能够更容易把握知识论领域的专业概念和理论，并进而上升到更深入和更严肃的哲学讨论。第三，哲学的入门不仅是对相关理论的正确掌握，更应该是严肃思考的展开。因此，在本书中除了介绍相关理论，我还会呈现自己的一些独立思考，以启发读者进一步思考，以期培养读者在当代知识论领域的问题意识，为进一步的深入研究打下兴趣基础。

其次，这本书也可用作知识论研究者的辅导用书。虽然本书以理论介绍为主，但兼有批判性元素。在本书中关于知识的辩护问题、德性知识论与怀疑论问题，我也呈现了自己的部分研究结果。这些观点已经作为专业期刊论文发表在国内外的哲学杂志。例如，第六章的部分内容曾以《当代德性知识论视域中的理智美德——以理智谦逊为例》发表在《厦门大学学报》（哲学社会科学版）2019 年第 1 期；第七章的部分内容曾以《语境主义反怀疑论与标准下降难题》发表在《现代外国哲学》2020 年第 1 期（总第 18 辑），以《论解释主义对怀疑论的回答》发表在《自然辩证法通讯》2018 年第 2 期。对于上述期刊的授权使用，在此深表谢意。本书包含的内容不限于入门性的介绍，还有一部分已经稍具深度，可谓超出入门水平的讨论和分析。知识论学者可以针对这些深入的部分开展学术讨论，指出作者的不足或者错误。如果本书能引起国内读者对知识论研究和学习的兴趣，能推动我国知识论研究的水平，那么，我写作本书的初心也就得到满足。

复旦大学本科课程教材建设项目（项目号：2019JCG3016）支持了本书的写作，同时，复旦大学哲学学院全额资助本书出版，特此致谢！如果没有来自学校和学院层面的大力支持，本书不可能顺利出版。除此之外，在本书的写作过程中，很多人给予了帮助，特别感谢刘勤、李琛、阳春白雪、夏天宇、包小珂等的积极反馈。选修我开设的本科生课程"知识论"的学生也给了我许多有用的反馈。未能一一致谢，感激之情尽在不言中。

我希望读者觉得这是一本内容和形式都有趣的书。

王聚

2021 年 4 月

曦园水拥晚秋叶

光草月盼早春樱

目 录

引言 ……………………………………………………………… 001

第一章 必要的概念准备 …………………………………… 001
 第一节 命题与真 ……………………………………… 003
 第二节 命题态度与信念 ……………………………… 005
 第三节 证据 …………………………………………… 006
 第四节 知识的3个基础要求 ………………………… 008
 章末思考 ………………………………………………… 012

第二章 知识的传统定义与葛梯尔问题 …………………… 013
 第一节 认知辩护与实用辩护 ………………………… 013
 第二节 认知辩护三分 ………………………………… 015
 第三节 葛梯尔挑战 …………………………………… 017
 第四节 回应葛梯尔挑战 ……………………………… 019
  一、不可错主义 …………………………………… 019
  二、无必要的假前提 ……………………………… 020
  三、知识的可挫败理论 …………………………… 023
 章末思考 ………………………………………………… 028

第三章 阿格里帕三难问题及其回应 ……………………… 030
 第一节 皮浪怀疑论与阿格里帕三难问题 …………… 030
 第二节 基础主义 ……………………………………… 034
  一、经典基础主义 ………………………………… 037

二、经典基础主义的困难 …………………………………… 039
第三节　融贯主义 …………………………………………… 042
一、融贯主义 ………………………………………………… 043
二、融贯主义的困难及其回应 ……………………………… 045
第四节　无限主义 …………………………………………… 051
一、无限主义 ………………………………………………… 051
二、无限主义的困难及其回应 ……………………………… 054
第五节　默认挑战模型 ……………………………………… 060
章末思考 ……………………………………………………… 064

第四章　内在主义与外在主义 …………………………… 065
第一节　内在主义概述 ……………………………………… 066
第二节　内在主义的困难 …………………………………… 068
第三节　外在主义概述 ……………………………………… 071
第四节　外在主义的困难 …………………………………… 072
章末思考 ……………………………………………………… 085

第五章　反运气知识论 …………………………………… 086
第一节　什么是运气？ ……………………………………… 088
一、运气的概率理论 ………………………………………… 088
二、运气的缺乏控制理论 …………………………………… 090
三、运气的模态理论 ………………………………………… 094
第二节　敏感性理论 ………………………………………… 097
一、敏感性理论概述 ………………………………………… 097
二、敏感性理论的困难 ……………………………………… 101
第三节　安全性理论 ………………………………………… 104
一、安全性理论概述 ………………………………………… 104
二、安全性理论的困难 ……………………………………… 106
章末思考 ……………………………………………………… 113

第六章　德性知识论 ... 114

第一节　德性知识论:背景与图谱 ... 114
第二节　德性可靠论 ... 120
一、索萨的 3A 和 3S 理论 ... 120
二、索萨德性知识论的价值 ... 127
第三节　德性责任论 ... 128
一、扎格泽博斯基的德性责任论 ... 128
二、扎格泽博斯基论知识 ... 134
第四节　境况主义的挑战 ... 138
一、社会心理学与境况因素 ... 138
二、德性知识论的回应 ... 146
第五节　理智谦逊:专题研究 ... 147
一、3 种理智谦逊观 ... 148
二、3 种谦逊观的困难 ... 151
三、理智谦逊的新观点 ... 152
四、理智谦逊的价值 ... 155
章末思考 ... 157

第七章　彻底怀疑论 ... 159

第一节　彻底怀疑论的实质 ... 161
一、怀疑论悖论 ... 162
二、两个怀疑论论证 ... 166
第二节　语境主义反怀疑论 ... 168
一、语境主义概论 ... 169
二、语境主义反怀疑论策略 ... 172
三、潜在困难 ... 176
第三节　新摩尔主义反怀疑论 ... 180
一、摩尔反怀疑论及其缺陷 ... 180
二、知识论析取主义 ... 185
第四节　解释主义反怀疑论 ... 194
一、解释主义概述 ... 195

二、解释主义反怀疑论 ·················· 198
　　三、解释主义反怀疑论方案困难 ·············· 201
　章末思考 ························· 203

第八章　认知相对主义 ··················· 204
　第一节　相对主义概述 ··················· 205
　　一、概括相对主义 ···················· 205
　　二、相对主义的分类 ··················· 208
　第二节　认知相对主义 ··················· 213
　　一、相对主义与自我驳斥 ················· 213
　　二、相对主义与无穷倒退 ················· 219
　　三、相对主义与中立判断 ················· 221
　　四、相对主义与个人视角 ················· 226
　　五、相对主义与无错分歧 ················· 228
　章末思考 ························· 233

结语 ··························· 234

参考文献 ························· 235

第一章

必要的概念准备

《大般涅槃经》中有一个耳熟能详的故事。有位国王叫人牵了一头大象来,让几位盲人去摸。国王问他们:"你们每个人都讲述一下大象是什么模样。"摸到象牙的,说大象像大萝卜;摸到大象耳朵的,说大象犹如簸箕;摸到大象头部的,说大象像大石头;摸到大象鼻子的,说大象像圆木棒;摸到大象腿的,说大象像木臼;摸到大象脊背的,说大象和床没有区别;摸到大象腹部的,说大象像水瓮;摸到大象尾巴的,说大象像一根粗绳索。在这个故事中,每位盲人都只掌握了大象的部分特征,缺乏对大象本身整体的认识。那么,我们是否和这些盲人一样,只是感受到知识的某些特征,但是对知识本身还处于无知状态呢?

知识论是哲学研究的一个重要分支,常与形而上学、心灵哲学、伦理学等其他分支并列。从词源来说,知识论(epistemology)来源于"ἐπιστήμη"(episteme)和"λόγος"(logos),前者代表知识和理解,后者代表规律和道。换言之,知识论也就是关于知识的理论(theories of knowledge)。虽然知识(knowledge)是知识论研究的重要对象,但并非唯一对象。在当代知识论的视野中,其他的一些认知状态,如辩护、理解和智慧,都成为值得探究的对象。当然,关于知识的研究毫无疑问是知识论最核心的部分,也是本书的主要内容。

我们在日常谈论中,常常使用"知道"这个词。当使用这个词的时候,意在把知识赋予自我或他人。下面是一些知识赋予的案例。

(1) 我知道复旦大学在上海。
(2) 我知道水的化学结构是 H_2O。
(3) 我知道 $2+2=4$。

(4) 我知道英语单词"infamous"表示"臭名昭著"。

(5) 我知道澳大利亚有黑天鹅。

(6) 我知道如何制作马卡龙。

(7) 我知道为什么她热爱健身。

(8) 我知道这个城市的公交系统。

在学界的讨论中,根据不同的分类标准,也会发现下面一些不同种类的知识。

(1) 归纳知识:通过成功的归纳推理所形成的知识。

(2) 先验知识:关于命题为真的辩护可以独立于经验的知识。

(3) 知觉知识:通过我们的感官获取的关于外部世界的知识。

(4) 自我知识:有关自我的命题态度或意识经验的知识。

(5) 证言知识:由于说话者证言的内容而形成的信念。

(6) 记忆知识:通过记忆获得的知识。

(7) 语义知识:关于表达式和语句的涵义的知识。

(8) 科学知识:借助科学方法和程序(假设、检验、证明)而达到的关于外界的知识。

(9) 逻辑与数学知识:有关逻辑和数学领域的知识,如关于逻辑同一律和矛盾律以及数学公理的知识。

(10) 美学知识:针对赋予对象美学属性(如统一的、平衡的、无生命的、悲剧的)的判断,评价该判断是否为理性的。

(11) 道德知识:关于道德行为善恶的知识。

(12) 宗教知识:关于宗教信念的真与合理性分析。

这些例子只能提供一些具体的知识,却无法获得对"知识"这一概念的全面深入的把握。继承了传统哲学研究对于大问题的追寻精神,知识论研究者所关注的问题仍然具有一般性和根本性,因此他们关心知识就其一般的形态来说有何性质。正是基于这样一个初衷,知识论学者对知识这个核心概念展开了哲学探究,并立志于针对这个概念给出令人满意的哲学分析。

为了让读者更顺利地学习知识论,本章会介绍一些基本的概念。对这些概念的掌握有助于阅读后面的章节。对于已经掌握这些概念的读者,可以直接略过第一章。

第一节　命题与真

在语言哲学和知识论领域,命题是一个核心概念。我们的思考和言说是带有内容的,那么,我们所说和所想的内容是什么？下面以汉语和英语为例,看这样两个例子。

(1) 小杨相信<u>复旦大学在上海</u>。
(2) Ross knows that <u>Beijing is a city</u>.

例(1)表达了小杨一个信念的内容,即复旦大学在上海。同样地,例(2)表达了 Ross 所知道的一个信息,这个信息的内容是北京是一座城市。两个例子中的内容部分都被加上了下划线,而有下划线的部分也就是将用命题这个哲学概念所谈论的东西。理解什么是一个命题的最快方式是借助英语。在英语句子中,由 that 引出的陈述句一般可以被看作一个命题。

定义 1　命题是一个陈述句所表达的内容,它也是真值的载体。

为了更好地理解定义 1,需要注意以下 3 个事项。

首先,需要判断什么是陈述句。陈述句与别的句子(如祈使句、疑问句)不同,它是断定关于这个世界的情况的句子。也就是说,如果一句话没有做出对于这个世界的断定,它就不是陈述句,也不是命题。来看下面的一些表达式。

　A. 我恨。
　B. 一个绿色的女孩在疯狂地睡觉。
　C. 明天会下雨吗？
　D. 课上竟然吃外卖,快点收起来!
　E. 孙悟空被如来佛压在了五指山下。
　F. 2021 年复旦大学在上海市杨浦区。(断定句)
　G. 德约科维奇获得了 2021 年澳网冠军。(断定句)

A 不是一个句子,因为它缺乏宾语,是不符合语法的,所以不是陈述句。B 虽然符合语法,但是在语义的层面,所说的东西是混乱的,因此 B 不是陈述句。① C 是对于世界情况的一个疑问，因此缺乏断定力，不是陈述句。D 是通过语言让对方做事，属于祈使句的类型，因此也缺乏断定力，不是陈述句。E 断定了某些事情，但是其断定的事情是否属于现实世界，仍然值得进一步讨论。除非认为现实世界存在孙悟空和五指山，否则最好把这种谈论看作对于可能世界的谈论。F 和 G 两个句子既符合语法，又有可理解的意义，并且不是祈使句或疑问句，而是断定存在于现实世界的对象的情况，因此可以被看作陈述句的范例。

其次，什么是陈述句表达的内容呢？先看下面 3 个陈述句。

> A. 今天中午在食堂，小明撞到了小红。
> B. 今天中午在食堂，小红被小明撞了。
> C. 今天中午在食堂，小明和小红撞在了一起。

可以发现，这 3 个句子表达了同样的内容，也就是 3 个句子给出了同样的信息，这个内容就是 3 个句子所表达的命题。因此，记住下面这一点是很重要的。

> 不同的陈述句可以表达同一个命题。

此外，命题是能被赋予真值的，真值包括真（true）与假（false）。因此，一个命题在原则上一定是或真或假，否则不成为命题。请看以下两个命题。

> （1）真命题：复旦大学在上海市。
> （2）假命题：复旦大学在北京市。

我相信大部分读者会认为第一个命题是真的，而第二个命题是假的。那么，怎么判断命题的真与假呢？关于真命题的一个最基本想法如下。

> 一个命题为真，当且仅当该命题描述的情况与世界的情况相一致；
> 一个命题为假，当且仅当该命题描述的情况与世界的情况不一致。

复旦大学在上海市之所以是真命题，是因为该命题所说的与世界上的情况一致，即复旦大学这所高等院校坐落于上海市的行政辖区。相反，复旦大学在北京市之所以是假命题，是因为在北京市的行政辖区内并没有一所大学叫复旦大学，而是有别的一些知名大学。因此，该命题所说的内容并不是世

---

① 对于某些学者来说，B 这类语句是范畴错误。

界的真实情况。虽然这里借助于读者的背景信息来判断命题的真假,但值得注意的是真之客观性。

> 真之客观性:一个命题 P 的真值不取决于任何人相信其为真,命题的真假取决于世界的实际情况。

真之客观性所说的是,一个命题是否为真,是由世界上的情况决定的。以伦敦是英国首都这个命题为例,即使我们设想在某个偏远山区的孩子们,由于受到错误的信息影响(如一个不称职的地理老师所教授的内容),相信英国的首都是剑桥,并且整个班的孩子都持有这个信念。但是,一个孩子或者一群孩子相信英国的首都是剑桥并不改变伦敦是英国首都这一事实。因此,真之客观性的核心是要意识到,什么是事实并不取决于我们的心灵状态,而是取决于独立于我们心灵世界的情况。

值得补充的是,这里关于什么是真的想法是很初步的,是需要进一步详细展开的。可以说这是关于什么是真的一个哲学起点,但是,如何进一步细化这个想法在学界有争论,比较有影响力的观点是符合论的真理观,其余是融贯论的真理观、冗余论的真理观、实用主义的真理观等。这是形而上学与语言哲学的重要话题,但并非知识论的核心话题,因此本书不会进一步涉及该话题。

第二节 命题态度与信念

命题态度是指认知者对一个命题所持有的心灵状态(mental state)。假设命题 P(这是一张会赢得本期双色球大奖的彩票),那么,认知者 S 可以对该命题持有以下 3 个态度。

(1) S 相信这是一张会赢得本期双色球大奖的彩票(S believes that P)。
(2) S 怀疑这是一张会赢得本期双色球大奖的彩票(S doubts that P)。
(3) S 希望这是一张会赢得本期双色球大奖的彩票(S hopes that P)。

在第一个态度中,S 相信这是一张会赢得本期双色球大奖的彩票,因为 S 最近去寺院求了一道发财符,并且 S 是在幸运日星期四买的彩票,因此他相信自己有很大的希望赢得本期双色球大奖。在第二个态度中,S 知道中双色球大奖的概率极其渺小,如千万分之一,因此从纯概率的基础来考虑,相信这么一个小概率事件会发生是不合理的,所以,S 怀疑 P 为真,即 S 怀疑这是一张会赢得本期双色球大奖的彩票。在第三个态度中,S 穷困潦倒,希望天赐横财实现人生的逆袭,所以 S 希望这是一张会赢得本期双色球大奖的彩票。

这里针对同一个命题 P,认知者 S 分别持有相信/怀疑/希望的命题态度。采取什么样的命题态度,取决于许多因素,有认知因素、心理因素和实践因素等。一个人持有什么命题态度和一个人应该持有什么样的命题态度是两个问题。前者称为描述性问题(descriptive),后者称为规范性问题(normative)。知识论的研究是带有规范性色彩的,这体现在知识论学者关心的不仅是一个人实际上持有什么命题态度,而是给定这个人所拥有的证据或理由和所处的认知情景,他应该持有什么命题态度。在这个意义上,知识论指引我们进行合理、正确和值得追求的认知活动,而不仅仅是描述我们的认知活动。

由于信念是命题态度的一种,因此一个信念的标准形式可以表述如下。

S 相信 P/S believes that P。

即一个认知者相信某个命题 P(为真)。例如,我相信这门课我会拿 A;我相信在隔壁的药店我买不到口罩。需要注意的是,

一个信念为真,当且仅当 S 相信的命题 P 为真;
一个信念为假,当且仅当 S 相信的命题 P 为假。

第三节　证据

在知识论中,经常使用"证据"(evidence)一词,那么,什么是证据呢? 这个词并非知识论领域所独有。在平常生活中,也常常使用"证据"这个概念。法律中有物证、人证之分。例如,犯罪现场的指纹、凶器、赃款赃物、血迹都是标准的物证,而人证主要是指证人的证词。[①] 考古现场发现的器皿、壁画和文

---

① 这里仅仅提及两类证据,在实际操作中范围更广。根据《中华人民共和国刑事诉讼法》(2018 年 10 月 26 日修正)第五十条规定:"可以用于证明案件事实的材料,都是证据。证据包括:(一)物证;(二)书证;(三)证人证言;(四)被害人陈述;(五)犯罪嫌疑人、被告人供述和辩解;(六)鉴定意见;(七)勘验、检查、辨认、侦查实验等笔录;(八)视听资料、电子数据。证据必须经过查证属实,才能作为定案的根据。"

字也是考古学领域的证据。基本上,物证都是物理对象,人证则是证人所说的证词。

虽然在日常生活中证据或者是物理对象,或者是证词,但是一个核心的问题是,证据是如何发挥作用的呢?让我们同时考虑物证和人证发挥作用的方式。假设犯罪嫌疑人X站在法庭被告席上,此时法庭上分别呈上了物证和人证。物证是一把精湛的龙泉宝剑,这把凶器上面有X的指纹,而人证是一个青年,青年说他看到X在案发当晚翻墙进入受害人家中。那么,何以说这些是证据呢?明显的是,一把龙泉宝剑本身只是一个物品,它是沉默的物件,并不会直接告诉我们谁是凶手,但为什么可以把它当作证据呢?这是因为我们进行了如下的一个推理。

> 受害人身上的致命伤口与龙泉宝剑的剑刃相吻合。
> 龙泉宝剑的剑柄上有嫌疑人X的指纹。
> 因此,X很有可能是杀害受害人的罪犯。

青年证人的证词也帮助我们完成了下面一个推理。

> 青年看到X在案发当晚翻墙进入受害人家中。
> 在案发当晚翻墙进入受害人家中的人很有可能是罪犯。
> 因此,X很有可能是杀害受害人的罪犯。

经过上面两个推理,我们才能将物证、人证与法庭最后要下的结论关联起来,而这种关联是逻辑的关联,是命题之间内容的关联,而非因果的关联。就物证和人证作为证据来看,两者在形态上的区别并非实质的,因为两者发挥的作用是一样的。

这样一来,就可以自然地过渡到知识论领域所谈的证据。在知识论里面,证据一般指的是一个命题。当我们说A是B的证据,就是说给定命题A,B为真的可能性(概率)增加,或者说A解释了为什么B是合理的。这样一种理解方式很好地解释了上面的物证与人证的作用。接下来,需要注意证据的3个特性。

1. 证据有真假之分

既然证据是命题,而命题有真假之分,所以证据也有真假之分。① 因为假

---

① 虽然知识论学界广泛认为证据有真假之分,但是 Williamson(2000)提出的观点是,证据只是一个人知道的东西,这就意味着只有真证据。

证据的存在,所以推理会受到影响。

2. 证据总是有指向性的

一个证据 E 总是某些命题的证据(包括正面与反面),却不是另外一些命题的证据。因此可以把证据的支持关系看作命题与命题之间的逻辑关系。例如,下面 E 是 P_1 的正面证据,是 P_2 的反面证据,但 E 却不是 P_3 的任何证据。

E〈凶器上有嫌疑人 X 的指纹〉
P_1〈嫌疑人 X 是罪犯〉
P_2〈嫌疑人 X 是无辜的〉
P_3〈北京是中国的首都〉

3. 证据力量有程度之分

有时候,一个证据更支持一个假说,而不是另一个假说;有时候,一个证据可能比另一个证据更支持某个假说。例如,E_1 支持假说 H_2,但不支持假说 H_1,E_3 比起 E_2 更支持 H_1。

E_1:小雪把我从微信好友名单中删除了。
E_2:小雪在微信上通过了我的好友请求。
E_3:小雪主动约我一起去看电影。
H_1:小雪对我感兴趣。
H_2:小雪不想和我做朋友。

第四节 知识的 3 个基础要求

在进入第二章的讨论之前,即在知识的定义问题之前,需要注意一些有关知识的根本性看法。这些看法是我们对于什么是知识的直觉,而一个有关知识的令人满意的理论必须尊重这些直觉。尊重并不意味着该理论一定得接受每一个直觉,但如果不接受,则该理论需要给出哲学上有说服力的理由。下面将列举 3 个有关知识的根本性看法。

1. 知识的信念条件

知识的信念条件可以被初步表述如下:

> 如果 S 知道 P，那么 S 相信 P。

知识的信念条件说的是，对于任何 S 知道的东西，S 也相信其为真。有什么理由要支持信念条件呢？首先，如果一个人从来没有考虑过 P 是否为真，那么他不可能知道 P。一种合理的看法是，知道 P 是一个人在考虑了是否 P 为真之后的命题态度，或者有充分理由、有充足证据、无反面证据地相信 P 为真。所以，一个人只有先考虑了 P，相信 P 为真，才能进而知道 P。此时，知道 P 当然蕴涵相信 P。

反过来看，如果一个人声称知道 P，却不相信 P，那么，这个人其实并不能算知道 P，因为他在认知上是有缺陷的。从知识论的视角来看，一个人不相信 P 应该具有反对 P 的理由，但知道 P 却要求我们不能拥有已知的反对的理由，否则在面临反对理由的时候，我们的认知辩护不足以构成知识所要求的辩护程度。[①] 因此，一个人或者是缺乏理由地不相信 P，或者是拥有反对理由仍然相信 P。无论是哪种情况，这都是一种认知的不负责的体现。因此，为了彰显知识论研究的规范性色彩，信念条件是合理的。

信念可以分为当下信念（occurrent beliefs）和倾向信念（dispositional beliefs）两类。当下信念是认知者有意识地考虑和相信其为真的命题。可以发现，由于我们的认知能力限制，这类信念不会很多。例如，当别人询问你的微信昵称时，你会拥有关于自己微信昵称的当下信念。另一类是倾向信念，倾向信念是储存于认知者记忆中的信念，当合适的激发条件满足时，认知者会形成一个当下信念。比如在刚才的例子中，别人的提问就是激发条件。在别人提问后，我们记忆中储存的倾向信念就会转化为一个当下信念。我们的知识大多数是以倾向信念的形式存在的。基于这样一个区分，知识的信念条件应该被进一步理解为，如果 S 知道 P，那么 S 拥有关于 P 的倾向信念。一旦满足触发条件，S 就会形成 P 为真的当下信念。

2. 知识的事实条件

> 如果 S 知道 P，那么 P 为真。

古语有言，"要想人不知，除非己莫为"。成为事实的东西就有被人知道

[①] 这里的想法受知识的可挫败性理论（the defeasibility theory of knowledge）影响。关于更多该理论的细节，见本书第二章第四节"回应葛梯尔挑战"。

的可能。在知识论领域,知识的事实条件说的是只有真命题(事实)才能被我们所知道,或者说我们知道的东西都是真的。

为什么要接受知识的事实条件呢?试想一个人声称知道 P 但稍后发现 P 为假,那么,当他意识到 P 为假的时候,就会很自然地意识到,自己以为自己知道 P,但其实自己事实上并不知道。此外,我们在使用"知道"一词的时候,意在表明某人正确、如实地掌握了世界之所是。如果一个命题是错的,那么它并未如实反映世界所存在的方式。因此,该命题也就不具有被我们知道的先决条件。假的命题至多可以被我们设想和思考。例如,由于在写作本书的时候,我已不再是年方十八的青年,因此我不可能知道 2020 年我的年龄是 18 岁。读者要注意的是,知识的事实条件不能与命题的成真条件(truth condition)相混淆。前者是一个关于知识的必要条件,而后者是有关一个语言表达式意义的理论。

3. 知识不是碰巧为真

> 如果 S 知道 P,那么 S 不是碰巧获得真信念 P。

为了更好地理解知识的第三个要求,来看《美诺篇》里的一段对话。

苏格拉底: 让我来解释一下。如果有人知道去拉利萨的路,或者随你喜欢去别的什么地方,那么当他要带着别人去那里时,他是一个好向导、一个能干的向导。你同意吗?

美诺: 当然同意。

苏格拉底: 但若一个人能够正确地判断该走哪条路,那么尽管他从来没有去过那里,也不知道该走哪条路,他不也能正确地带领其他人到达目的地吗?

美诺: 对,他能够做到。

苏格拉底: 只要他对那件其他人拥有知识的事情拥有正确的意见,那么他也会像一名向导一样好,他相信真理,但并不知道真理。

美诺: 没错。

苏格拉底: 因此对行动正确这一目的来说,正确的意见也像知识一样可以起到一个好向导的作用。这就是我们刚才在讨论美德的性质时出差错的地方,我们当时说知识是正确行动的唯一向导。现在看起来,正确的意见也是正确行动的向导。

美诺: 似乎如此。

苏格拉底： 所以正确的意见有时候并不比知识的用处少。

美诺： 差别仅在于有知识的人会一直获得成功，而有正确意见的人只在某些时候获得成功。

苏格拉底： 什么？有正确意见的人也不能一直成功吗？

美诺： 我认为肯定如此。在这种情况下令我感到困惑的就是，为什么知识应当比正确意见得到更高的奖励，而知识与正确的意见为什么会有区别。

苏格拉底： 要我告诉你感到困惑的原因吗？或者说你知道这个原因？

美诺： 不知道，你告诉我吧。

苏格拉底： 因为你没有看到代达罗斯的雕像。在你们国家也许没有他的雕像。

美诺： 你干吗要这样说？

苏格拉底： 如果不把这些雕像捆绑起来，它们就会逃跑。如果捆住它们，它们就会待在原来安放它们的地方。

美诺： 是这样的吗？

苏格拉底： 如果你有一个未加捆绑的代达罗斯的作品，那么它不值什么钱，因为它会像一个逃跑的奴隶一样溜走。但是一件捆绑住的作品，那就非常值钱了，因为它们都是伟大的杰作。我可以说，正确的意见也一样。正确的意见只要能够固定在原处不动，那么它是一样好东西，可以用它来做各种好事，可惜的是它们不会在一个地方待很久。它们会从人的心灵中逃走，所以不用理性来把它们捆住，它们就没有什么价值。我亲爱的美诺，这个过程就是回忆，我们在前面已经对此表示同意了。它们一旦被捆绑住，也就变成知识，成了稳定的东西。这就是知识有时候比正确意见更有价值的原因。有无捆绑是二者的区别。

美诺： 没错，确实像你说的一样，是这么回事。

苏格拉底： 当然了，我正在这里使用比喻，而不是知识。但是我敢肯定，说正确意见和知识有区别并非仅仅是一种猜测。我可以声称自己几乎不知道什么东西，但在意见和知识的问题上，我至少可以说这一点我是知道的，除此之外我还能说自己知道什么呢？

美诺： 你说得很对。①

---

① 参见柏拉图(2017,531—533)。

从上述这段对话可以发现，苏格拉底持有下面的想法：第一，知识和真意见（信念）是有区别的。第二，区别不在于是否可以（一次或几次）引导我们成功的实践。第三，知识是一种被心灵捆住的真信念。概括起来，知识是真信念经过心灵的理性评估留下来的稳固的真信念。

在这个条件中，我们意识到知识并不等于一个只满足事实条件的信念。大家可以对比考场上的两个学生，他们都在做一道数学选择题。一个学生数学成绩好，经过自己的计算发现了这道题的正确答案 D。另一个学生缺乏数学天赋，也没有好好努力，但是他不甘心空着这道题。于是他拿出橡皮擦，分别把 A、B、C、D 写在橡皮擦的几个面上，然后通过投掷的方式选择了 D。两个人都获得了一个真的信念，但是两人的认知状态肯定是有区别的。一个自然的回答是，第一个学生知道这道题的答案，而第二个学生只是蒙对了。那么"知道"与"蒙对"之间的差别就是知识的第三个条件所意图刻画的差别。

现在我们已经了解知识的信念条件、知识的事实条件与知识不是碰巧为真条件。根据这 3 个对于知识的根本性看法，哲学家试图为知识下一个定义。这就是第二章将要讨论的话题。

▶章末思考

1. 你还能想出什么与知识有关的根本想法吗？知识是有用的算不算一个？

2. 请结合苏格拉底与美诺的对话，思考为什么真信念会从心灵中"逃走"？为什么理性能够把真信念（而不是假信念）留下来？真信念被留下来代表什么意思？

3. 一个人说自己知道 P 与一个人知道 P 之间是否有差别？这种差别在哪些情况会彰显出来？

4. 真理与谬误谁更容易被留在心间？

第二章

知识的传统定义与葛梯尔问题

第一章讨论了知识的 3 个基础要求,而这 3 个要求可以被整合成知识的传统三元定义。该定义可以被表述如下。

> S 知道 P=S 拥有被辩护的真信念 P。

在这个定义中,哲学家尝试给出知识的充分必要条件。这就意味着,任何的(命题性)知识都是被辩护的真信念。① 读者会发现,在上面的定义中,知识的事实条件与信念条件都满足了,但是出现了一个新的概念——"辩护",似乎这个概念是用来完成知识不是碰巧为真的要求。现在的关键是要理解"辩护"(justification)这个概念。②

第一节 认知辩护与实用辩护

在知识的三元定义中,所谈论的辩护是认知辩护(epistemic justification)。认知辩护关心的是,从单纯的认知因素来看,我们持有的信念等认知状态是不是允许与合适的。有许多种将此概念进一步细化的方式。

---

① 在当代知识论中,追随赖尔(Gilbert Ryle, 1949),一般区分命题知识和能力知识两类知识。命题知识是以真命题为对象的知识,一般用"Know-That"代表。例如,我知道中国的首都是北京。我知道 2017 年澳网男单冠军是费德勒。能力知识是知道如何去做一件事的知识,一般用"Know-How"代表。例如,我知道如何炒一盘地道的鱼香肉丝。我知道如何养好一盆多肉植物。本书并不涉及能力知识,而主要集中在命题知识。
② 国内一些知识论学者也把这个词翻译为"证成",如陈嘉明(2007)和魏屹东(2013)。本书不深究翻译之间的差别,读者只需要理解这个概念的内涵与其发挥的作用即可。

例如，一个信念 P 是否受到充分的证据支持且缺乏反面证据，或 P 是不是通过一个可靠的方式形成的。一言以蔽之，我们仅从与认知有关的角度来评价一个信念的获得和持有是不是获得辩护的，如下面这个例子。

> S 基于下列理由相信 P〈复旦大学有哲学学院〉。
> 理由 1　复旦大学招生材料上有哲学专业。
> 理由 2　网上搜索到复旦大学哲学学院的官网。
> 理由 3　朋友圈看到复旦大学哲学学院毕业典礼的报道。

由于 S 的 3 个理由充分地支持其信念 P 为真，所以从认知论的角度来看，S 形成该信念就是合理的，也是被允许的。

学界的主流想法是，认知辩护与实用辩护（pragmatic justification）是截然不同的。① 一般来说，实用辩护关心的是一个行动是否能帮助实现某些目标，该目标可以是行动主体实际上所欲求的，也可以是客观上被认为是一个人应该欲求的。② 如果一个行动能帮助目标的达成，那么行动主体就有工具式的理由去执行该行动，而该行动也因此受到了实用辩护。例如，如果你想要知道明天上海的天气情况，那么你打开手机查询上海未来 24 小时的天气情况就是具有工具合理性的，因为该行动可以快捷有效地满足你获知未来天气的欲望，所以该行动受到了实用辩护。

如果把讨论的范围缩小到认知领域，那么实用辩护关心的是我们的信念（等认知状态）是否能带来好的实践上的收益。如果实践上有好的结果，那么 S 相信 P 就是受到实用辩护的，反之则没有。可见我们是从实践的角度来评价一个信念的持有是否有助于实现某些价值和目标。一个经典的实用辩护例子是帕斯卡赌注。倘若要说服一个人相信上帝的存在，那么下面的决策矩阵就表明，相信上帝存在带来的收益比不相信来说是上限更高，且下限并不更差（表 2-1）。

表 2-1　帕斯卡赌注

	上帝存在	上帝不存在
相信上帝存在	极大收益	损益平衡
不相信上帝存在	很大损失	损益平衡

---

① 也可以把实用辩护称作实践辩护（practical justification）。
② 可以把前一派称作主观的工具主义，后一派称作客观的工具主义。

这样一来，如果听到这个论证的人想要收益最大化的话，就拥有一个相信超自然存在物存在的（实用的）理由。

第二节 认知辩护三分

认知辩护这个概念的内涵十分丰富，因此掌握起来有一定困难，应该进一步细分以更好地理解它在当代知识论文献中的多重用法。在把实用辩护排除以后，可以进一步区分3种认知辩护，它们分别是命题辩护、信念辩护与个人辩护。首先应当明确3种辩护所归属的对象是不同的：命题辩护是一个命题拥有的属性，①此时命题作为信念的内容来理解；信念辩护是一个（认知者的）信念拥有的属性；②个人辩护是一个认知者拥有的属性。③ 接下来分别介绍这3种辩护的内涵以及它们之间的关系。

命题辩护（propositional justification）
一个命题 P 对于认知者 S 来说是被辩护的，当且仅当 S 的证据 E 为 P 提供了足够的支持。

信念辩护（doxastic justification）
认知者 S 的信念 P 是拥有信念辩护的，当且仅当
(1) S 的证据 E 为 P 提供了足够的支持；
(2) S 相信 P；
(3) S 基于证据 E 形成信念 P。

个人辩护（personal justification）
认知者 S 持有信念 P 是拥有个人辩护的，当且仅当在 S 形成信念 P 的过程中，S 已经尽己所能去遵循认知规范。

---

① 命题辩护的英文形式一般表达为"S has a justification for believing that P. /There is a justification for S to believe that P."。
② 信念辩护的英文形式一般表达为"S's belief that P is justified."，最早提出命题辩护与信念辩护区分的是 Firth(1978)。
③ 个人辩护的英文形式一般表达为"S is justified in believing that P."。

命题辩护与信念辩护有什么区别呢？不妨看看下面的例子：

法官判案

法官 J 在审理一起偷窃案。就呈堂证据来看，犯罪现场有嫌疑犯 A 的指纹和随身物品，并且 A 没有不在场证据，同时也有目击证人看到 A 进入案发现场。但是法官 J 看嫌疑犯 A 长相丑陋、行为猥琐，因此最终认定 A 是本案罪犯。

E_1：A 的指纹和随身物品在案发现场。

E_2：A 没有不在场证据。

E_3：有目击者看到 A 翻墙进入案发现场。

E_4：A 长相丑陋。

E_5：A 行为猥琐。

P：A 是本案罪犯。

让我们预设证据 E_1 至 E_5 都为真，因此可以忽略伪证所带来的进一步的复杂情况。当法官 J 得知证据 E_1 至 E_3 并进一步考虑命题 P 是否为真时，由于 E_1 至 E_3 已经为 P 为真提供了充分的证据支持，P 此时获得了命题辩护。也就是说，此时 J 已经拥有了很好的证据去相信 P 为真，或者说相信命题 P 对于 J 来说是在认知上合理的。但法官 J 却没有利用这些好的理由，他实际上是基于 E_4 和 E_5 而相信 P 的，此时法官 J 并没有把信念奠基于真正支持该命题为真的那些理由之上，不满足信念辩护的条件(3)。所以，在这个案例中虽然有命题辩护，却缺乏信念辩护。命题辩护与信念辩护的关键区分在于，当一个认知者拥有好的理由去相信一个命题时，他应该利用这些好的理由，而不能把自己的信念建立在那些并不支持该命题的理由之上。这里也引出了一个重要的想法，即知识必须奠基于正确的理由之上。

这里有两个值得注意的地方。首先，一个假的命题也可以受到辩护。给定一些证据式支持，只要该支持不蕴涵结论为真，那么结论不是必然为真，因此存在结论为假但仍然受到辩护的情况。其次，假的命题（假证据）也可以为别的命题提供辩护。命题辩护是由命题之间的逻辑支持关系刻画的，即使提供支持的命题为假，只要它与被支持的命题之间存在足够强的推论关系，它也可以为结论提供命题辩护。[①] 此时认知者基于这些假命题也能获得信念

[①] 参考本章的可挫败理论来看，这里提供的只是初步辩护，而不是最终辩护，即由错误命题提供的初步辩护是可被挫败的。

辩护。① 葛梯尔(Edmund Gettier)本人的反例也进一步支持了这种可能性。

那么，个人辩护与信念辩护有什么关系呢？个人辩护与信念辩护可以这样区分。一个认知者可以遵循相应的认知规范，并以一种负责的方式形成信念，因为我们不能合理地批评他在信念形成过程中没有做得更好，所以他所持有的信念就是获得个人辩护的，是无咎的(blameless)。一种常见的看法是，如果认知者获得了信念辩护，认知者在信念形成过程中的行为就是无咎的，也因此获得了个人辩护。但在特殊情况之中，认知者可能在形成信念 P 的过程中，所依赖的证据或理由都是误导的，只是认知者从他的视角出发很难发现，或者原则上无法发现，那么有关 P 是否为真这件事，认知者就会缺乏信念辩护。②

第三节　葛梯尔挑战

面对传统的知识三元定义，葛梯尔提出了一个颠覆性的挑战。首先看看葛梯尔本人给出的两个反例。

反例 1

史密斯和琼斯两人应聘工作，史密斯基于证据 E_1（老板说会把工作给琼斯，以及他 10 分钟前数过琼斯口袋里的钱）相信下面这个合取命题：

A. 琼斯会获得这份工作，并且琼斯口袋里有 10 个硬币。

史密斯进一步相信 A 所蕴涵的命题：

B. 将会获得这份工作的人口袋里有 10 个硬币。

但史密斯不知道的是，其实最终是他自己获得了工作，并且他的口袋里也有 10 个硬币。③

反例 2

史密斯基于证据 E_2（坐过琼斯的顺风车，记得琼斯一直有辆福特车）相信：

---

① 持相反意见的学者认为，只有真命题（真证据）才能为另外一个命题提供命题辩护，那么此时认知者只有基于真命题才能获得信念辩护。限于空间，本书不对这种理解模式展开介绍和批评。
② 比如在精密布置的骗局中，或者在怀疑论情景中，虽然认知者获得的经验证据都是误导的，但是认知者仍然可以用负责任的方式形成信念。
③ 参见 Gettier(1963,122)。

C. 琼斯拥有一辆福特车。

并且,他有一个朋友布朗(不知其去向)。他进而根据逻辑学知识随机地构造了 3 个析取命题:

D_1:或者琼斯拥有一辆福特车,或者布朗在波士顿;

D_2:或者琼斯拥有一辆福特车,或者布朗在巴塞罗那;

D_3:或者琼斯拥有一辆福特车,或者布朗在立陶夫斯克。

史密斯最后相信了 D_2 命题,但他不知道的是,他的朋友布朗恰好去巴塞罗那旅游了,而琼斯只是租了一辆福特车,所以车并不属于他。①

在这两个反例中,史密斯的信念都是真的,因此知识的信念条件和事实条件都得到了满足。此外,在两个反例中,史密斯的信念都基于好的逻辑推理与充分的证据支持,因此也是满足知识的辩护条件的。② 说得更细一点,由于史密斯的信念是负责任地形成的,因此他的信念拥有个人辩护。而且他的证据的确支持他所相信的命题,并且他以正确的方式利用了这些证据,因此他也获得了信念辩护。根据知识的三元定义,既然史密斯的信念是被辩护的真信念,是否史密斯知道命题 B 和命题 D_2 呢?

葛梯尔本人认为,史密斯在两个案例中都缺乏知识。他给出了一些简短的解释。他指出,在反例 1 中使得命题 B 为真的并非证据 E_1,而是另外一些证据,即史密斯会获得工作,并且史密斯拥有 10 个硬币。史密斯并不知道这两个事实,所以史密斯不知道命题 B。运用同样的思路,也可以说在反例 2 中使得命题 D_2 为真的证据并非琼斯拥有一辆福特车,而是布朗在巴塞罗那,但史密斯对于布朗的位置毫不知情,只是错误地相信了琼斯拥有福特车。

在葛梯尔本人的简短解释中,可以发现两个隐藏但未被充分论证的想法。首先,知识不能基于假的证据或理由。正是由于在两个反例中,E_1 和 E_2 都包含了假证据,所以史密斯是缺乏知识的。其次,知识不仅需要基于真证据,还要求认知主体把这些证据当作信念的理性基础。也就是说,史密斯要基于自己会获得工作以及自己拥有 10 个硬币去相信命题 B,才满足知识的条件。葛梯尔的第二个想法和信念辩护条件的要求相似,但信念辩护条件中并未明确要求证据为真,只是说证据要为命题提供足够的支持。因此,葛梯尔

---

① 参见 Gettier(1963,123)。
② 需要注意的是,葛梯尔本人也承认一个假的信念可以拥有信念辩护。但毫无疑问,一个假的信念不能成为知识。

主要借助第一个想法来解释为什么在两个反例中史密斯都缺乏知识。

如果葛梯尔的挑战是成功的,那么,即使是在最强的意义上理解辩护,即拥有信念辩护和个人辩护的真信念也不等于知识。这样一来,坚持要对"知识"这个概念进行概念分析的哲学家就必须修改已有的方案,进而容纳葛梯尔的挑战。知识论学界如何面对葛梯尔的挑战呢?下一节将讨论3个有影响力的方案。

第四节　回应葛梯尔挑战

面对葛梯尔挑战,我们有3种选择:第一种是攻击葛梯尔反例,指出这些反例并非真正的反例;第二种是承认葛梯尔反例,并且坚持知识仍然是可以被分析为充分必要条件的,进而在传统三元定义的基础上添加新的条件;第三种是选择放弃对于知识的概念分析,转而把这个概念当作初始词项,并用它去定义别的概念。① 由于大部分文献是围绕第二种进路展开的,因此本节主要介绍基于第二种进路的方案。

一、不可错主义

根据知识的不可错主义(infallibilism),知识需要奠基于不可错的理由。这种想法的历史很悠久。自从笛卡尔开始,知识与确定性就有着密切的联系。确定性排除了错误的可能性,所以如果知识要是确定的,知识就不允许存在出错的可能性。② 不可错主义的核心想法可以表达如下。

> **不可错主义**
> 一个人 S 基于理由 R 知道 P,仅当 R 蕴涵 P。

什么是不可错的理由呢?可以对比可错的理由来理解。可错的理由可以定义为,基于 R 去相信命题 P,如果存在 R 真但是 P 假的可能性,那么 R 是

---

① 这样一种进路被称作知识优先(knowledge-first)进路,该进路不是用证据、信念、辩护等概念来定义知识,而是用知识定义别的概念。可参见 Williamson(2000)。
② 这一理论的当代拥护者可见 Unger(1971)和 Dretske(1971)。

可错的理由。① 以命题 P〈桌上有一束郁金香〉为例,一个可错的支持理由是〈小杨说桌上有一束郁金香〉,毕竟有可能出于某些原因小杨欺骗我,此时即使有该理由,命题 P 也不为真。而一个不可错的支持 P 的理由是〈我知道桌上有一束郁金香〉或〈我看到桌上有一束郁金香〉。②

根据不可错主义来看,葛梯尔反例中的主角是缺乏知识的。在反例 1 中,史密斯的证据〈老板说琼斯会获得工作以及琼斯口袋里有 10 个硬币〉虽然支持他相信的命题〈将会获得工作的人口袋里有 10 个硬币〉,但是这种证据给予的支持是可错的。也就是说,存在这些证据都为真但命题为假的可能性。正如反例 1 的故事所描述的那样,老板说了一句假话,这就意味着老板所说的话为史密斯相信的命题所提供的支持是可错的。同理,在反例 2 中,琼斯让史密斯搭过顺风车也并非相信琼斯有一辆福特车的不可错的证据。因此,基于这些可错的证据去形成信念,是把信念奠基于可错的理由之上。所以,就史密斯实际选择的理由来看,错误的可能性仍然存在,因此案例中的主角并不拥有知识。

虽然不可错主义可以很好地解释葛梯尔本人的两个案例,但该理论面临一个棘手的困难。按照不可错主义来看,知识要求奠基于不可错的理由之上,但是在生活中很难拥有不可错的理由。我们所拥有的大多数理由 R 都是使得一个命题 P 更可能为真,而不是蕴涵 P 为真的理由。假设不可错主义是对的,那么很多日常知识对于我们来说都是不可能的。这在一定程度上导致了怀疑论的结果,所以不可错主义备受批评。需要注意的是,葛梯尔问题是一个关于知识定义的问题,该问题不是一个挑战知识可能性的怀疑论攻击。如果一个处理葛梯尔问题的理论本身带出了怀疑论结果,那么其引起的问题比其解决的问题还要多,正是基于这个理由,当代知识论大多接受可错主义,即我们可以基于可错的理由获得知识。

二、无必要的假前提

根据无必要的假前提(no essential false lemma)理论,知识的新定义应该

---

① 也可以定义为:理由 R 对于命题 P 来说是可错的,当且仅当 R 并不蕴涵 P。
② 当我知道桌上有一束郁金香,根据知识的事实条件,桌上有一束郁金香肯定为真。根据知识论的析取主义来看,当我看到桌上有一束郁金香,"看到"(see that P)也是一个事实性的理由,所以也蕴涵桌上有一束郁金香。关于这一点的进一步讨论,参见王聚(2016)。

在传统三元定义之上增加第四个条件,即无必要的假前提。①

> **无必要假前提理论**
> S 知道 P,当且仅当
> (1) P 为真;
> (2) S 相信 P;
> (3) S 的信念 P 是被辩护的;
> (4) S 的信念 P 没有基于假前提的必要。

该理论的条件(4)需要进一步解释。如果缺乏"必要"一词的限制,而仅仅把条件(4)表述为"S 的信念 P 不是基于假的前提",那么该理论就会排除案例过多,使得其合理性大幅下降。来看以下这个案例。

瓜奈利小提琴

我的学生小悦有一次拎着一把小提琴来上课,并且她说这是她新买的瓜奈利小提琴,她还展示了小提琴证书。因此我相信小悦有一把瓜奈利小提琴。同时我的另外一位学生小勤,她是小提琴爱好者并且前不久用奖学金买了一把瓜奈利小提琴,我还听过她的演奏。因此我相信小勤有一把瓜奈利小提琴。所以,基于上述证据我相信我的学生中有人有一把瓜奈利小提琴。但我不知道的是,其实小悦并没有足够的钱购买这把名贵小提琴,只是花钱租的。

在上述案例中,我相信 E_1〈小悦有一把瓜奈利小提琴〉,E_2〈小勤有一把瓜奈利小提琴〉,并基于 E_1 和 E_2 相信 P〈我的学生中有人有一把瓜奈利小提琴〉。如例子所述,E_1 是假的,而 E_2 是真的。虽然我实际上基于 E_1 和 E_2 相信 P,但我对于 P 的辩护却不一定要基于假证据 E_1,这是因为 E_2 已经足够为 P 提供辩护,也足够引发我相信 P,所以 E_1 在此案例中发挥的(因果与辩护)作用是冗余的。这种情况被称为"无害的假证据",而一些知识论学者承认在这类情况中虽然有假的前提,但是并不阻止认知主体获得知识,因为这些假证据不是必不可少的,而是可被忽略的。② 但如果前提当中的假证据是必不

---

① 该理论的支持者可见 Clark(1963)和 Harman(1973)。
② 参见 Lehrer(1990,137)、Goldman(1967,368)和 Harman(1973,120)。

可少的,那么知识就不会产生。① 正是在这个意义上,条件(4)强调的是 S 的信念 P 被辩护并不一定要基于假的前提。

该理论对葛梯尔反例的诊断如下。在葛梯尔案例中,虽然史密斯最后获得了真的信念,但是他在认知过程中使用了假的证据,而知识是不能基于假的证据之上的,所以史密斯的被辩护的真信念无法成为知识。在反例 1 中,如果排除假证据〈琼斯会获得工作〉,那么史密斯就不会相信命题〈将会获得工作的人口袋里有 10 个硬币〉。在反例 2 中,如果排除假证据〈琼斯有一辆福特车〉,那么史密斯就不会相信〈或者琼斯拥有一辆福特车,或布朗在巴塞罗那〉。

该理论主要面临两个困难。首先,葛梯尔式案例可以不依赖假的前提。在反例 1 中,史密斯可以略过命题〈琼斯会获得工作〉,基于老板说的话和琼斯口袋里有 10 个硬币直接相信〈将会获得这份工作的人口袋里有 10 个硬币〉。此时,在史密斯的推理过程中不再有假证据,但他的信念就因此成为知识了吗?除了葛梯尔本人的案例,还可以看看下面的两个反例,在这些反例中也不涉及假证据。

停掉的钟案例

教室的墙上有一面挂钟。我在快下课的时候看向那面钟,上面显示的是下午三点钟。我并不怀疑自己的视力,并且相信现在的时间是下午三点钟。但我不知道的是,由于技术故障,这面钟已经于一天前停止走动,它恰好停在了三点钟的位置。恰巧的是,我看这面钟的时候也正好是三点钟。

假谷仓案例

亨利开车行驶在乡间小道上,看着田野中的物体 A,他觉得 A 看起来像谷仓,所以他相信 A 是谷仓,并且他的信念是正确的。但是他并没有意识到,这片田野中充斥着大量假的谷仓,在路上看起来和真谷仓 A 相差无几。如果亨利看到的是别的一个假谷仓,那么他很有可能被骗。②

在这两个反例中,主角仍然拥有被辩护的真信念,但是否拥有知识呢?大部分学者会认为上述案例中仍然缺乏知识,而一个主要的原因是案例中的

---

① 这一点最近受到学界的进一步挑战,可参见 Klein(2008)。
② 该案例来自 Goldman(1976,772 - 773)。

信念仍然是碰巧为真的。但是无必要假前提理论无法解释上述案例。在停掉的钟案例中,我相信现在时间是三点钟的理由是〈那面钟显示是三点钟〉。在假谷仓案例中,我相信 A 是谷仓的理由是〈我看到谷仓 A〉。两个理由都是真的,因此无必要假前提理论无法解释上述两个葛梯尔式反例。

另一方面,由于该理论要求排除假的前提,必须首先排除自己信念中的假前提,否则基于假前提而相信的命题都无法成为知识。① 但是,普通认知者持有的信念不计其数,要做到完全排除其中的错误证据几乎不可能,因此该理论很可能会引向一个较弱的怀疑论结果。

三、知识的可挫败理论

一些知识论学者认为,在葛梯尔案例中,虽然史密斯拥有被辩护的真信念,但是他所拥有的辩护是被挫败的(defeated),②而知识要求的是未被挫败的辩护。这一理论把传统三元定义扩展为知识的可挫败理论。

> **知识的可挫败理论 I**
> S 知道 P,当且仅当
> (1) P 为真;
> (2) S 相信 P;
> (3) S 的信念 P 是被辩护的;
> (4) S 的信念 P 的辩护是未被挫败的。

条件(4)同样需要进一步的解释。一般来说,证据可以为命题提供辩护,而挫败者则是以负面的方式影响原证据为命题所提供的辩护。

挫败者(defeater)的本质是什么?就文献来看,可以区分出 3 类挫败者,它们分别是事实型挫败者(factive defeater)、信念型挫败者(doxastic defeater)和规范型挫败者(normative defeater)。③

事实型挫败者是一个真命题,它是外在于认知者视角的,并且由于该命题的存在使得认知者的被辩护的真信念无法成为知识。这里要注意,事实型

---

① 对这一想法的最新反驳可参见王聚(2020)。
② 这一分析进路参见 Lehrer and Paxson(1969)和 Klein(1976)。
③ 相关文献参见 Plantinga(2000)、Bergmann(2006)和 Lackey(2008a,44-46)。

挫败者并不挫败信念的辩护，而是挫败信念的担保（warrant），也就是使得真信念成为知识的性质。① 严格来说，事实型挫败者并不算辩护的挫败者，但是可挫败理论的文献却主要围绕事实型挫败者展开讨论。接下来在展现可挫败理论对葛梯尔问题的分析中，我们也会主要围绕事实型挫败者展开。

规范型挫败者是认知者并未拥有但可以轻易获取的认知理由，比如是认知者所在社会中绝大多数成员所意识到的证据。② 该理由所支持的命题会影响认识者相信的命题的辩护地位。规范型挫败者可以是一个心理理由，也可以是一个事实。规范型挫败者是认知者虽然实际未拥有但应当（should）拥有的证据。

信念型挫败者是认知者实际相信的命题，是内在于认知者的视角的。并且由于该挫败者已经进入认知者的信念系统，它就可以挫败认知者信念的辩护地位。③ 信念型挫败者不要求为真或拥有积极的认知地位，只要被认知主体所拥有即可。也就是说，一个假信念，一个缺乏辩护的信念，都可以充当信念型挫败者。下面通过一个案例来展示两种挫败者的区分。

掩盖真相案例

某国总统竞选现场参选人 A 被枪杀。比尔在家看到一个独立媒体撰稿人的文章说 A 被枪杀了，但是政府部门为了维持国家稳定，就在多个官方渠道发布假消息说，被枪杀的并不是参选人 A，而是其替身。该独立撰稿人发布的大多消息是可靠的，因此比尔相信 A 被枪杀。

此时，比尔的信念既是真的又是被辩护的，但他的信念不能成为知识，因为存在规范型挫败者。参选人 A 的替身被暗杀这一证据由于被官方大肆宣扬，就是轻易可获取的，也会是比尔所在社会大部分人所相信的。所以，比尔的信念被规范型挫败者挫败了。让我们进一步假设比尔的朋友看到官方消息后告诉比尔说只是 A 的替身被枪杀了，那么此时比尔的信念系统中就多了一个证据〈我的朋友说被枪杀的是 A 的替身〉，而比尔的信念就被信念型挫败者所挫败了。可以注意到，由于规范型挫败者的存在，甚至可以从这里进一步挖掘社会因素对知识的影响。

---

① 担保这一性质在不同的哲学家那里内涵不同。有一种理解是把担保定义为使得真信念成为知识的性质，可见 Plantinga(2000,359-60)；另外一种理解则把担保看得和辩护更为接近。
② 关于这一点的讨论，可参见 Harman(1973,143-44)。
③ 如果把辩护条件当作知识的必要条件，那么一个辩护被挫败信念也就无法成为知识。

接下来是挫败者发挥挫败作用的 3 种方式。

(1) 反驳式挫败者(rebutting defeater)：直接显示原信念为假的证据；

(2) 消解式挫败者(undercutting defeater)：削弱原有证据的支持力；

(3) 理由挫败式挫败者(reason-defeating defeater)：显示原信念的证据为假。[1]

考虑下面这个假想的例子。我去某大学食堂吃饭，进去以后坐了很久却只观察到女学生来吃饭，那么我可以基于归纳辩护地相信〈下一个来吃饭的学生是女的〉。我的辩护可以有下面 3 种被挫败的方式：

A. 下一个进食堂来吃饭的是男生。(反驳式)

B. 仔细一看，发现自己的观察不仔细，某个角落里有男生在吃饭。(消解式)

C. 近距离一看，发现刚才看到的那些学生都不是女生，而是巧妙化妆成女生的俊俏男生们。(理由挫败式)

上面大致介绍了不同种类的挫败者以及挫败者发挥作用的 3 种方式。接下来回到可挫败理论对于葛梯尔案例的分析与解决。根据可挫败理论的最初想法，在葛梯尔反例中，史密斯拥有的信念辩护是被挫败的，这是因为一旦某些事实(真命题)被史密斯所相信，那么他的原有证据 E 为信念 P 提供的辩护就会被挫败。要注意这里的谈论是反事实的，因为实际上史密斯并没有相信这些命题。

在葛梯尔反例 1 中，虽然史密斯的信念 P〈将会获得这份工作的人口袋里有 10 个硬币〉有充足的辩护，但是如果真命题〈史密斯会获得工作〉被他所相信，那么信念 P 的辩护就会被挫败，因为史密斯会获得工作与琼斯会获得工作在案例所描述的情景中是不相容的。在反例 2 中，如果真命题〈琼斯并不拥有福特车〉被史密斯所相信，那么他对于命题 D_2〈或者琼斯拥有一辆福特车，或者布朗在巴塞罗那〉的辩护也会被挫败，因为此时他既缺乏理由相信 D_2 的前半部分，也不知道布朗所在的位置，所以缺乏任何相信 D_2 为真的理由。

除了原初的葛梯尔案例，最初的可挫败理论还可以很好地解释假谷仓案例与停掉的钟案例。在假谷仓案例中，如果真命题〈这片区域充斥着假谷仓〉

---

[1] 这一区分的源头可参见 Pollock(1986,37-39)，作者最初只区分了反驳式挫败者与消解式挫败者，后来被学界进一步发展。

被亨利所相信,那么他就会意识到自己并没有从远处区分开真假谷仓的能力,因此他基于视觉的信念辩护就会被(消解式)挫败。在停掉的钟案例中,如果真命题〈墙上的钟已经停止工作〉被认知主体所相信,那么同样基于钟表显示的时间为信念〈现在时间是下午三点钟〉提供的辩护就会被挫败。

虽然该理论可以有效地解释葛梯尔式反例,原初的可挫败理论遇上了一个麻烦,即并不是每一个真命题都能发挥挫败的作用,有些真命题甚至是误导的挫败者(misleading defeater)。这里的关键在于,该理论的初衷是诉诸于事实型挫败者来排除那些缺乏知识的案例,但由于存在误导的真命题,事实型挫败者有时甚至会把知识也排除在外。来看下面这个案例。

偷书贼

我在图书馆看到一个像汤姆的人偷书。我和汤姆很熟,于是很确信是汤姆偷了书,我向图书管理员报告了这一情况。但汤姆的妈妈爱子心切,为了保护他不受惩罚,就对图书管理员撒谎说汤姆有一个患有偷窃癖的孪生兄弟汤小姆,两人长得很像,而事发当时汤姆去接受红色教育了。假设偷书的就是汤姆,并且他并没有任何的孪生兄弟,但我对于汤姆妈妈的证词并不知情。那么我是否知道偷书的人是汤姆呢?①

在这个案例中,我基于视觉证据相信汤姆在偷书,而我的信念既是真的也是被辩护的,是属于典型的知觉知识的情况。但由于汤姆的妈妈的谎言,使得我并不知道汤姆偷了书。按照原初的可挫败理论,一旦真命题〈汤姆的妈妈说汤姆有一个患有偷窃癖的孪生兄弟汤小姆,两人长得很像,而事发当时汤姆去接受红色教育了〉被我所相信,那么我原有的辩护就会被挫败,毕竟我无法区分汤姆和他的(虚构的)孪生兄弟汤小姆。因此,我的辩护是被挫败的,也就不满足知识的可挫败理论Ⅰ。

值得注意的是,误导的挫败者只有通过让一个假命题看起来可信,从而发挥其挫败作用。但真正的挫败者并不需要依赖一个假命题发挥挫败作用。② 在这个例子中,汤姆妈妈所说的话让假命题〈汤姆的孪生兄弟偷了书〉看起来

---

① 原案例参见 Lehrer and Paxson(1969,228)。
② 这里有一个担忧。假设 S 基于证据 E 相信 P,并且预设 P 为真而且 E 也能充分辩护 P。此时任何挫败者都会让非 P 看起来可信。但是由于非 P 是假的,因此任何对 E 的挫败者都因此是误导的挫败者吗? 这是否意味着对于真命题,任何挫败者都是误导的? 可以注意到,真正的挫败者可以让非 P 看起来可信,但是它们并非只能通过让非 P 变得可信才发生挫败作用。

可信,从而发挥了挫败作用。但在上面的葛梯尔反例中,真正的挫败者却可以直接发挥挫败作用。

由于存在误导的挫败者,对可挫败理论进行了修改。① 修改后的表述如下。

> **知识的可挫败理论Ⅱ**
> S 知道 P,当且仅当
> (1) P 为真;
> (2) S 基于证据 E 相信 P;
> (3) E 为 P 提供了辩护;
> (4*) E 是最终未被挫败的。

修改后的可挫败理论用(4*)代替了(4)。其背后的核心想法是,虽然误导的挫败者 D_1 可以挫败原有的辩护,但误导的挫败者会被另一个挫败者 D_2 所挫败,D_2 被称为挫败者的挫败者(defeater-defeater)。这样,虽然 E 为 P 提供的辩护会被误导的挫败者 D_1 所挫败,但 D_2 的添加会使得 E 为 P 提供的辩护得以恢复。因此只要 E 为 P 提供的辩护是最终未被挫败的,就不妨碍 S 知道 P。比如在偷书贼案例中,虽然证据〈我看到一个长得像汤姆的人偷书〉为〈汤姆偷了书〉提供了辩护,但是汤姆妈妈所说的话作为事实型挫败者挫败了已有的辩护。但另外一个事实〈汤姆的妈妈撒谎了〉挫败了前一个挫败者,从而恢复了我原有的视觉证据为〈汤姆偷了书〉所提供的辩护。

这里需要区分辩护的恢复(restore justification)与辩护的创造(create justification),因为对此区分的忽视会削弱可挫败理论的合理性。下面稍微修改前文的瓜奈利小提琴案例进行展开分析。

> **瓜奈利小提琴***
> 我的学生小悦说她新买了一把瓜奈利小提琴,她还展示了小提琴证书给我看。因此我相信小悦有一把瓜奈利小提琴,并进而相信我的学生中有人有一把瓜奈利小提琴。但我不知道的是,其实小悦并没有足够的钱购买这把名贵小提琴,只是花钱租的。同时我发现我的另外一位学生小勤,她是小提琴爱好者,并且前不久用奖学金买了一把瓜奈利小提琴,

---

① 该表述参见 Turri(2012,218)。他表述时未强调对于辩护恢复的限定,导致他错误地攻击了可挫败理论。

我还听过她的演奏。因此我相信小勤有一把瓜奈利小提琴。

在该案例中,最初我的证据 E_1〈我的学生小悦有一把瓜奈利小提琴〉为命题 P〈我的学生中有人有一把瓜奈利小提琴〉提供了辩护。但是此时真命题 D_1〈小悦的小提琴是租的〉挫败了 E_1 为 P 提供的辩护。随着另外一个证据 E_2〈我的学生小勤有一把瓜奈利小提琴〉的出现,P 又是被我的证据所辩护的。值得注意的是,E_2 创造了对 P 的新的辩护,而不是恢复了 E_1 为 P 的辩护。

对比来看,偷书贼案例和瓜奈利小提琴*案例中有一个共同点,即刚开始认知者已有的证据 E 为信念 P 提供辩护,但随着挫败者 D_1 的引入,"$E+D_1$"无法为 P 提供辩护,但在挫败者 D_2 被引入后"$E+D_1+D_2$"可以为 P 提供辩护。虽然有这一共同点,但两个案例有着实质的差别。在偷书贼案例中,D_2 并不使得 D_1 变成缺乏辩护的,而只是挫败了 D_1 对 E 的影响,从而恢复了 E 为 P 提供的辩护。在瓜奈利小提琴*案例中,D_2 并未挫败 D_1 对 E 的影响,只是重新开辟了一条对 P 的辩护的道路,而 E 对 P 提供的辩护最终还是处于被挫败的状态。这也意味着认知主体只是在 D_2 出现以后才知道 P 的。

由此可见,知识的可挫败理论Ⅱ对于葛梯尔(式)案例给出了很好的解释,并且由于该理论并未放弃辩护这一条件,因此仍然算是传统知识分析进路下的一条可行道路。

一些新近的知识理论也会对葛梯尔问题提出不同的诊断,本书会把这些理论放在后面的章节,特别是在第五章"反运气知识论"和第六章"德性知识论"。读者在学习完后面的章节后会对葛梯尔问题有更深入的把握。

章末思考

1. 如何构造一个葛梯尔式反例?

> (1) 步骤1:构造一个认知主体 S,并且指明他在该情景中通过不可靠的信念形成方式 M 获得的信念 P,即该方式在一般情况下会使 S 获得假信念。
>
> (2) 步骤2:使得 S 对信念 P 拥有信念辩护:S 既没有理由反对 P,并且 S 拥有理由相信 P 为真。
>
> (3) 步骤3:把情景的细节进行微调,从而使得认知主体 S 实际上获得的信念 P 为真。

范例

小马参加学校体检,站上了校医院的体重测量器。他看到测量器显示90千克。他想着学校的机器应该是正常工作的,并且自己最近测量是92千克。但是因为他这个月运动比较多,所以减轻2千克也是合理的。因此他相信自己有90千克。但他并不知道的是,学校的那台秤出问题了,超过75千克的体重就只会显示90千克。他的体重恰好就是90千克,所以电子秤显示的重量是正确的。小马既拥有一个真信念,又拥有关于该信念的辩护,那么他是否知道自己有90千克呢?

案例分析

认知者:小马。

信念的形成方式:看一台有故障的电子秤读数。(步骤1完成)

信念辩护:学校的电子秤是可靠的;自己前一个月体重92千克,经过一个月的频繁运动,减少2千克是比较合理的。(步骤2完成)

信念:小马的体重在测量的时刻有90千克,并且该信念为真。(步骤3完成)

但小马并不因此知道他的体重有90千克,因此他的信念被葛梯尔幽灵缠上了。(构造完成)

2. 有学者从语言哲学的角度来反驳葛梯尔案例。例如,在反例1中命题的内容发生了变化,"将要获得工作的人"有不同的指称。这种进路是否可行?

3. 请结合葛梯尔问题与后面的怀疑论问题,思考哪个问题对知识论造成的挑战更大?应该先解决哪个问题?

4. 推理知识的前提是否一定需要是事实?是否可能存在来自谬误的推理知识?请结合可挫败理论与葛梯尔案例来思考。

第三章

阿格里帕三难问题及其回应

从古至今，知识论的发展一直与怀疑论的威胁密不可分。有许多重要的怀疑论攻击形式，如古希腊皮浪主义怀疑论与近代笛卡尔怀疑论。① 本章介绍皮浪主义怀疑论及其对当代知识论的影响。

第一节 皮浪怀疑论与阿格里帕三难问题

皮浪怀疑论（Pyrrhonian scepticism）被认为是西方怀疑论传统的重要起源。② 当时怀疑论与伊壁鸠鲁学派、斯多亚学派共同构成"希腊晚期哲学"。皮浪的主要思想记载于恩披里克（Sextus Empiricus）所编的《怀疑论概要》一书。③ 皮浪主义思想的核心是对下面 3 个问题的回答：万物的本性是什么？我们应该对它采取什么态度？这一态度将给我们带来什么影响？皮浪的答案是：①由于分歧的普遍存在，并且没有中立的标准来判断分歧双方谁对谁错，我们无法认识事物的本性；②我们应该悬搁判断（suspend judgment）；③由于悬搁判断带来不动心的状态，这种心灵的宁静（tranquillity）免去了不必要的烦恼，是一种幸福的生活。我们按照怀疑论者的思路继续展开。

首先，怀疑论者并非天生的。最开始的时候怀疑论者也和常人一样，企图通过研究和解决冲突来获得心灵宁静。但由于发现冲突和分歧无法解决，只能采取悬搁判断的方法。可以发现，怀疑论产生的前提是分歧和冲突的普

---

① 在近代哲学中，还有一种知名的怀疑论是休谟对于因果关系的怀疑论。
② 古希腊怀疑论的名字有几种叫法。被称为皮浪派是因为皮浪看起来比前人更加彻底、公开地主张怀疑论。如果从研究者在研究后的心境出发，也可以被称作"悬而不决派"。参见恩披里克(2017,4)。
③ 英文翻译参见 Empiricus(2000)，该书的中文版翻译可见恩披里克(2017)。

遍存在。这里的分歧和冲突是指对事物本性的判断上的分歧和冲突。例如，A 认为面前的咖啡是苦的，但 B 认为不苦。A 认为恋爱是痛苦的，但 B 认为恋爱是幸福的。面对分歧和冲突，我们受到理智的驱使开始探究，怀疑论者也不例外。但怀疑论者发现，冲突中的判断没有一个在可能性上优先于对方，即我们在原则上无法判断冲突双方孰优孰劣、谁对谁错。因此，对于任何探究的结果，我们可以设想有 3 种：或者是认为发现了真理，或者是认为真理不可知或不可理解，或者是继续从事探究。认为发现了真理的一方是独断论者，认为真理不可知或不可理解的是学院派，而怀疑论者则是继续探究。[1]

其次，皮浪怀疑论带有强烈的伦理目的，即达到心灵的宁静。这一立场与近代笛卡尔的怀疑论有着鲜明的区别，后者只是方法论层面的，不具有实践的指导意义。恩披里克在《怀疑论概要》一书中写道：

> 怀疑论的起因在我们看来是希望获得心灵的宁静。有才能的人受到事物中的矛盾的困扰，怀疑自己应该接受哪种选择，就去研究事物中何真何假，希望能够通过解决这些问题而获得宁静。怀疑论体系主要的基本原则是：每一个命题都有一个相等的命题与之对立，因为我们相信这一原则带来的结果就是停止独断。[2]

怀疑论者补充道，他们的生活也并非完全不受扰乱，因为他们也要受到必然发生的事情的扰乱，这些事情是呈现（appearance）所强迫带来的感觉，如感到寒冷或饥饿。所以，怀疑论者并不否认自己所不可避免受到的感性印象（呈现），而只是否认对于呈现的判断具有客观性。但是相比于普通人，他们却少了一层困扰。普通人一般来说需要面临两重困扰：一种是自己的感受，另一种是对其遭遇的"本性"的判断。正是后者对于"本性"的判断为普通人增加了额外的烦恼。所以，对于意见之争保持灵魂的平静状态，不为"本性"所烦恼，对于不可避免的事情则以平和的情绪去感受，这就是怀疑论的终极目的。[3]

最后，实现心灵宁静的手段是悬搁判断。怀疑论者曾给了一个有趣的

---

[1] 这里有趣的点在于，怀疑论者并不宣称事物不可知或不可理解，而是继续探究。这与本书后面提到的彻底怀疑论者的想法不同，彻底怀疑论者认为知识是不可能的，这样的表述更接近于这里的学院派。读者在阅读到后面的章节时切不可混淆两者之间的差别。
[2] 参见恩披里克(2017,5)。
[3] 参见恩披里克(2017,9)。

类比:

> 事实上,怀疑论曾有过画家阿派勒斯曾经的经历。有一次,阿派勒斯画马,想画出马的唾沫,但他失败了,气得他把用来擦洗画笔上油彩的海绵扔向画面。未曾料到,海绵留下的痕迹却产生了马的唾沫的效果。同样地,怀疑论曾希望通过在感性及思想的对象的种种分歧之中做出是非判断来获取宁静。由于做不到,他们悬搁判断。这时他们却发现平静好像是偶然似地随着悬搁判断出现了。①

正如前面所说,想要通过解决分歧和冲突来获得心灵宁静是一条注定失败的道路,而偶然的悬搁判断却带来了怀疑论者一直追求的心灵宁静。既然悬搁判断这么有效,它又是怎么实现的呢?导向悬搁判断的途径是怀疑论的式(mode)。怀疑论是一种能力和心态,一种能够把事情对立起来的能力,而当我们把事情对立起来的结果就是悬搁判断。在《怀疑论概要》一书中,主要有埃奈西德穆(Aenesidemus)的十式和阿格里帕(Agrippa)的五式。② 怀疑论者指出,不同的式之间并非取代关系,而是合作与补充关系,其目的是要更好地揭露出独断论者的轻率。下面就以五式为切入口。

怀疑论五式
第一式:意见分歧(dispute);
第二式:无穷倒退(ad infinitum);
第三式:相对性(relativity);
第四式:假设(hypothetical mode);
第五式:循环(reciprocal mode)。

第一式是意见分歧。普通人之间和哲学家之间都会对事物有不同的看

---

① 参见恩披里克(2017,9)。
② 十式包括:①由于动物种类之间的不同,同样的对象对不同动物会产生不同的印象;②不同的人之间会有分歧;③不同的感官带来的分歧;④环境情况以及感觉主体当下的心理或生理状态带来的差异;⑤由于位置、距离和处所的不同,对象的呈现有差异;⑥对象总是与媒介以混合的方式作用于我们的感官,所以我们无法知道对象本身;⑦对象的数量和结构会影响我们对事物真实本性的判断;⑧事物处于关系之中,是相对的,所以其独立的本性无法判断;⑨事物出现的频率会影响我们对事物真实本性的判断;⑩不同的行为规则、法律、传说信念带来的分歧。参见恩披里克(2017,11—29)。恩披里克(2017,33)还提到二式,即:或者直接地认识某物,或者间接地认识某物,但没有任何东西能够以这两种方式认识。

法,这些看法会形成分歧。分歧由两个或两个以上相冲突的观点构成。针对一个命题,可以持有肯定、否定或者悬搁判断的认知态度,而这3种态度之间是冲突的。仅仅有分歧并不能促成悬搁判断,还必须使得冲突的看法之间有大致持平的说服力,这样才能让人陷入相反者同效(equipollence)的心理状态,并进而陷入悬搁判断。第二式是无穷倒退。当我们为解决一个争端给出证据,此证据本身又需要证据时,就会陷入证据的无穷后退之中,找不到出发点。第三式是相对性。怀疑论者认为一切对象都处在关系之中,因此是相对的。这里既有对判断者的相对,也有伴随的感觉的相对。就判断者而言,对象的呈现总是相对于环境以及动物或认知者的感官。就伴随的感觉而言,对象的呈现总是与他物混合,受位置、数量等因素影响。[1] 第四式是假设。当独断论者为了躲避无穷倒退,不再诉诸理由而只是宣称某个东西作为论证的出发点时,就是依赖于假设。第五式是循环,即用来证明主旨 A 的证据 B 反过来被 A 证明,就是一种循环。[2]

把五式中的第二、四、五式拿出来后就可以组合成阿格里帕三难问题,而这个问题就成为在当代知识论语境中的核心困难之一。为了更好地展现阿格里帕三难问题的棘手,可以对常识展开反思。按照常识来看,日常认知者不仅可以持有一些信念,他们还可以在面对质疑和询问时为自己所持有的信念提供理由,从而提高信念的可信度,并展现自己在认知活动中的负责态度,而给出支持信念的理由当然也是为信念提供辩护的方式之一。但是,阿格里帕三难问题就要挑战这一日常图景。

出于论证的目的,让我们假设 S 能对其相信的命题 P 给出一个基于推论的辩护(inferential justification),那么 S 所给理由的结构只有 3 种形式。

阿格里帕三难问题

(1)给出理由 R_1 支持 P,给出理由 R_2 支持 R_1,给出理由 R_3 支持 R_2,以此直到无穷。(无穷倒退)

(2)给出理由 R_1 支持 P,给出理由 R_2 支持 R_1,给出理由 R_3 支持 R_2,给出理由 P 支持 R_3。(循环辩护)

(3)给出理由 R_1 支持 P,给出理由 R_2 支持 R_1,对于某个理由 R_n,不再继续提供理由。(任意假设)

---

[1] 参见恩披里克(2017,27)。
[2] 参见恩披里克(2017,32)。

对于阿格里帕三难问题,需要注意两点。首先,这里关注的是基于推论的辩护,即基于理由 R_n 为 R_{n-1} 提供的逻辑的支持关系。这种支持关系可以是演绎的、归纳的或解释性的。我们当然可以承认有些辩护是不基于推论的,但是不可否认基于推论的辩护在我们的认知活动中所占据的重要位置。其次,这里关注的是理由的结构(the structure of reason),而非理由的内容。也就是说,阿格里帕提出的问题是,当我们的理由以什么样的结构排列时被理由所支持的信念的可信度会增加?理由的结构是一个形式化的特征,所以我们暂且不必对理由的内容加以限制。

这里给出的 3 种辩护结构看起来都有缺陷。第一种方式宣称有无穷的理由链条,而我们倾向于认为一个人无法完成无穷的辩护步骤,所以这种导致无穷倒退的辩护方式是难以接受的。在第二种方式中,由于某个理由 P 既在先前推论的结论中出现,又在其后的某个推论中作为前提出现。这实质上是说,一个命题 P 可以辩护自身,但这样岂不是意味着什么命题都能受到辩护?所以循环辩护也是我们所不能接受的。在第三种方式中,理由追问的活动到某个点戛然而止,乃是因为对于某个理由 R_n,我们只是假定它为真,却并不继续提供理由支持。针对这样的假定,我们担心其任意性(arbitrariness),即是否假定这样一个前提是合理的。所以,为了避免假定的任意性,第三种方式也应该被排除。但是问题在于,如果我们不接受上述任何一种方式,并且我们又无法提供除这 3 种方式以外的新的方式,那么一个归谬论证就摆在面前。该论证显而易见地指出,我们无法对自己所相信的命题提供任何基于推论的辩护,或者说没有一个命题能够被我们辩护地持有。这是一个十分有破坏力的结论。如果我们进一步把辩护当成知识的必要条件,那么结论就是任何(推论的)知识是不可能的。对于阿格里帕三难问题,学界有 4 种回应思路,在接下来的 4 节中会详细展开。

第二节 基础主义

本节介绍基础主义(foundationalism)。基础主义认为阿格里帕难题里的第三种辩护方式是可取的。为了避免理由的无穷倒退,必须寻找一个让倒退停止下来的点(regress stopper),而这个点正是我们得以奠基整个知识大厦的稳固起点。基础主义的想法可以追溯到古希腊,哲学家亚里士多德已经表达出用不动的推动者（unmoved mover）来避免无穷倒退问题的想法。我们可以把基础主义的辩护结构类比为金字塔的结构。金字塔底部是基本信念（basic belief），而金字塔的上层则是非基本信念，并且基本信念为非基本信念提供辩护。对于哪些信念可以充当基本信念，不同的基础主义者会有不同的方案。在德保罗（Michael DePaul）看来，基础主义有以下核心思想。

  A. 信念系统中存在基本信念，它们不是由于受其他信念支持而获得辩护；（基础论题）

  B. 需要依靠其他信念的支持获得辩护的信念是非基本信念；（依靠论题）

  C. 所有的非基本信念都是由于受到一个或多个基本信念的支持获得辩护的。（闭合论题）①

基础论题刻画了基本信念的核心特点，即它们不是由于受其他信念支持而获得辩护。给定了信念系统中的基本信念，别的信念就都是非基本信念，它们获得辩护都是依靠基本信念或非基本信念的。基础主义的核心思想已经明了，下面进一步展开基础主义的细节。

基础主义在本质上有两个要素，一方面是要设定基本信念。那么，哪些信念可以充当基本信念，这些基本信念又有什么知识论上的特性呢？另一方面基本信念又是如何把辩护的属性传递给非基本信念的呢？这是关乎基本信念与非基本信念之间关系的问题。这两个问题是一个具体的基础主义方案必须回答的问题，而不同的回答就构成了不同的基础主义方案。可以设想，要给出统一的答案是十分困难的，可以参照两个核心问题的不同回答来列出基础主义理论的图谱。②

  Ⅰ. 基本信念的本质特征
    A. 基本信念的内容
      1. 心理的基础主义
      2. 外部世界基础主义
    B. 基本信念的认知地位

---

① 参见 DePaul(2011, 236)。
② 如果读者想更深入地了解不同种类的基础主义，可以参见 Triplett(1990, 97)的细致分类。此处为了利于读者学习，仅挑选了部分分类。

1. 优越的基础主义
　　　2. 弱基础主义

　Ⅱ. 基本信念与非基本信念关系
　　A. 逻辑关系
　　　1. 演绎的基础主义
　　　2. 枚举归纳基础主义
　　　3. 解释性归纳基础主义
　　　4. 认知原则基础主义

　　首先看基本信念的本质特征。心理的基础主义认为,只有关于一个认知者当下心灵状态的命题能充当该认知者的基本信念,如认知者当下的知觉、疼痛、记忆和推理等。这类基本信念是私人的,是不能被公共观察的。① 与之相对,外部世界基础主义把关于外部世界的日常命题当作基本的。摩尔(Moore)被认作这一派的代表人物,他列举了下面这些常识命题。

　　（1）我是一个人。
　　（2）地球已经存在了很久远的时间。
　　（3）现在有一个活着的身体,也就是我的身体。②

　　摩尔认为,不仅他本人,还有许多人都确切知道这些命题。可以发现,这类命题对于心理基础主义者来说并非基本的,而是要被认知者的感觉经验所辩护的。但对于外部世界基础主义者来说,这类命题却是被自我辩护的,因为其确定度最高。在摩尔之后,这一理论还得到了进一步的发展。③

　　除了不依赖别的信念获得辩护这一属性,基础主义者还会赋予基本信念不同的知识论属性。优越的基础主义进一步认为,基本信念拥有最高程度的辩护,被基本信念辩护的非基本信念则无法拥有同等程度的辩护,最高程度的辩护可以被进一步细化成是确定的、不可错的或不可置疑的等性质。弱基础主义则未把优越的认识论属性赋予基本信念。该理论认为基本信念当然需要拥有一定程度的辩护,但是却不一定要比其辩护的信念拥有更高程度的辩护。④

---

① 该理论的代表人物可见笛卡尔、齐硕姆(Chisholm, 1977, 16–22)和刘易斯(Lewis, 1946, 172–75)。
② 命题(1)至(3)可见 Moore(1959, 33)。
③ 代表人物可见 Kekes(1977, 89–91)、Foley(1987, 73–76)和 Quinton(1973)。
④ 这一理论的代表人物可见 Almeder(1983;1987)、Audi(1983)和 Cornman(1980)。

下面来看基本信念与非基本信念之间的关系。A_1是演绎关系,即基本信念必须通过演绎的方式辩护非基本信念,笛卡尔被认为是倡导A_1的哲学家。A_2是枚举归纳关系,即基本信念通过枚举归纳的方式辩护非基本信念。例如,通过一系列经验观察为一个命题提供归纳的辩护。A_3是解释性归纳,即基本信念通过为非基本信念提供最佳解释推理从而辩护非基本信念。① A_4是认知原则基础主义,该进路承认有一些特别的知识论原则,这些原则规定了在什么条件下基本信念可以辩护非基本信念。②

经过上面的大致介绍,下面以备受讨论的经典基础主义(classical foundationalism)为切入点来尝试回答上面两个问题。

一、经典基础主义

经典基础主义认为基本信念是自我辩护的(self-justifying)或非推论的辩护的(non-inferentially justified),它们不需要依赖别的信念来获得辩护状态。笛卡尔是经典基础主义的代表人物。③ 他认为作为整个知识大厦基础的信念必须是不可怀疑的,并且是确定的(certain)和自明的(self-evident)。他著名的哲学命题"我思故我在"就是这样的一个基本信念。这样一个信念是不可怀疑的,因为一旦怀疑该命题,怀疑活动本身就证明了一个思想主体的存在,所以该命题是自我辩护的。我们会发现,如果基本信念需要满足不可怀疑与确定的条件,那么必然真理(如$a=a$)与分析真理(单身汉是未婚的)也可以充当基本信念。④

经典基础主义者认为,关于自己当下感觉经验的信念是基本信念,因为这类信念是不可能出错的(infallible)。⑤ 让我们结合下面的案例进行分析。

---

① 这一进路代表人物可见Cornman(1980)和Goldman(1988)。
② 这一进路代表人物可见Chisholm(1977)。
③ 在20世纪上半叶支持基础主义的学者有罗素、石里克(Schlick)、艾耶尔(Ayer)和刘易斯。刘易斯(Lewis, 1946)是这一时期的代表之作。
④ 必然真理指的是该命题在每个可能世界都为真,其出错在逻辑上是不可能的。根据康德的观点,分析真理是指一个命题的谓词已经包含在主词之中,因此在对主词的谓述中并没有增加什么新内容。
⑤ 不可错的性质可以这样理解:如果S相信P就蕴涵P为真,那么S在时刻t的信念P就是不可错的。该定义参见Lehrer(1974,81)。需要注意的是,我们不能混淆不可错的信念与不可错的理由。前者并不对信念的理由做限定,这与基础主义的想法是一致的,即充当基础的不可错信念从本质上就不能被别的信念所辩护。当S基于不可错的理由R相信P,此时P为真不是因为S相信R,而是因为R蕴涵被理由支持的信念,一般来说,S相信P并不能作为P为真的不可错的理由。

喝咖啡的红衣女孩

深夜,我和朋友在咖啡馆聚会。我看到朋友身后的人群中有一个身穿红色连衣裙的女孩在喝咖啡。

我:你身后有一个身穿红色连衣裙的女孩在喝咖啡。

朋友:你怎么知道?

我:因为我看到了。

朋友:为什么你认为自己看到了?

我:因为我有类似一个身穿红色连衣裙的女孩在喝咖啡的经验。

朋友:你当真有这样的感觉经验?

在这个对话案例中,我的信念不断地受到朋友的质疑,他在追问我的信念的理由。我首先相信〈一个身穿红色连衣裙的女孩在喝咖啡〉,该信念的真假依赖世界上的事实,面对朋友的追问,我给出支持的理由是〈我看到一个身穿红色连衣裙的女孩在喝咖啡〉。第二个信念为第一个信念的真提供了支持,但朋友仍然可以质疑该信念的真假。因此,我给出进一步的理由,即我相信〈我有类似一个身穿红色连衣裙的女孩在喝咖啡的经验〉。第三个信念为我的第二个信念提供了可错的证据支持。① 那么当朋友继续对第三个信念追问时,我该怎么办?经典基础主义者认为,第三个信念是自我辩护的,不再需要进一步的理由支持。

一些哲学家认为,关于自我当下感觉的经验有一些特性,如不可改(incorrigible)、确定和不可置疑(indubitable)。② 这进一步地是因为认知主体关于自己的感觉状态拥有特殊的通达(privileged access)。认知主体只需要反思即可意识到自己当下的感觉经验,所以认知主体不可能对自己当下拥有什么感觉经验犯错。通过对比可以发现,关于自己当下的感觉经验的信念所判断的是自己的意识内容,而关于外部世界的信念是断定世界的情况。我们对于前者拥有特殊的通达,却没有对后者的特殊通达。对于外部世界的情况,我们一般是基于知觉证据的基础去做出判断,而这种判断是可错的,也就是说,即使我们有某些知觉证据,世界也可以不像经验所揭示的那样。但是对于自我的感觉

---

① 考虑到当我拥有幻觉的时候,我也会拥有类似一个身穿红色连衣裙的女孩在喝咖啡的经验,但此时我并未看到一个身穿红色连衣裙的女孩在喝咖啡。

② "不可改"是指信念不可能被进一步的信息所推翻,"确定"刻画的是主体内心的坚信,"不可置疑"指的是该信念不会被怀疑。

经验,我们有可能判断出错吗? 自我的感觉经验是由自我之内的因素决定的,而对于自我意识内发生的事情,自我难道不是拥有直接的通达与最高的权威吗? 如果对于自己当下感觉经验的信念不可能出错,那么也就是自我辩护的,毕竟辩护的目的就是为了避免信念出错,以达到确定的真。

但是有反对理由认为,关于自我当下感觉经验的信念是可能出错的。阿姆斯特朗(Armstrong)曾经给出一个论证。[①] 他的大致思路如下:当 X 是一个心灵状态(如疼痛或有红色的视觉),那么意识到 X 和 X 就是两个不同的状态,如处于疼痛状态和意识到自己处于疼痛状态就是不同的。而只要意识到 X 和 X 是不同的状态,就有可能出现前者为真而后者为假的情况。例如,随着剧痛的减轻,到某一时刻认知者可能会错误地意识到自己仍然处于疼痛状态。或者当我们闭着眼睛触摸到很冷的水管时,我们会误以为自己触摸到很热的水管。此外,在白色表面的阴影通常看起来是灰色的,如许多人会以为雪上的阴影是灰色的。但科学发现,白雪上的阴影是蓝色的,因此人们会在判断雪上阴影如何向其显现时做出错误的判断。这些反对意见虽然不是决定性的,但对关于自我当下感觉经验的基本信念是否不可错提出了一定的挑战。在接下来的讨论中可以发现,基本信念是否可错并不是基础主义面临的最核心的挑战,因为即使承认这类信念是不可错的,它们也难以充当经验知识的基础。

正如基础主义所宣称的那样,非基本信念是被基本信念辩护的。这大概说的是,从基本信念出发,我们可以衍生出非基本信念,但这又是如何实现的呢? 一种路径是采取演绎(deduction)的方法,即从那些确定的、不可置疑的、不可错的基本信念开始,通过逻辑演绎的方法获得非基本信念。此时逻辑演绎的方法就充当了联结基本信念与非基本信念之间合适的推理方式。例如,在笛卡尔那里,从我思故我在这个不可怀疑的前提(即关于自我当下观念的信念)开始,可以演绎出善良的上帝存在。由于善良的上帝存在,上帝不可能灌输给我错误的观念,那么又可以进一步演绎出我心中的观念是与实在相一致的。这样一来,关于外部世界的知识就成了演绎的结果。

二、经典基础主义的困难

下面介绍经典基础主义的 3 个核心困难,它们分别是任意性难题、经验知

---

① 参见 Armstrong(1968,106-107)。

识解释难题与塞拉斯式两难问题。

第一个问题是基础的任意性。[①] 在众多基础主义的版本中,有一个不变的核心特征是,基本信念不依赖别的信念而获得辩护属性。正因为基本信念的这一特质,我们不可能基于别的信念为它提供辩护,因此我们失去了相信其为真的理由。这就意味着,我们必须在毫无理由相信其为真的情况下接受基本信念为真。但是这样一来,我们所设定的基本信念难道不是任意的吗?让我们想象一个情人节基础主义者小马。当他为自己的非基本信念进行辩护时,他的辩护链条可以一直回溯到他的基本信念,而他的基本信念是他在情人节那天形成的信念。也就是说,对于小马来说,在情人节那天形成的信念就是特殊的一类信念,是不可错的和确定的,是整个信念系统的基础。从外部视角来看,虽然小马的辩护结构是一个基础主义者,但我们难道不会觉得其设定的基础充满任意性吗?为什么在情人节形成的信念就是基本信念,就不会出错呢?如果这一问题得不到回答,那么虽然基础主义者设定了追问活动的停止点以躲避无穷倒退,但这一设定活动却是任意的。如果基础主义者尝试进一步回答任意性问题,那么他们不能诉诸非基本信念,否则就是循环辩护。一种可行的路径是诉诸元辩护,即解释为什么拥有性质 F 的基本信念更可能为真(或不可能出错)。这样一来,我们有理由认为基本信念的设定是合理的(或基本信念不可能出错),但无穷倒退问题可以在元辩护层面继续发生。

第二个问题是基础主义的经验知识解释难题。该问题主要针对的是经典基础主义。笛卡尔式经典基础主义是演绎主义式的,该理论要求基本信念是不可错的、确定的、不可怀疑的。但是这类前提很多吗?我们会发现这类前提寥寥无几。如果满足条件的基本信念很少,我们如何能从中构建起来关于外部世界的知识呢?进一步的困难出现在基本信念与非基本信念之间的逻辑关系中。让我们思考演绎主义方案。演绎的方法是把前提中的内容分解出来,但注意到能充当演绎前提的基本信念或者拥有充分的经验内容但因此缺乏确定性,或者拥有确定性但缺乏经验内容。前者拥有经验内容过多,因此更容易出错,是无法作为演绎前提的;后者包含的经验信息很少,很难借助演绎方法帮助我们获得有关外部世界的有信息量的信念。概括来说,这个

[①] 这一批评的代表人物可参见 Klein(1999)。

困难的根本是基本信念不可错性与经验内容之间的矛盾。① 从确定不可怀疑的基础开始并且仅仅运用演绎方法,我们几乎不能获得关于外部世界的任何知识,因此关于外部世界的知识就是不可能的。

第三个问题,经典基础主义会面临塞拉斯式两难困境。早期的基础主义者认为理由的倒退可以停止在一些被经验直接所予的东西之处。"所予"(the given)是一个常被谈论的概念,而"所予"可以被理解为在经验之中可被直接知道的经验成分,类似的说法还有我们直接领会(apprehend)或者亲知的东西(acquainted with)。对塞拉斯(Wilfrid Sellars)本人论证的理解比较困难,而邦久(Laurence BonJour)的重构更容易理解。邦久的两难论证可以表述如下:

1A. 只有感觉经验具有命题内容,它才可以辩护我们的信念。

1B. 但是如果感觉经验具有命题内容,它对世界的表征就是可错的。

1C. 因此它被用于辩护其他信念之前就需要被辩护,也就不是真正的基础。

2A. 如果感觉经验没有命题内容,那么它就仅仅是粗糙的经验,谈不上是否被辩护。

2B. 因为没有命题内容,感觉经验和信念之间的关系就不可能是逻辑或证据的关系。

2C. 因此,感觉经验和信念之间的关系顶多只是时序的或因果的关系,它们不能用于辩护任何信念。

3. 无论哪种情况,感觉经验或者不是真正的基础,或者不能用于辩护其他信念。②

该论证是一个二难论证,1A—1C 和 2A—2C 分别构成了两难。上面论证的大致想法是这样的。我们所接受的经验所予,或者是一种带有表征内容被判断后的经验,或者是一种粗糙的经验。如果是前者,那么感觉经验就具

---

① 经验内容(empirical content)是一个哲学术语。为了方便,这里以比较的方式来谈论经验内容。一个命题的经验内容越多,那么它可推出的信息就越多,它对可能事态的排除越多,它越容易被证伪。比较下面两个命题:A. 桌子上有一根香蕉。B. 橡木桌子上放着一根绿色的香蕉。此处可以根据上面的标准得知 B 命题的经验内容比 A 多。B 不仅可以推出所有 A 可以推出的命题,还能推出 A 不能推出的命题,如〈这张桌子不是黄花木的〉。B 不仅排除了所有 A 可以排除的事态,还能排除 A 不能排除的事态,如〈这张桌子是黄花木的〉。B 不仅可以被所有可以证伪 A 的观察所证伪,还能被不能证伪 A 的观察所证伪,如〈这张桌子是黄花木的〉。

② 这一批评思路参见 BonJour(1985,75-78)。

有了命题内容，就能进一步为别的信念提供辩护。但由于感觉经验把世界表征为某种样子，而这种表征并非不可错的，因此就需要对此判断进行进一步的辩护，这样一来就失去了充当基本信念的资格。如果是后者，那么因为它缺乏命题内容，不是一种判断，也就不需要被进一步辩护，但此时这种粗糙的经验也不能用来为别的信念提供辩护。辩护关系是命题内容之间的逻辑关系，所以作为前提和结论的信念都必须具有表征内容。因此，感觉经验和信念之间的关系顶多只是时序的或因果的关系，而不能是辩护的（逻辑的）关系。归根到底，邦久认为问题的根源在于"经验所予"想要拥有传递辩护给别的状态的能力，但获得该能力就会使其自身需要被辩护，因此想要分离开"所予"的两个特征是无法实现的。

从上述的批评可见，经典基础主义存在很大的问题，问题的严重程度甚至可以被戏谑地称为"基础主义遇到了基础的困难"，基础主义也一度失去了哲学上的吸引力。严格来说，上述的困难只是经典基础主义面临的困难，而不是基础主义本身的困难，一旦我们降低对基本信念的限制，如从优越的基础主义转向弱基础主义，以及降低基本信念与非基本信念之间的逻辑关系，如从演绎转向枚举归纳或解释性归纳，那么随之而来的适度基础主义仍然具有可行性。

第三节　融贯主义

这一节讲述融贯主义（coherentism）。[①] 融贯主义认为阿格里帕难题里的第二种辩护方式是可取的，但是需要注意区分两种融贯主义，它们分别是线性融贯主义与整体融贯主义。前者允许在一个理由链条上出现重复的理由，而这恰恰表明一个命题可以辩护其自身，是没有任何说服力的。因此，整体的融贯主义者放弃这样一条有巨大缺陷的道路，转而寻求更加精致化的融贯主义。所以，后面所提到的融贯主义都只表示整体融贯主义。

[①] 读者要注意这里讨论的是关于辩护的融贯主义，在别的哲学领域还有关于真的融贯主义（一个命题是真的，当且仅当该命题与一系列命题相融贯），还有概念/意义的融贯主义（掌握一个概念的含义需要掌握一系列相关的概念）。

一、融贯主义

对于融贯主义者来说,阿格里帕难题里有一个很重要的前提,即基于推论获得辩护的对象是单独的信念。但是为什么获得辩护的对象要是一个单独的信念呢?在融贯主义者看来,辩护的顺序应该是颠倒的。首先被辩护的是作为信念集合的信念系统,其次被辩护的才是作为信念系统成员的单独信念。融贯主义的想法在历史上有很多支持者,本书仅介绍其在当代知识论中的主要倡导者。①

邦久是融贯主义的一个代表人物,我们围绕他的理论来展开介绍。关于融贯主义,有两个核心问题。首先,什么是信念系统?其次,什么是一个融贯的信念系统?第一个问题比较容易回答,信念系统是由一些单独的信念所组成的并且有内在联系的集合。根据不同的划分标准,可以产生不同的信念系统。可以按照信念的主题来划分,如关于外部世界的信念系统或关于自我的信念系统等。也可以根据产生信念的来源来划分,得到视觉信念系统、听觉信念系统、记忆信念系统、证言信念系统、推理信念系统等。

如何理解信念之间的融贯呢?大致来说,融贯是一个程度性概念,它刻画的是信念之间相互联系的紧密程度。邦久从下面几个维度来刻画融贯。

维度1　一个融贯的信念系统必须是逻辑一致的。
维度2　一个信念系统的融贯程度与其概率一致性的程度成正比。
维度3　一个信念系统的融贯程度与信念之间的推理联结的数量与强度成正比。
维度4　一个信念系统中的子系统如果缺乏推理联结,那么信念系统的融贯程度会降低。
维度5　一个信念系统中存在未受解释的异常越多,系统融贯程度越低。②

---

① 融贯主义的代表性支持者可见英国经验论的布拉德雷(F. H. Bradley)和鲍桑葵(Bernard Bosanquet),科学哲学中的纽拉赫(Otto Neurath)、亨普尔(Carl Hempel)和蒯因(W. V. Quine),当代知识论中的邦久、雷勒(Lehrer)、哈曼(Gilbert Harman)、莱肯(William Lycan)、塞拉斯和瑞秋(Nicolas Rescher)。
② 参见 BonJour(1985,97-99)。

首先我们来看维度 1。融贯的信念系统首先要求信念之间是逻辑一致的（logically consistent），也就是说，逻辑不一致的信念之间肯定是不融贯的。逻辑一致的信念可以同时为真。试看下面两个信念系统。

$S_1\{B_1\langle$上海在北京的南方$\rangle, B_2\langle$上海在北京的北方$\rangle, B_3\langle$北京的人口数量很多$\rangle\}$，

$S_2\{B_1\langle$上海是一个城市$\rangle, B_2\langle$北京是一个城市$\rangle, B_3\langle$昆明是一个城市$\rangle\}$。

信念系统 S_1 中 B_1 与 B_2 是逻辑不一致的，因为两者不可能同时为真，因此信念系统 1 是不融贯的。信念系统 S_2 中的 3 个信念可以同时为真，因此该信念系统是逻辑一致的，满足融贯的必要条件。需要注意的是，逻辑一致并不是信念融贯的充分条件，这是一些批评者所犯的错误。

接下来看维度 2。假设一个人的信念系统中包含两个信念：$B_1\langle$飞机失事了$\rangle, B_2\langle$飞机失事的概率特别小$\rangle$。这两个信念之间是逻辑一致的，但在概率上却不一致。因为如果相信 B_2，我就不应该相信 B_1 为真。如果信念系统中缺乏这样概率不一致的信念，那么整个信念系统的融贯程度将会提高。需要注意的是，概率一致性是程度性的，这与逻辑一致有着本质不同。

继续来看维度 3 和 4。即使一个信念系统满足了逻辑与概率一致性，但可能该系统的成员之间缺乏任何有意义的联结关系。试比较下面两个信念系统。

$S_3\{B_1\langle$上海有樱花$\rangle, B_2\langle$日本有樱花$\rangle, B_3\langle$武汉有樱花$\rangle\}$，

$S_4\{B_1\langle$北京人口多$\rangle, B_2\langle$北京空气质量差$\rangle, B_3\langle$北京人均拥有车辆多$\rangle\}$。

两个信念系统都满足逻辑一致与概率一致，但是很明显系统 S_3 中的成员是相互独立的，而 S_4 中的成员却有推理的联结（inferential connection）。这时成员之间存在的推理联结使得系统之中的成员被有意义地关联了起来。推理的联结可以是演绎的、归纳的或解释性的。在 S_4 中，$\langle$北京人口多$\rangle$与$\langle$北京人均拥有车辆多$\rangle$解释了为什么$\langle$北京空气质量差$\rangle$。无论是哪种推理形式，邦久都认为作为推理联结需要在一定程度上是保真的（truth-preserving），也正是在这个意义上，作为推理前提的信念为作为结论的信念提供了认知辩护。信念系统中的推理联结数量越多、强度越大，那么整体的融贯程度也就越高。融贯主义者有一个理想的融贯程度，即整个信念系统形成一个统一的结构，不仅信念系统中的子系统内部有推理联结，还有一些一般性的定律和规则可以把子系统之间关联起来。这样一来，整个信念系统就类比地实现了"科学大一统"的局面。

最后是维度 5。既然信念系统中的解释性推理是提升系统融贯程度的方式之一，那么如果存在未被解释的反常情况，就会降低整个信念系统的融贯程度。反常（anomaly）是反复出现却不能被信念系统中其他信念所解释的情况。既然反常的出现无法被解释，也就意味着我们缺乏一个在其他信念与反常情况之间的推理联结，因此反常情况与系统其他成员之间的联系就会很薄弱。所以，一个高度融贯的信念系统应该包括较少的未被解释的异常情况。

总结来说，融贯的信念系统的最低要求是内部逻辑一致，并且存在相互的推论联结。这里的"相互"是指每个信念既作为推论的前提，为系统中别的信念提供理性支持，又作为某些推理联结的结论，获得别的信念的支持。

二、融贯主义的困难及其回应

本节介绍融贯主义面临的 3 个核心困难以及融贯主义者潜在的回应方式。①

（一）分离难题（isolation problem）

根据融贯主义来看，经验信念被辩护是借助于与其他信念的推理关系以及整个信念系统的联系，这些完全是内部的关系。整个过程不需要外部世界的参与，这就意味着我们经验知识的系统中毫无经验世界的输入（input）作用，那么看似与世界相分离的信念系统如何能构成经验知识呢？我们有理由认为，关于经验世界的知识必须在最低限度上接受外部世界的影响，否则封闭的信念系统要想获得对经验世界的描述性成功完全是偶然或奇迹。

邦久的回应思路大致如下。首先他引入认知的自发信念（cognitive spontaneous belief）这一概念。自发信念的特点是产生的突发性，这类信念不是由推论产生，不是来自深思熟虑的理性思考过程，也不是随着我们有意识的控制所产生，因此带有强迫性。例如，当我面前有一辆车开过去，我会产生自发信念〈前面有一辆车〉，或者当我抬头看到前面桌子上摆着一本红色的书，我会产生自发信念〈桌上有一本红色的书〉。这类信念在基础主义者那里是自我辩护的，但对于邦久来说仍然是被推论地辩护的。以自发信念〈桌上

---

① 关于融贯主义的批评，可参见 Conee(1995)。

有一本红色的书〉为例,其辩护的方式可以写成下面的论证。

(1) 我拥有一个认知的自发信念〈桌上有一本红色的书〉,该信念属于类型 K_1。

(2) 条件 C_1 满足。

(3) 属于 K_1 类型的认知的自发信念在条件 C_1 下是很有可能成真的。

(4) 因此,我的信念很有可能成真。

(5) 因此,很有可能桌上有一本红色的书。[1]

这里需要解释 K_1 和 C_1。以自发信念〈桌上有一本红色的书〉为例,该信念是有关中等体积的物理对象的颜色和一般分类的视觉信念,这个类型可以简记为 K_1。其次,该信念是观察的结果,而观察时的情况可以称为 C_1。当我观察桌上那本红色的书时,C_1 可以被描述为:有充足的光照,观察者与被观察物体之间的距离是合适的,并且观察者的视觉官能运作正常等。此外,有这样一个有关众多相似观察者的真的自然定律,即在情况 C_1 中属于 K_1 类自发信念是高度可靠的,是很有可能为真的。当为〈桌上有一本红色的书〉辩护时,条件(1)至(3)都是被认知者所相信的前提,所以认知者可以以此为前提为〈桌上有一本红色的书〉提供辩护。

邦久认为,融贯主义可以承认外部世界对认知系统的输入作用,但是这种输入作用仅仅是因果的,而不是认知的。外部世界通过因果的方式引起(cause)认知的自发信念,但是这些信念只有在信念系统中才获得认知辩护,并且他引入观察要求(the observation requirement)。[2] 观察要求说的是任何一个信念系统如果能成为外部知识的候选者,那么它必须包含这样一个定律,该定律赋予合理范围内的认知的自发信念以较高的可靠性(包括那些为了识别出可靠自发信念必须要求的反省的信念)。观察要求的背后有这样一个核心想法:信念系统中不是被先天辩护的陈述必须在原则上可以通过观察来检验,而通过直接或间接的检验方式,这些陈述或者被证实,或者被拒绝。需要注意的是,观察要求并不能强迫那些被赋予可靠性的自发信念在事实上可靠,一旦这种赋予是错误的,就会最终带来系统内部的不融贯。所以,根据

---

[1] 参见 BonJour(1985,118)。
[2] 参见 BonJour(1985,141)。

观察要求,一个认知者必须努力寻找出有冲突的观察,才能最后使得他的诸多信念保持融贯的状态,也因此成为被辩护的。这样一来,经验知识就离不开外部世界的输入作用,而且该作用不仅仅停留在可能性层面。

(二) 可替代信念系统问题

根据融贯主义来看,组成我们经验知识的信念系统只要系统内部是融贯的,就可以获得辩护。但是仅仅依靠融贯性本身无法从众多(甚至是无限多)融贯程度一致但相互不相容的信念系统中挑选出一个信念系统。邦久指出:[①]

> 只基于融贯的标准,我们在不同的系统之间做出的选择会是任意的。所有的这些系统,以及系统中所包含的信念都会是同等程度地被辩护的。由于所有(或近乎所有)的一致的信念都会属于这样的一些系统,这一局面就意味着我们没有理由相信我们实际上持有的信念比另外的替代信念更可能为真。这个结果显然是一种怀疑论,并且由于认知辩护不再能在不同的经验信念之间做出区分,这一概念也就失效了。

可以借助可能世界来构造融贯程度大致相同但互不相容的信念系统。我们所在的世界被称为现实世界,与我们现实世界有差异的世界是可能世界。可能世界的数量是很多的,而针对每个可能世界都可以构造一个内部融贯的描述集合。这个集合与现实世界的信念集合却是不相容的。如果仅仅依赖融贯标准,我们就无法为相信现实世界的描述集提供认知辩护,因为别的描述可能世界的信念集同样是获得辩护的。此外,在知识论领域中,当我们讨论怀疑论问题时,对于感觉经验的日常假说总是面临怀疑论假说的冲击。例如,基于感觉经验,下面两个信念系统可以具有同等的融贯程度。

日常信念假说系统(CSB)

CSB_1:有几十个同学在听我上课。

CSB_2:我在用电脑投影仪放映PPT。

CSB_3:我在复旦大学光华楼上课。

怀疑论假说系统(SHB)

SHB_1:我有关于几十个同学在听课的幻觉。

[①] 参见BonJour(1985,107)。

SHB₂：我有在用电脑投影仪放映 PPT 的幻觉。

SHB₃：我有在复旦大学光华楼上课的幻觉。

既然日常信念系统与怀疑论假说系统是同等融贯的,那么我们选择日常信念系统就会缺乏认知辩护,而这无疑是一个怀疑论的结果,即我们相信日常信念假说系统是缺乏认知辩护的。

邦久认为,这个问题并不难回答。首先,如果这个难题说的是在某个特定时刻存在同样融贯的竞争信念集无法排除,那么这个问题对所有的辩护理论都存在,也就不是只针对融贯主义的,不必太在意。而且只要一个理论允许这样一种可能性,即在特定时刻内部融贯但相互冲突的多个理论在接下来的时间里其融贯性会被打破,那么这个难题可以轻易解决。可以发现,邦久引入的观察要求恰好留下了这一可能性。

其次,如果该难题说的是,就长远来看,仍然存在同等融贯的竞争信念集无法被排除,那么这个想法就是有问题的。因为考虑到经验世界对我们信念系统的输入作用,那么随着观察的积累,一些本来融贯的信念系统会逐步变得没有那么融贯,因此也就会被排除。① 这里可以注意到静态的融贯(static coherence)与动态的融贯(dynamic coherence)之间的区分。假设系统 S_1 是真正的经验知识系统,而 S_2 是另外一个随意创造出来的信念系统,虽然在时刻 t_1 两者可以拥有大致相同的融贯程度并且呈现不相容状态,但此时两者的融贯程度是静态的。如果两者同时受到观察要求的限制,接受持续的经验输入,并且尝试调整可能出现的信念冲突,那么此时两个系统就获得了动态的融贯性。一个拒绝接受经验输入的系统虽然可以保持其初始的融贯程度,却不可能拥有自发信念,也无法满足观察要求,最终失去了成为经验知识的资格。当我们关注信念系统的动态融贯性时,在 t_1 时刻同等融贯的竞争理论 S_1 和 S_2 会在长期的经验输入下失去平衡的格局,从而让 S_1 最终胜出。②

读者也许会注意到这里有一个关键假设,即一个客观的世界会持续不断地提供融贯的输入,以至于相互竞争的信念系统不可能在长期的观察影响下保持原有的融贯性。但是如何论证这一点呢?抑或融贯主义者只能把这一点作为基础预设?

---

① 参见 BonJour(1976,302)。
② 参见 BonJour(1985,144 - 145)。

（三）融贯的性质是助真的吗？

按照邦久的理解，可以区分辩护与元辩护（meta-justification）。[①] 元辩护不同于认知辩护，前者说的是一个信念通过满足什么条件从而获得辩护这种知识论上的积极属性，而后者则关心为什么满足关于辩护的条件是有助于真的（truth-conducive）。辩护与元辩护之间有着密切的联系，如果我们把获得真信念和避免假信念看成认知目标，那么元辩护其实是解释为什么认知辩护是可以帮助我们实现这个目标的手段。这样一个想法恰恰是知识论学者理解（认知）辩护的一种主流进路。所以元辩护和一般的认知辩护都以获得真信念、避免假信念为目标，只是前者直接与认知目标相关，后者间接与认知目标相关。按照这样的思路，既然融贯主义者把信念之间的融贯当成信念获得辩护的条件，那么针对这一条件的进一步提问就产生了元辩护问题，即融贯是否能帮助实现真。

有什么方式可以论证融贯是有助于真的呢？如果一个理论不仅支持融贯的辩护观，还坚持融贯的真理观，那么从融贯到真的跨越就会变得很容易，此时我们可以设想长远的未来，其中具有理想融贯程度的理论便是真的理论。但是融贯论的真理观面临较大的困难，因此除非我们有独立的理由选择融贯论的真理观，我们无法轻易地实现从融贯到真的过渡。

不过可以从另外一个角度阐述融贯与真之间的关系。假设你是一个探长并且正在对一起犯罪案件展开调查。你询问一些可能知情的人以及犯罪嫌疑人。你从他们的证言中搜集了许多证据，此时这些证据就构成了一个小的信念系统。要使得该信念系统可能为真，这个系统需要满足什么条件？毫无疑问，如果这些信念之间不融贯，存在逻辑的不一致性，那么我们当然有理由相信有人说了假话，不能全部相信。但假设这些信念之间是融贯的，那么我们就有理由相信这些人说的话全部为真吗？至少有两个因素会影响对这个问题的回答。首先，提供证言的人是否有初始的可信度。关于证言，如果我们缺乏进一步的理由相信提供证言的人说谎，那么我们可以默认其所说为真。但如果我们已经事先怀疑说话者的可信度，如提供证言的人是街头骗子或者无业游民，那么即使他所说的内容是融贯的，他的证言仍然缺乏可信度。其次，证言需要是独立形成的。当我们搜集证言时，除非出现相关反面证据，

[①] 参见 BonJour(1985,9)。

我们可以默认提供证言的人是独立地形成自己的信念的。也就是说，他们不是出于某种目的故意篡改供词从而达成一致。如果提供证言的人事先编纂好一个融贯的假故事，并且几个人之间故意达成一致，那么这样的融贯对于揭示事实是毫无用处的。① 这样看来，即使在考虑证言的真假时我们也不能只依赖融贯性，还需要考虑提供证言的人的可信度以及证言形成的独立性。

所以一个合理的结论是，只有信念系统中的单独信念有可信度，并且不同信念之间有独立性，信念之间的融贯程度才能体现为每个信念成真概率的增加。回想融贯主义的主张，即只凭融贯性就有助于真是有问题的。换言之，融贯性并不能凭空创造可信度，而只是扩大已有的可信度。

虽然要表明融贯是助真的存在很大困难，邦久仍然做出了积极的尝试。他想要表明的结果是，如果长期坚持融贯的标准，那么我们所获得的信念是会与实在相一致的。邦久对这一想法的支持论证被表述如下。②

(1) 如果一个信念系统长期保持融贯与稳定并且持续满足观察要求，那么很有可能存在对这一事实的解释（而非仅仅是巧合），并且存在的可能性与融贯(稳定)程度和时期长度呈正比。

(2) 对于这一事实的最佳解释，即最可能成真的解释是这样的：一方面，系统中被认为是可靠的认知自发信念是系统地由这类信念内容所描绘的情况所引起的；另一方面，整个信念系统与其所描述的实在是符合的。这一解释的合适性与信念系统融贯(稳定)程度和时期长度呈正比。

(3) 因此，一个信念系统与独立的实在相一致的可能性与该系统长期保持融贯与稳定且能持续满足观察要求的程度是成正比的。③

可以发现，邦久此处对于融贯是助真的论证（同时是他对于融贯性的元辩护）是一个解释性的推理。该解释关心的是，为什么一个信念系统可以长期保持融贯与稳定并且持续满足观察要求呢？为什么该系统不会在持续满足观察要求的情况下失去融贯性或者变得不稳定呢？最好的解释就是，持续满足观察要求且保持融贯又稳定的信念系统是与独立的实在相一致的，因此是在符合论的意义上为真的。这样一来，融贯性就在别的辅助前提的帮助

---

① 另外一个荒谬的例子也能帮助理解。假设你要检查某某晚报的消息是否真实，你买了好几份某某晚报，然后发现彼此之间内容完全一致，这意味着报纸上的内容为真吗？
② 此处需要结合 3 个要点来理解：①动态融贯性；②观察要求；③融贯与稳定性都是一个程度概念。
③ 参见 BonJour(1985, 171)。

下,展现出与真的密切关系,并且此处的真是常识意义上的符合真,而不是在哲学史上备受诟病的融贯真,这一方案因此是较为可行的。

第四节 无限主义

本节介绍无限主义(infinitism)。在很多知识论教材中,无限主义都是被忽视的一种理论。该理论并非一无是处,并且经过对无限主义的讨论,可以加深对知识论诸多子话题的理解。因此,本书特别补充对这一理论的介绍和分析。

一、无限主义

回顾阿格里帕三难问题可以发现,每一次理由的提供都来源于一个疑问的提出。也就是说,辩护者是在提问者的追问以后才开始寻找新的理由。[①] 那么为什么一旦有问题提出,就需要寻找新的理由呢？难道我们不能无视这种提问吗？克莱因(Peter Klein)认为,这是一种认知责任(epistemic responsibility)的体现。作为理性的认知者,我们希望为自己的认知活动负责,不愿意盲目相信或无理由地接受任何命题。因此,正是为了尽我们的认知责任,我们才会在一次又一次的提问下继续寻找新的理由。受三难论证的启发,克莱因认为人类对于理由的追求是无止尽的。因此承认拥有无穷的理由链条,正是保持人类追问、反思的理性精神的最好写照。相比来说,接受一个可以停下来的点,或者是提出一种独断论的想法,或者是放弃我们的追问精神,只是满足于一种动物性的知识。因此克莱因认为,既然我们认识到认知责任的可贵,我们就应该追求真正的知识或与众不同的成人知识(distinctive adult human knowledge)。[②]

为了辩护无限主义的合理性,克莱因给出了一个关于无限主义的倒退论证,该论证可以表述如下。

[①] 在一般情况下,辩护者和提问者是不同的主体。当然一个人也可以既充当辩护者又充当提问者,此时就是自我审视和自我反思。这当然是哲学中受到重视的一种思想活动。
[②] 参见 Klein(2007,4)。

（1）基础主义与融贯主义都不能解决阿格里帕难题。
（2）无限主义能解决阿格里帕难题。
（3）基础主义、融贯主义与无限主义穷尽了阿格里帕难题的解法。
（4）所以，无限主义是我们应该支持的理论。［由（1）、（2）、（3）推出］

那么，何以说明无限主义的两大竞争对手（基础主义和融贯主义）都不能解决阿格里帕难题呢？

首先来看基础主义。由于基础主义承认基本信念和非基本信念的区分，那么我们的辩护链条走到基本信念自然应当停止下来。但是，无限主义者会追问，基本信念何以能充当辩护的基础呢？为什么我们持有基本信念不是任意的呢？毕竟如基础主义所说，我们并没有进一步的理由来解释为什么基本信念是真的。但是，为了避免对于设定基本信念的任意性批评，基础主义者会说，基本信念通过拥有一种性质 F 获得元辩护。前面已经介绍了什么是元辩护，但是一旦引入元辩护，无限主义者可以进一步在元辩护的层面追问，为什么一个信念拥有性质 F 更容易为真？对这个问题的肯定回答又会开启新的倒退问题，但是不去回答这个问题，基础主义者又会陷入任意性的困境中。

无限主义攻击融贯主义的策略大致类似。首先克莱因区分两种融贯主义，即担保传递型（warrant transfer）和担保产生型（warrant emergent）。担保传递型融贯主义，也就是线性融贯主义，允许线性循环的理由链条，而这种方式实际上并不能增加任何命题的可信度；担保产生型融贯主义，或者理解为整体融贯主义，避免了线性上的理由循环，强调融贯的信念系统是首先获得担保的，而单独的信念作为系统的成员继而获得辩护。① 此时，克莱因提出，我们可以对担保产生型融贯主义提出同样的问题，即为什么一个信念拥有性质 F（作为融贯集合的成员）更容易为真？对于这个问题的回答同样又重启了无穷倒退。因此，担保产生型融贯主义和基础主义者面临的问题是同样的。

基于对基础主义和无限主义的批评，无限主义展开了对阿格里帕三难问题的解决。首先，为了避免重蹈基础主义和无限主义的覆辙，克莱因提出了

---

① 克莱因把担保理解为使得真信念变成知识的那种属性，但是我认为他并没有严格地区分辩护与担保，即使在同一时期表达同一思想时，他也同时使用这两个概念。或许这个区分不影响知识的定义（因为葛梯尔问题之后被辩护的真信念不等于知识），但是这个区分不影响谈论对于命题的理由支持。

两条原则。

  原则1 避免循环理由:诉诸一个理由去辩护信念P,理由不能是P本身或者包含P的一个合取。循环的推理应该被排除。

  原则2 避免基础理由:任何一个辩护P的理由R,如果缺乏进一步的理由支持,那么该理由R就不是被充足辩护的。①

  很容易看出,克莱因认为,能辩护一个命题的理由,既不能出现在循环的理由链条之中,也不能出现在包含基础性理由的理由链条之中。需要注意的是,克莱因明确指出,满足1和2两条原则并不是产生认知辩护的充分条件,而只是必要条件。进一步地,遵循命题辩护与信念辩护的区分,克莱因分别定义二者如下。

  无限主义的命题辩护观
  当有一系列既不重复又无穷尽的理由支持命题P,并且这些理由是S可通达的,那么P就获得了(命题)辩护。②

  无限主义的信念辩护观
  S的信念B是获得(信念)辩护的,仅当S顺着无穷的理由之路为B提供了足够的理由。③

  我们分别展开无限主义的命题辩护与信念辩护观。命题辩护是命题与命题之间(或信念的内容之间)的关系。一个命题R是另外一个命题P的理由,意味着前者可以为后者提供逻辑支持。将这个想法进一步细化,有好几种方式。例如,给定R,P更可能为真,或者R会被有理智德性的人当作P的理由。哪一种理解方式最好,取决于学界对于认知理由的研究进展,无限主义者可以不事先选择,而是在此话题上保持中立。接下来是"通达"。理由对认知者通达可以被给予强解读和弱解读。根据强解读,该理由必须是认知者可反思通达的。这样一来,我们发现能被认知者通达的理由数量会很少。根据弱解读,该理由要是认知者可以轻松获取的。例如,我相信学校旁边的印度餐馆广受顾客好评,餐饮点评软件上的评分就是一个支持的理由。虽然我不可能随时记得这一分数,但我可以打开手机,翻看对这家饭店的点评。此时,大家对

---

① 参见 Klein(2014,1)。
② 参见 Klein(2007,8)。
③ 参见 Klein(2011,252)。

餐馆的点评就是我可以轻松获取的支持理由。克莱因采取的是弱解读,也正是因为采取这一解读,不重复且无穷尽的理由链条才会对认知者开放。

一个命题是可以获得完全辩护的,只要它拥有无尽且不重复的理由支持。但是这并不代表我们一定要实际上完成这个无穷的理由链条才能获得信念辩护。命题辩护是命题之间的逻辑关系,与人无关,但是信念辩护是认知者的推理活动,所以该活动不可避免是有限的。信念辩护在无限主义这里有程度之分,首先只要一个认知者遵循无穷的理由之路开始为自己的信念提供理由支持,那么该认知者的信念就开始获得辩护。当然,由于不断的追问出现,该认知者就必须遵循无穷的理由之路来提供更多的辩护。无限主义者主张,给出的理由越多,那么辩护就越强。更强的辩护并不是意味着离完全的辩护越来越近,而是指已经给出的辩护越来越多。并且无限主义者结合了语境主义(contextualism)的要素,即一个人的信念辩护强度只要能满足在具体语境中提问者的追问就足够了,并不需要给出整个的理由链条,并且这也是原则上不可能完成的事。

前面已经指出无限主义者认为基础主义和融贯主义不能解决阿格里帕三难问题,那么无限主义者又是如何解决该难题的呢?回想阿格里帕难题,它对认知辩护造成的实质挑战是,如果我们想要做有认知责任的人,我们就要对任何信念和命题的持有进行理性的评估,但这种评估会落入3种不利的结局:或是无穷理由倒退,或是基础的理由,或是循环的理由。乍看之下,似乎无穷的理由倒退是最差的结局,因此我们退而求其次,寻找其他出路。但在无限主义者看来,最关键的是,无穷倒退并不是一种理论的弊病,相反这是一个理论的优势。因为这正是展现认知者履行认知责任的最佳方式,是彰显认知者理性精神的最好体现。因此,与其说我们要避免无穷倒退问题,不如说我们反而应该提倡无穷倒退的理由链条。这样一来,根本就不存在一个无穷倒退难题等待我们去解决。一个理论难题是我们需要克服的困难,但现在需要克服这一困难的理论担忧已经被消解了。因此,无限主义并不是解决阿格里帕三难问题,而是消解了我们对于理由无穷倒退这个现象的担忧。

二、无限主义的困难及其回应

学界对无限主义的方案有许多批评,下面概述两个最核心的困难。从无限主义的回答来看,这些困难并非不可回应。

(一) 有限心灵与无穷理由

认知者是有限存在物,这部分体现在我们为自己的信念提供理由时,只能提供有限的理由。既然提供理由需要花费时间和脑力,那么在有限的生命里,一个认知者如何能提供无穷的理由去辩护自己的信念呢?如果任何人针对任何信念都无法以无限的方式提供理由,那么距关于辩护的怀疑论结果也就不远了。① 威廉姆斯(Michael Williams)曾经这样评论:

> S 对其信念 P 的辩护的倒退显然要求 S 拥有无穷的信念。这也许在逻辑上是可能的,但在心理上是不可能的。如果一个人能相信无穷多数量的东西,那么也就不无理由相信这个人可以知道无穷多数量的东西。但是这两种可能性都与我们共同的直觉,即人类心灵是有限的相矛盾。只有上帝才能理解无穷多的信念,但是上帝当然不是唯一获得辩护的信念者。②

无限主义者对这个批评准备充足。首先,无限主义者并不要求认知者持有数量无穷多的当下信念,而只是要求一个不重复且无限的理由链条集合是可供认知者使用的。③ 在对信念辩护的定义中就可以看出,无限主义者并不要求认知者提供无穷的理由去辩护自己的信念。认知者实际上需要做的只是按照这个无穷的理由链条提供理由,具体要求提供多少则取决于一个语境中提问者的要求,只要满足了提问者的要求,则足够在那个语境中获得信念辩护。因此,无限主义者从来不需要一个认知者给出无穷的理由,这不仅不需要,也是不可能的。

其次,在实际的辩护活动中,虽然提问者与回答者的活动终止了,但是这并不代表活动不能继续下去。在克莱因看来,真正知识(real knowledge)是最值得赞赏的真信念。拥有这种知识的认知者不仅在对话活动中提供了足够的理由,还可以进一步提供理由。正如一个熟练的语言使用者可以构造出无

---

① 该批评参见 BonJour(1976,298)。
② 参见 Williams(1981,85)。
③ 奥迪(Audi,1993,127-128)对存在一个不重复且无限的理由链条集合可供认知者使用的可能性表示怀疑,他考虑的是数学信念,例如,2 是 1 的 2 倍,4 是 2 的 2 倍,并且不断地扩大数字。当数字大到一定程度,认知者甚至会无法掌握相应的命题。因为此时数字太长,认知者读完以后就忘记了所要讨论的命题。此时认知者无法把握这些命题,也就无法相信该命题。但是奥迪的例子是复杂程度不断增加的概念出现在命题之中,如果不涉及复杂的概念,那么一个不重复且无限的理由链条集合可供认知者使用的可能性并未受到挑战。

限多合乎语法的新句子,一个拥有真正知识的人也可以根据弱通达条件进一步提供支持的理由,并且是可以无限进行下去的。

(二)辩护从何而来?

根据一种主流的观点,推理活动只能传递(transfer)辩护,而不能产生辩护,这种观点为基础主义者广泛持有。为了行文方便,本书把这种观点称作推论工具主义(reasoning instrumentalism)。

推论工具主义

推论活动只能把推论前提拥有的认知辩护传递给结论。[①]

为了理解推论的工具主义,可以看下面两个推论。

A_1:黄浦江在上海;
A_2:上海是中国的一座城市;
A_3:因此,黄浦江在中国。

B_1:黄浦江在昆明;
B_2:昆明是中国的一座城市。
B_3:因此,黄浦江在中国。

这两个推论的逻辑形式都是有效的,但我相信大部分读者会有如下直觉:虽然两个推论形式有效,但结论 A_3 是被辩护的,而 B_3 是缺乏辩护的。原因在于,结论的辩护与否取决于为结论提供理由的前提是否获得了辩护。因此,如果我对 A_1 持有辩护,那么通过逻辑推论,辩护这个属性可以传递给 A_3;相反,如果我对 B_1 缺乏辩护,那么即使 B_1 和 B_3 存在有效的推论关系,辩护属性也无法传递给结论。这样看来,如果推论只能传递辩护,那么无限主义似乎无法解释作为被传递的辩护属性到底从何而来。吉内特(Ginet)认为通过推理的辩护可以类比工具价值。[②] 当我们说某物有工具价值,就是说某物提供一种方式帮助我们实现某个目的而获得价值。假设学习是实现幸福人生

[①] 读者此处不能混淆两个想法,一个是推理活动只能把前提拥有的认知辩护传递给结论,另一个是推理活动有时不能把前提拥有的认知辩护传递给结论。两个想法可以同时为真,并不冲突。后一个想法在讨论当代怀疑论时尤为重要,读者可参考本书第七章"彻底怀疑论"。

[②] 参见 Ginet(2014,290)。

的工具,那么学习自身并没有价值,而只是作为实现幸福人生的工具从而获得了工具价值。也就是说,学习依赖幸福人生从而获得价值。但是,要使得这样的讨论有意义,我们必须假设,幸福人生本身是有非工具的价值的,也就是幸福人生不再是作为实现别的目标的工具而拥有价值,否则无论是学习还是幸福人生所获得的价值还要继续追溯到更高层次的目的。同样地,如果 X 从 Y 那里获得通过推理的辩护,而推理活动本身只是传递 Y 性质给 X 的一个工具,那么如果 Y 本身不具有这种性质,而是又依赖 Z 赋予这种性质,我们将无法找到被传递的性质的起点。也就是说,如果没有那个不依赖推论活动就获得辩护性质的起点,我们就无法理解作为该起点的推论结论的信念是如何获得辩护性质的。丹希(Jonathan Dancy)把这个想法表述如下。

> 通过推论的辩护只是有条件的辩护;如果 A 是从 B 和 C 推论而出,那么 A 的辩护依赖 B 和 C 的辩护。但是如果所有的辩护都是在这个意义上是有条件的,那么没有任何东西可以被看作实际上无条件地辩护的。①

为了回应这个难题,克莱因指出,我们应该重新审视推论工具主义,并且支持某种程度的推论创造主义(reasoning creationism)。②

推论创造主义

推论活动可以产生或扩展辩护。

克莱因强调,我们应该区分两种类型的辩护或担保。一种担保是基于信念拥有某种性质 F 获得的,例如,由一个可靠的过程产生的,或是信念的内容是有关认知者当下感觉经验的;另一种担保则是基于理由支持而产生的。克莱因强调,基于第二种担保产生的知识才是值得最高赞赏的知识类型。克莱因的大致想法是,像基础主义所认为的那样,第一种担保并不来源于理由(而是来源于信念的因果形成过程或其他使得该信念成为基本信念的条件),那么这类担保和基于理由的担保是具有类上的差别的,这种差别可以大致说成是理由空间和因果空间的差别。因此,一方面我们很难理解,不是基于理由的担保如何可以通过推论传递;另一方面,我们所看重的那种辩护或担保,既然是体现在理由和理由之间的理性支持关系上,就并不能来源于外在于理由支持的东西。因此,即使承认推论关系能传递第一种担保,也还没有成功

---

① 参见 Dancy(1985,55)。

② 参见 Turri(2014,210)。

解释我们所关心的第二种担保的来源。所以,克莱因坚持推论活动本身能产生担保,因此辩护从何而来这个问题也就得到回应。克莱因的回答过于简洁,也忽略了一些重要的细节,而这方面涂厉(John Turri, 2014)继续补充了一些有价值的内容,值得借鉴。

涂厉认为,如果我们要承认推论可以传递辩护,那么我们也必须承认某种意义上的推论创造主义,而不能仅仅局限于推论工具主义的字面理解。前文提到,主流的观点认为,推论活动仅仅传递辩护,而不创造辩护。为了使得接下来的讨论更加清晰,我们可以区分两种意义上的传递。让我们用传递者 O_1、被传递者 O_2、传递活动 T 与传递性质 P 刻画一个传递关系。

在第一种传递中,最初 O_1 拥有性质 P,通过 T 活动,O_2 获得了 P,但是 O_1 失去了 P,可以称为损失型传递。例如,在球场上张三把球传给李四,这种传递活动是性质损失型的。也就是说,当传递活动完成,O_1 将不再拥有性质 P,转而是 O_2 获得了性质 P。传递活动的作用是改变性质 P 的归属。当然,在损失型传递中,O_2 获得性质 P 是依赖 O_1 的。假设 O_1 是 O_2 获得性质 P 的唯一来源,那么如果 O_1 缺乏该性质,O_2 就无法获得这一性质。认知辩护性质的传递能否类比此类传递呢?我们认为这是不可行的。回顾刚才的推论 A_1 至 A_3。

A_1:黄浦江在上海;
A_2:上海是中国的一座城市;
A_3:因此,黄浦江在中国。

在这个推论活动中,当认知辩护从 A_1 传递到 A_3 的时候,A_1 就失去了认知辩护吗?假设我们对 A_1 的辩护是,我上周去上海参观了黄浦江畔,那么难道完成了从 A_1 到 A_3 的推论活动,我就失去了对 A_1 的这个辩护资源吗?这看起来很不合理,因此类比第一类传递关系并不能正确地刻画认知辩护的传递关系。

再来看第二类传递活动。最初 O_1 拥有性质 P,通过 T 活动,O_2 获得了 P,但是 O_1 仍然拥有 P,可以称为创造型传递。例如,老师拥有关于某个话题的知识,然后通过课堂教学活动把知识传授给学生。此时不仅学生获得了知识,老师的知识也完好如初。不过创造型传递与损失型传递有一个共同点,即 O_2 获得性质 P 是依赖 O_1 的。假设 O_1 是 O_2 获得性质 P 的唯一来源,那么如果 O_1 缺乏该性质,O_2 就无法获得这一性质。可以发现,最初我们理解的辩护性质传递和这里讨论的知识传递很相似，至少比篮球传递模式更相似。

区分两种不同的传递之后，我们要问的是，如果认知辩护传递更类似第二类，那么我们就得重新思考推论工具主义是否合理了。不可否认的是，如同从 A_1 到 A_3 的推论一样，前提把一种认知辩护的性质传递给结论，但这种传递并没有使得前提自身损失这种性质。此时问题出现了。在推论之前，作为前提的命题拥有辩护量（J_p），而作为结论的命题并不拥有辩护，但在推论活动结束的时候，作为前提的命题既保持了自身的辩护量（J_p），又赋予了作为结论的命题一定程度的辩护量（J_c）。因此，进行了推论活动之后的辩护总量（J_p+J_c）大于推论活动之前的辩护总量（J_p），也就是说，有额外的辩护产生，那么这些额外的辩护来自哪里呢？一个合理的答案是来自推理活动本身。也就是说，如果要能正确地描述一开始我们称为辩护传递的那种观点，就不能仅仅认为推论活动是损失型传递活动，而必须承诺推论活动额外为推论的结论产生了辩护，产生了超出推论前提所拥有的辩护。因此，可以把上述讨论的要点归纳成下面这个论证。

（1）如果推论工具主义是一种合理的理论，那么推论创造主义就是正确的。

（2）推论工具主义是一种合理的理论。

（3）因此，推论创造主义就是正确的。

在推论创造主义内部，还可以区分其强弱形式，两者的定义分别如下。

强推论创造主义

推理活动可以从无到有创造辩护，也就是说，一个辩护程度为 0 的前提，可以产生一个辩护程度大于 0 的结论。

弱推论创造主义

推理活动可以扩大辩护程度，从一个辩护程度为 n 的前提，通过推论活动可以获得一个辩护程度为 $n+m$ 的结论，并且 $n>0, m>0$。①

这两种推论创造主义是否都正确呢？这是亟待学界进一步展开研究的话题，这里不再进一步深入。总结来看，无限主义并非一个荒谬的理论，该理论可以较好地应对有限心灵困难与辩护从何而来的诘难。因此，该理论应该

---

① 参见 Turri(2014,214)。

受到学界更多的重视。①

第五节　默认挑战模型

前面介绍了阿格里帕三难问题的 3 种出路,它们共享了这样一个前提,即阿格里帕三难问题中至少有一条出路不像初看起来那么糟糕,而且比另外两条好,因此相比于怀疑论的结果来说不是最差的选择。这 3 条出路都是对于阿格里帕难题的直接回应。与这 3 条出路不同,迈克·威廉姆斯(Michael Williams)的进路是诊断式回应,他的方案旨在揭示阿格里帕三难问题中隐藏的错误理论预设,从而逃出怀疑论的结局。②

威廉姆斯认为,阿格里帕三难问题预设了"在先奠基要求"(the prior grounding requirement)。这一要求可以进一步被分解为下面 4 个想法。

　　(PG_1) **无免费午餐原则**　个人辩护(认知资格)不会凭空而来,必须通过认知上负责的行为才能获取。

　　(PG_2) **优先原则**　如果 S 相信命题 P 的根据不充分,那么 S 相信 P 为真就绝不会是认知上负责的。

　　(PG_3) **证据主义**　认识上的根据是证据,即那些偏好所信命题为真的命题。

　　(PG_4) **拥有原则**　如果 S 的信念 P 要拥有充分的根据,那么 S 仅仅拥有支持 P 的合适的证据 E 还不够,S 还必须合理地使用这些证据 E。③

回想阿格里帕难题,认知者 S 仅仅持有一个信念是不够的,他还必须在被询问和质疑的时候提供证据或理由,来获取个人辩护(认知资格)。如果 S 最开始就拒绝提供理由,或是在某一点不再继续提供理由,或是提供循环的理由,那么他相信命题 P 的根据就不充分,也就没有展现出在认知上负责的行为,而他的信念就因此是缺乏个人辩护的、是应该遭受批评的。在这样一幅图景中,认知责任、个人辩护与提供理由被密切地结合在一起。威廉姆斯

---

① 国内学界对于无限主义的研究较少,代表性的研究成果可参见王华平(2006)和王聚(2018)。
② 威廉姆斯的进路受到维特根斯坦《论确定性》一书的影响,读者可以结合本书第七章"彻底怀疑论"的讲解来加深对这一进路的理解。
③ 参见 Williams(2001,147)。

并不拒绝知识与辩护的密切联系,但是他认为怀疑论者对于(PG_1)和(PG_2)的解读是有问题的。首先,个人辩护的确不是凭空而来,而是需要通过社会化的训练和教育获得,但怀疑论者所施加的限制过强,认为个人辩护只能通过每次在宣称知识时通过主动地提供证据才能获得。其次,个人辩护的确不能独立于一个认知者为自己的信念提供辩护的能力,但是我们不能把这种提供辩护的想法不加限制地扩张。也就是说,作为一个负责任的认知者在做出断言时,我们虽然承诺要为自己的信念给出理由,但这只限于面对合理的挑战,或者是在不能有效地捍卫自己的陈述时撤回自己的断言,而并非面对任何的挑战。

根据在先奠基要求,断言者身上担负了持续提供证据的责任,而挑战者则拥有要求断言者提供证据支持的永久许可。因此,挑战者不需要做任何事就能获得提出挑战的资格,他们可以轻而易举地提出一个毫无根据的挑战(naked challenge),并且这一挑战自动就获得了合法性。于是,在阿格里帕难题中就出现了一个不对称性。当断言者 S 断言 P 时,他把自己表征为自己知道 P 或自己有被辩护的信念 P。此时他的对话者可以提问"你如何知道",而断言者则需要用理由来赢得自己的个人辩护。挑战者可以轻松地继续提问,而一旦断言者无法继续援引合适的理由,他就失去了断言的资格。于是,可以发现一个在断言者和挑战者之间对话的不对称性(claimant challenger asymmetry)。

断言者-挑战者不对称

如果断言者把自己表现为知道 P,那么挑战者可以什么都不用做就能拥有提出挑战(即问断言者如何知道)的权利。①

如果上述想法是对的,那么挑战者就可以给出毫无根据的挑战。毫无根据的挑战是指挑战者的提问不受任何辩护上的限制,只要一提出就是合法的问题,就应该被回答。因此,即使挑战者并不清楚断言者具体在哪里可能出错,也缺乏理由认为断言者可能出错,他们所提出的毫无根据的挑战也会被认为是合法的。

因为在先奠基的辩护观造成了断言者与挑战者之间的不对称,威廉姆斯提出一个与之相对的辩护观,他把它称作默认挑战(default and challenge)辩

---

① 参见 Williams(2013,60)。

护观。① 该想法可以表述如下。

> 在许多语境中,针对很广的一系列信念,主体拥有并且被合适地赋予了默认的信念辩护。默认的辩护是不依赖认知主体所做的任何证据的工作,并且也不要求认知主体拥有或寻找支持他的信念的可援引的证据。一般来说,在认知上负责地相信某事并不要求某人的信念要奠基于理由之上。虽然认知责任并不要求一个人要持续不断地捍卫自己的信念,但无论是默认的还是争取的信念辩护,都可以被一个情境合适的挑战所暂时搁置。当面临这样一个挑战时,认知主体需要给出足够的理由来支持自己的信念以削弱挑战的合适性或使得该挑战被中立化。如果无法合理应对挑战但仍旧坚持自己的信念,那么认知者就是在认知上不负责的,也就失去了信念辩护。②

根据这个模型来看,如果没有合适的挫败者,那么一个人是默认有资格去相信和断言的。这里的资格指的是个人辩护,也就是说,一个人的信念和断言是默认拥有个人辩护的。挫败者是合理且相关的错误可能性。这里的挫败者主要包括两种:一种是显示断言者所说为假的证据或者是支持与所断言陈述不相容的陈述为真的证据,一种是指出断言者的信念并非以可靠或负责的方式形成的证据。③ 通过合适的挫败者的出现,我们就有理由相信一个人失去了默认的资格。

引入默认挑战模型的一个关键点在于,该模型不仅赋予断言者辩护的责任,同样赋予挑战者辩护的责任。于是,挑战者就不能提出无根据的挑战,而挑战者必须有挑战的资格。当断言者面对挑战时,合理的回应方式就不仅仅限于给出理由,而是可以根据语境去对挑战进行提问(比如说"你认为我哪里错了"),或直接无视挑战(比如说"这简直是个荒唐的问题")。

---

① 两种不同的辩护观可以类比为两个法律体系,在先奠基辩护观把被告当作有罪的,除非他能自证其清白,因此举证责任方是在被告。默认挑战模型则把被告假定是无罪的,除非原告方能证明被告有罪,此时举证责任是在原告。参见 Williams(2001,149)。
② 参见 Williams(2014,232)。这里威廉姆斯的表述用到了信念辩护,而他早期的用语是个人辩护(认知资格)。在威廉姆斯这里,信念辩护和个人辩护的联系极其紧密,因为两者都反映了认知责任这一概念。在缺乏合理挫败者时,认知者是默认拥有个人辩护和信念辩护的,但如果不能以负责任的方式处理合理的挑战,那么认知者的行为就是不负责的,也就因此失去了个人辩护(认知资格),也进一步失去了信念辩护。
③ 这里的挫败者并非在知识的可挫败理论中谈到的事实型挫败者,而是信念挫败者或规范挫败者。

威廉姆斯指出,由于怀疑论者所刻画的断言者与挑战者不对称局面并非我们日常真实的认知评价活动,因此应该拒绝这一局面,并转而支持默认挑战的辩护观。① 那么日常真实的认知评价活动是如何的呢?奥斯汀(John Austin)在这方面的工作是很有启发性的。奥斯汀指出,哲学家在评价我们的知识时,并没有对日常情况给予足够重视。哲学家并不清楚,当问"你如何知道"时,到底实际上发生了什么。例如,当蓉蓉仔细观察皇家花园,发现树上有一只金翅雀(goldfinch)时,她对身旁的友人说,"花园里有一只金翅雀"。此时,她也许会被反问:"你如何知道花园里有一只金翅雀?"她可以用下面的方式来回答。

(1) 自己以前是如何获得有关金翅雀的知识的。
(2) 自己所知道的有关英国的小鸟的一般知识。
(3) 自己在当下场景是如何知道花园里有一只金翅雀的。

回答(2)对于问题来说是不充分的。如果她说因为那只鸟的羽毛是黄色的,所以它是一只金翅雀,那么她会面临如下的质疑:这个证据不够,很多鸟都有黄色的羽毛。所以即使这只鸟有黄色的羽毛,这只鸟很有可能是金丝雀(canary)或黄鹂(oriolus)。这里蓉蓉面对的质疑其实是一个相关候选项,但是奥斯汀继续指出,我们平常断言和质疑的程序与哲学家的知识探究是有差别的。在平常生活中,当我们由于某人证据不足反对某个陈述是知识的时候,需要接受下面两点。

首先,证据的缺乏一定是某种明确的缺乏。质疑者会提出某些明确需要排除的候选项,如上面对话中的金丝雀或黄鹂。因此,如果质疑者并未提出任何明确的相关候选项,那么即使蓉蓉的证据不足,也不应该无限制地要求她提供更多的证据,因为这样一种要求是令人无法容忍的。

其次,足够的证据并不意味着一切。奥斯汀说道:

> 足够就是足够:它并不意味着所有。足够意味着足够证明这样一个事实,即它不可能是另外的样子,那些有关它的替代的、竞争的描述在这里无立足之处。举例来说,足够并不意味着足够证明它不是一只被填充的金翅雀。②

也就是说,当蓉蓉要知道花园里有一只金翅雀时,她根本不需要排除它

---

① 对于如何准确刻画日常认知评价活动,参看本书第七章"彻底怀疑论"。
② 参见 Austin(1961,84)。

是一只被填充的金翅雀这样一个候选项。在奥斯汀看来,除非有特别的原因,否则类似被填充的金翅雀这样的可能性是不相关的。这里的特别原因应该被理解为,质疑者不仅要指明知识在这里缺失的可能性,而且他还需要理由认为这个缺失的可能性是在这个场景会出现的,否则我们就还是在正常情况中。所以,根据奥斯汀所给出的思路,日常的挑战并非毫无根据的,而是需要基于具体的错误可能性,并且认为该可能性在对话场景有出现的可能性。显而易见,在阿格里帕三难问题中,质疑者的询问并未满足这些特征,因此怀疑论者所刻画的断言者与挑战者不对称局面并非我们日常真实的认知评价活动。

总而言之,阿格里帕三难问题的起始点在于我们意识到最有价值的人类知识或被辩护的信念是需要在认知上负责的,而这进一步要求认知者给出理由来支持自己的信念。但是皮浪式怀疑论者错误地预设断言者与挑战者之间不对称的认知义务,使得毫无根据的挑战得以随时合法地进入理由的索取与所予活动之中。挑战者的怀疑缺乏理由的支持,展现为一种相当普遍的质疑,对任何断言者所给出的理由的质疑,挑战者就沾染了怀疑论者的气息,也导致了无穷倒退难题。一旦采取默认挑战的辩护观,使得怀疑论攻击得以产生的必要前提就被消解,无穷倒退问题也随之消散。

▶ 章末思考

1. 解决阿格里帕三难问题的哪种方法最好?
2. 无限主义与基础主义是否有融合的可能性?
3. 辩护的属性是被传递的还是被创造的?
4. 无限主义解决阿格里帕三难问题的核心是语境主义吗?语境主义想法本身就可以解决该问题吗?

第四章

内在主义与外在主义

在当代知识论中，内在主义与外在主义的争论首先是一场关于如何理解认知辩护这个概念的争论。如果进一步把辩护当成知识的必要条件，那么这一争论也可以被拓展到关于知识这个概念的争论。在进入这场争论之前，先大致刻画认知辩护这一概念的两重维度。

首先是辩护的主观维度。认知辩护是通过认知者履行认知义务获得的。由于涉及认知者，那么就不能避开认知者的主观视角，这包括世界对他来说是怎样的以及他所拥有且可利用的认知资源。当然，还包括他是否以一种负责任的方式形成信念，即他是否合理地利用了自己的证据。

其次是辩护的客观维度。认知辩护不同于其他辩护，它是服务于我们的认知目标的。我们的首要认知目标是获得真信念和避免假信念，因此认知辩护必须有助于实现这个认知目标。这样看来，认知辩护的评价必须站在一个认知主体之外的视角，从客观的视角来谈论是否认知者的认知能力与外部世界之间有一个好的匹配，而不仅仅是从认知主体的视角来看。[①]

两个维度所关心的重点不同，主观维度更关注认知者的责任(responsibility)，即从认知者视角来看认知者的信念活动与真的联结，而客观维度更看重信念的可靠性(reliability)，即认知者的信念活动在事实上与真的联结。因此，内在主义者将更多的重心放在辩护的主观维度上，而外在主义者则将更多的重心放在辩护的客观维度上。这样一来，内在主义与外在主义的分歧就从辩护的两重维度蔓延开来。

一种大致刻画知识论的内在主义/外在主义的区分方式如下。

---

① 关于这两个维度的区分，参见 Vahid(2011,144-145)。

> **内在主义（internalism）**
> 信念的辩护完全是由内在于认知主体的因素决定的。
> **外在主义（externalism）**
> 信念的辩护受到外在于认知主体的因素影响。

在初步表述中可以发现，内在主义强调决定认知主体辩护地位的因素纯粹是内在于主体的，因此与外在于认知主体的因素毫无关系。外在主义则主张信念的辩护可以受到外在于认知主体的因素影响，也就是说，外在主义并不否认内在于认知主体的因素会影响信念的辩护，但否认影响因素仅仅来自内部。以此为起点，下面分别对内在主义与外在主义展开讨论。

第一节 内在主义概述

内在主义认为信念的辩护完全是由内在于认知主体的因素决定的。下面是几位知识论学者的典型概括。

> 接受程度最广泛的理论认为一个辩护理论是内在的，当且仅当该理论要求使得该信念获得辩护的所有因素对于认知者来说都要是可通达的，是内在于他的认知视角的。①

> 知识论的内在主义是这样一种看法，即只有认知者的内在状态是与断定认知者信念的辩护状态相关的。②

> 辩护只要求主体这一方的合适的思想。如果一个人是经由完全合适的思想从而获得和持有一个信念，那么该信念者相信的行为是受到辩护的。此处思想的合适性仅仅是内在于主体的心灵，并不依赖超出心灵之外的因素。③

内在主义有 3 种主流的刻画方式，它们分别是通达主义、心灵主义与不可

---

① 参见 BonJour(1992,132)。
② 参见 Pollock(1999,394)。
③ 参见 Sosa(1999b,147)。

辨别主义。需要注意的是,在讨论内在主义的 3 种刻画方式时都是在命题辩护层面进行的,即一个认知主体满足什么条件时,他所拥有的认知资源可以为他相信某个命题提供充足的辩护,即使他实际上还没有基于这些资源来相信这一命题。

首先来看通达主义。其核心思想可以表达如下。

> **通达主义(accessibilism)**
> 所有 S 仅靠反思(reflection)可通达的资源决定了 S 信念的辩护状态。

通达主义的主要思想是,使得我们的信念获得辩护的因素一定要是我们仅靠反思就能够获得的。辩护的资源就在我们可掌握的范围之内,我们对其有一种特殊的通达方式,因而可以在力所能及的范围内履行自己的认知义务。这里特殊的通达方式是反思,更加细化来说,反思可以包括内省(introspection)、先天推理(a priori reasoning)以及对以这两种方式获得的知识的回忆。根据通达主义来看,如果两个认知主体 S 和 S* 仅靠反思可通达的资源是相同的,那么两个人的信念的辩护状态也是相同的。

接下来看心灵主义。其核心思想可以表达如下。

> **心灵主义(mentalism)**
> S 的心灵状态是决定 S 信念辩护状态的因素。

心灵主义的主要想法是,S 的心灵状态构成 S 信念的辩护因素。① 一个人的心灵状态包括当下的状态和潜在的状态。例如,当别人让我填写家庭住址时,我需要调用自己的记忆,此时我拥有关于自己家庭住址的当下信念,因为我当下正在思考和赞同这个命题。但在别人问询之前,或者在绝大多数时候,这个信念都只是以潜在的方式存在,需要满足一定的条件才能被激发,变成当下信念。根据该理论来看,如果两个认知主体 S 和 S* 拥有同样的心灵状态,那么两个人的信念的辩护状态也是相同的。

接下来看不可辨别主义,这是第三种刻画内在主义的方式。按照上面的叙述来看,如果坚持通达主义与心灵主义,那么似乎都不可避免地要承认不

---

① 该理论的主要支持者可见 Conee and Feldman(2001)。他们的理论也被称为证据主义(evidentialism)。两人借用随附性理论来表述心灵主义,即 S 的信念状态的辩护程度强随附于 S 当下的和潜在的心灵状态、事件和情况。

可辨别主义,这使得不可辨别主义成为一个内在主义衍生的理论结果。但有学者主张,只有从不可辨别主义出发才能守住内在主义的核心,而另外的两个理论则是用来解释内在主义核心思想的衍生理论。①

> **不可辨别主义(indistinguishabilism)**
> 如果 S 和 S* 的经验是内在不可区分的,那么两者所持信念的辩护状态是一样的。

不可辨别主义与新恶魔论题有着密切的联系,下面在讲述外在主义的困难时会着重展开。不可辨别主义认为,如果 S 和 S* 的感觉经验从内在视角来看是不可区分的,那么他们之间任何在知识论上有意义的差别都是外在的差别,是不能影响两者所持信念的辩护状态的。

3 种刻画内在主义思想的方式在表述上是不同的,但读者也许会倾向于把 3 种方式等同。这依赖进一步的哲学假设,而这些假设是否成立尚待商榷。当我们把通达主义与心灵主义等同时,一个关键的预设是,任何我们可通达的东西都是一种心灵状态,或者说任何心灵状态都是可通达的。这样一个预设的合理性需要结合心灵哲学与认知科学的研究进一步深入,此处不再赘述。

第二节 内在主义的困难

上一节介绍了内在主义的核心思想,这一节将讨论内在主义面临的 3 个主要困难。

(一) 简单的认知主体

根据一种可接受的观点来看,对于小孩和某些认知能力有限的个人来说,他们也拥有知识或被辩护的信念,但是他们缺乏辩护的资源,甚至缺乏必

---

① 代表性的学者观点参见 Silins(2005)和 Madison(2014)。这一问题在讨论知识论析取主义是否内在主义时比较重要。例如,普理查德(Duncan Pritchard)的析取主义就支持可通达主义,但不支持不可辨别主义。因此根据可通达主义,析取主义就是内在主义的理论。但如果根据不可辨别主义,析取主义就是外在主义的理论。

要的概念系统去进行辩护活动,而这些包含推理过程的论证活动恰恰是内在主义者认为知识的辩护条件所需要的。因此,内在主义者无法说明这些简单的认知主体拥有知识的这个事实。当然,内在主义者可以欣然接受这样一个局面,并转而强调知识获取的难度以及随之而来的认知价值。

在这个困难后面隐藏着的是知识论的精英主义与大众主义的分歧。精英主义认为,知识是只有少数人才能达到的有价值的认知状态,认知者需要掌握相关概念、证据或推理能力,从而做出好的判断。按照这一标准理解的知识门槛是较高的,因此拥有知识的对象范围就会缩减。这类能力并非动物或机械所共享的,因此是理性的人所特有的。在这个视角下,理性能力尚未发展完全的孩童或者年老智衰的长者都会缺乏辩护的能力,也就无法被看作拥有知识的人,他们顶多只能持有真信念。

与之相反,大众主义则主张知识的门槛应该设得低一点。一个人的信念获得辩护并不要求他总是能辩护自己的信念,而只要满足一些较低的标准。① 这样一来,拥有知识的对象会更加普遍,甚至小孩、老人和动物都能在原则上被赋予知识。最终结果是知识成为一种普及大众的日用品,而非精英独享的奢侈品。知识的大众主义除了要照顾到相对简单的认知个体外,背后还有一个深层的原因,即:如果知识的辩护条件要求过高,那么知识的外延就会减少,甚至有落入怀疑论的潜在威胁。因此,要克服怀疑论结论,需要把知识的标准降低,并且摆脱纯内在主义的理解方式。

(二) 内在的好的理由

内在主义者主张认知者应该有好的理由相信自己的信念为真,否则是缺乏信念辩护的。这些理由必须既是由认知主体所掌握,又是有助于真的,否则无法实现核心的认知目标,即获得真信念和避免假信念。但是,这两个特征的结合面临困难。想象在怀疑论情景中,认知者被全能的恶魔欺骗,此时认知者可以尽自己的认知责任,并且履行自己的认知义务,他已经完全在义务论的层面上获得了无咎的信念,但是他所拥有的理由却广泛地不能帮助他获得真信念。因此,内在主义的标准对于区分坏的理由和好的理由来说是不充分的。

究其原因,一方面内在主义很注重认知者的内在视角,这虽然保留辩护

---

① 可参看本章第三节外在主义理论对辩护条件的刻画。

当中的主观因素,却未能抓住辩护的客观因素,即与真的联结。另一方面,这里对内在主义批评的前提是,我们的认知目标是获得真信念和避免假信念。由于融贯的信念本身并不能产生真,纯粹内在主义的考量未能实现这一目标。如果把认知目标修改为追求合理的信念(rational belief),而非真的信念,并且把信念的合理性通过信念系统的融贯性来刻画,那么内在的理由仍然可以成为好的理由。

(三) 对怀疑论的支持

内在主义者对信念的辩护施加的要求较为严苛,一个直接后果就是,由于认知者很难,甚至在原则上无法完成内在主义的辩护要求,那么知识的辩护条件就无法满足,而怀疑论的威胁也就近在咫尺。换句话说,如果成为一个传统的内在主义者,那么在知识论领域几乎不可避免地受到怀疑论的攻击。在阿格里帕三难问题和彻底怀疑论中都可以看到这样的身影。此处以阿格里帕三难问题为例进行分析,读者可以通过阅读第七章发现内在主义在彻底怀疑论的论证中扮演的角色。

阿格里帕三难问题

(1) 给出理由 R_1 支持 P,给出理由 R_2 支持 R_1,给出理由 R_3 支持 R_2,依此直到无穷。(无穷倒退)

(2) 给出理由 R_1 支持 P,给出理由 R_2 支持 R_1,给出理由 R_3 支持 R_2,给出理由 P 支持 R_3。(循环辩护)

(3) 给出理由 R_1 支持 P,给出理由 R_2 支持 R_1,对于某个理由 R_n,不再继续提供理由。(任意假设)

在阿格里帕三难问题里,一个核心的预设是内在主义的,即:如果 S 持有的信念 P 要获得辩护,那么 S 必须为该信念提供理由,并且理由的结构是要令人满意的。正因为3种辩护结构都有其自身缺陷,怀疑论者才指出 S 无法为 P 提供充分的理由,从而无法完成信念的辩护条件。但如果放弃内在主义的要求,不再强调信念者对于所持信念为真需要充分的理由,而是转向外在主义的认知辩护观,那么阿格里帕三难问题产生的前提就被大大削弱了。

也正是因为内在主义与怀疑论的暧昧关系,为了守住知识的可能性,在当代知识论领域越来越多的学者开始转向外在主义。下面转向对于外在主义的介绍和讨论。

第三节　外在主义概述

外在主义有很多不同的形式,但外在主义的核心是拒斥内在主义关于认知辩护的看法,并转而坚持至少有些促成认知辩护的因素是外在于主体的视角的,也并不是仅靠反思就能获得的。典型的外在主义人物可见诺奇克(Robert Nozick,1981)、戈尔德曼(Alvin Goldman,1986)、普兰廷加(Alvin Plantinga,1993)和博格曼(Michael Bergmann,2006)。

过程可靠主义(process reliabilism)是一个典型的外在主义理论。戈尔德曼是过程可靠主义的代表人物。让我们借用这个理论来加深对于外在主义的了解。该理论的核心思想可以概括如下。

简单的过程可靠主义

如果S通过可靠的信念形成方式在时刻t相信P,那么S在时刻t的信念P是被辩护的。①

虽然该定义较为粗略,并且戈尔德曼在此定义的基础上不断地细化和补充,但以该定义作为起点对当下讨论来说已经足够了。② 在进一步阐释过程可靠主义之前,先了解戈尔德曼对于好的辩护观的要求。在他看来,辩护理论在说明信念获得辩护属性应满足的条件时应该避免使用"辩护"这个概念,或者是与其密切相关的其他概念,如合理性。这个要求可以使得对于辩护的说明既不是循环的,也能提供更多的理论启发。按照这个要求来看,对于辩护的定义就得诉诸非认知(non-epistemic)的属性和状态,如认知者的信念状态和真。③

---

① 参见 Goldman(2012,40)。
② 戈尔德曼的最终表述是,"如果S在时刻t对P的信念来自一个可靠的认知过程,并且没有另外的可靠的或有条件的可靠的认知过程可供S采用,除了实际采用的过程外,一旦S采用了这一另外的可靠的认知过程,这一过程将导致S不相信P,那么S在时刻t对P的信念就是得到辩护的"。(Goldman,2012,46)这里戈尔德曼区分了实际采用的信念形成方式与应该采用的信念形成方式,这么做是为了囊括挫败者的现象。
③ Goldman(2012,30)列举了他眼中的认知词项和非认知词项。前者包括"辩护的"(justified)、"担保的"(warranted)、"有好的根基"、"有理由"、"知道"、"看到"(see that)、"理解"、在认知或归纳的意义上"是可能的"(probable)、"证明了"(show that)和"确信了"(ascertain that)。后者包括"相信"(believe that)、"是真的"、"引起"、在频率或倾向的意义上"是可能的"等。他的一般性的规则是,纯粹信念的(doxastic)、形而上学的、模态的、语义的或语法的词项都不是认知词项。

戈尔德曼考虑一个信念总是以某种方式产生的，因此信念的辩护属性一定是依赖该信念如何产生或保持的。例如，S 相信中国在北半球，同时 S 相信浓缩铀的临界质量不超过 10 千克。S 的前一个信念是基于中学地理课本的介绍，而后一个信念是基于塔罗牌占卜的结果。此时我们会倾向于认为 S 的前一个信念是被辩护的，而后一个信念则不是。其中的主要原因是不同的信念形成过程有不同的可靠程度，而可靠程度体现为通过该方式形成信念的成真比率（truth-ratio）。一个信念形成方式是一个从输入到输出端的过程类型，其中输出端都是信念，但是输入端可以进一步以是否依赖信念为标准进行区分。如果输入端是依赖信念的（如推理和记忆），那么这类过程的可靠性是有条件的，即：只有输入端为真，输出端才更可能为真。

当一个信念形成方式的成真比率较高，那么它就是一个可靠的信念形成方式，而通过该方式形成的信念就是被辩护的。反之，如果一个信念形成方式的成真比率较低，那么它就是一个不可靠的信念形成方式，而通过该方式形成的信念就是缺乏辩护的。那么具体需要多高的成真比率才能算可靠的呢？一种常见的回答是，50％的成真比率是最低限度，否则该过程更有可能产生假信念。不过对于可靠性的要求会随着具体的语境而变化，这与辩护概念一样，所以我们不用直接回答上述问题。一般来说，戈尔德曼认为可靠的信念形成方式包括知觉过程、记忆、好的推理与内省，而不可靠的信念形成方式包括混乱的推理、幻想、情感代入与预感。可见这里对于信念形成方式的划分是较为宽泛和基于常识的。

此外，戈尔德曼把自己的可靠主义看作历史的（historical）理论，因为该理论关注的是信念生成的历史，而非信念者当下的心灵状态等内在因素。所以，辩护的性质是依赖个人的历史认知过程的。在此意义上，戈尔德曼将自己的理论称为历时的（diachronic）基础主义，以此和笛卡尔式的共时的（synchronic）基础主义相区分。

第四节　外在主义的困难

外在主义面临的困难很多，这里介绍 6 个核心的困难。对这些问题的深入讨论有助于进一步发展外在主义知识理论。下面将分别展开。

(一) 新恶魔论题

新恶魔难题是与传统的恶魔难题相对应的。传统的恶魔难题来自笛卡尔。他试图为知识找到一个不可怀疑的基础，但特别让他担心的是感觉经验作为揭示外部世界真实情况的证据的可靠性。他指出，如果我们被一个拥有超能力的恶魔控制，那么他就会灌输给我们各种各样的视觉经验，并且这些经验和正常的经验并没有现象特征意义上的差别，所以我们无法区分两者。但可悲的是，这些感觉经验与外部事实是无关的，那么我们基于感觉经验去推断外部世界真实情况的时候，不就会陷入普遍的错误信念吗？因此，按照笛卡尔的想法，我们必须首先知道我们没有被这个恶魔欺骗，才能知道任何有关外部世界的情况。总结来看，传统的恶魔论题谈论的是我们要获得外部世界知识必须先满足的一个必要条件。

新恶魔论题则有所不同，新恶魔论题主要是攻击外在主义的辩护观。试想 S 处于正常的情景中，而 S 的复刻品 S^* 处在笛卡尔的恶魔情景中。S^* 跟 S 有相同的精神状态，即不可分辨的感觉经验、相同的证据与记忆。并且和 S 一样，S^* 依赖好的推理方式去形成信念，他不会无视反面的证据，而且会基于充分的证据才去相信一个命题为真。因此，有一种强烈的直觉认为，S^* 和 S 一样，形成的信念是受到辩护的，是同样无咎的。但是根据可靠主义，因为 S^* 的信念是在恶魔世界中形成的，因此按该场景的规定来看，S^* 的信念大部分是假的，也就不是以可靠的方式形成的，因此就不是被辩护的。我们可以进一步比较 Q^* 这样一个处于恶魔情景中的认知主体。该主体与 S^* 不同，她形成信念时运用的是错误的推理方式。例如，她面对条件句会从肯定后件得到肯定前件，她即使面临相反的证据也会置之不理，而面临她喜欢的结论即使毫无证据也会相信。毫无疑问，虽然都处于怀疑论情景之中，S^* 却比 Q^* 体现出更多认知方面的积极品质，所以这也是为什么内在主义者倾向于认为 S^* 的信念是获得辩护的，而 Q^* 的信念是缺乏辩护的，是应该遭受理性的责备的。从这个例子中，可以概括出下面这个想法。

> **新恶魔论题**
> 认知者 S 的辩护地位与其在怀疑论情景的对应体 S^* 是一样的。[1]

---

[1] 该论题支持者可见 Cohen(1984)和 Feldman(1985)。

根据这个论题，S 和 S* 是拥有同样的辩护属性的，并且因为 S 在日常情景中遵循了相应的认知规范，毫无疑问是可以被看作获得辩护的。同理，S* 也应该是获得辩护的，即使他的信念大体上会是假的。内在主义者认为这样一个强烈的直觉无法被外在主义的理论资源所解释。进一步地，如果我们认为 S* 和 Q* 两者也存在重要的差异，那么外在主义也需要解释两者在辩护层面的差异在哪里。但是因为两者都在怀疑论情景中，都无法形成广泛的真信念，所以外在主义似乎只能说两者都是缺乏辩护的。这样一来，外在主义又如何区分 S* 和 Q* 这两个认知主体所具有的认知表现差异呢？综合来看，外在主义所面临的挑战是，该理论既不能说明 S 和 S* 所共有的一些积极的知识论方面的性质，又不能说明 S* 和 Q* 在认知上表现的差异，因此即使外在主义不是错误的理论，也是解释力较差的理论。

由新恶魔论题可以看出，可靠性并不是实现辩护的必要条件。这个困难虽然最先是针对可靠主义的，但可以拓展到外在主义本身。可靠主义者回应新恶魔论题的一种策略是区分不同世界的可靠性。[①] 根据科梅塞纳（Juan Comesaña）的索引化可靠主义（indexical reliabilism），当谈论可靠性的时候，应该加以相对化处理。例如，当我们说"S 的信念形成方法是可靠的"，这句话可以有不同的含义。一种含义是"S 的信念形成方法是在现实世界可靠的"，另一种含义是"S 的信念形成方法是在恶魔世界可靠的"。学者们依靠新恶魔论题来反驳可靠主义时的论证思路可以表述如下。

（1）一个信念是被辩护的，当且仅当该信念是由一个可靠的过程产生的。一个可靠的过程具有较高的真信念产出比率。

（2）在现实世界中 S 的信念是被辩护的。

（3）在恶魔世界中的 S* 与 S 具有同样的信念辩护地位。

（4）因此，S* 的信念是受到辩护的。

（5）因此，S* 的信念是由一个可靠的过程产生的，该可靠的过程具有较高的真信念产出比率。[②]

如果结论（5）是错误的，那么根据归谬论证的思路，可靠主义的核心想法（1）就会受到致命的攻击。初步看来，我们有理由认为（5）为假。因为在恶魔

[①] 相关讨论参见 Sosa（1993；2001）和 Comesaña（2002）。

[②] 参见 Comesaña（2002，255）。

世界中，S^* 的信念形成是由恶魔掌控的，并且 S^* 所持有的信念大部分是假的。但是根据科梅塞纳的索引化可靠主义，却可以承认结论(5)为真。这一步是如何实现的呢？

可以注意到，在恶魔世界中，S^* 的信念形成方法是"根据经验的表面来判断"。也就是说，当经验向 S^* 显现为好像面前有一个杯子，S^* 就相信面前有一个杯子。这样的方法在恶魔世界显然是不可靠的，因为恶魔所灌输的经验是误导性的，但这一方法在现实世界却是可靠的。那么当一个可靠的方法产出绝大部分真信念时，信念的真是在何处为真呢？当然是在现实世界为真。不过"现实的"(actual)这个词仍然是索引词，即：当不同的人说出这个词时，所指的世界是不同的。当说"S 的信念 P 是被辩护的"时，这句话可以诠释为"S 的信念形成方式实际上是可靠的"。借用二维语义学框架（two-dimensional semantics），科梅塞纳列出以下矩阵①（表 4-1）。

表 4-1　科梅塞纳矩阵

		评　价	
		正常世界 W_0	恶魔世界 W_1
言说	正常世界 W_0	真	真
	恶魔世界 W_1	假	假

当在正常世界言说 W_0 时，说出的内容是〈S 的信念形成方式在 W_0 是可靠的〉，这句话在 W_0 为真，在 W_1 也为真。需要注意的是，当这句话在恶魔世界 W_1 言说时，说出的内容是〈S 的信念形成方式在 W_1 是可靠的〉，这句话在 W_0 假，在 W_1 也为假。这意味着"S 的信念是被辩护的"这句话可以在不同的言说世界表达不同的命题。但是当断定的是正常世界时，无论是在 W_0 还是在 W_1 都为真，因此就失去了认为结论(5)为假的直觉支持。总结来看，上述论证中的(5)按照矩阵来看是正确的，而索引可靠主义为回应新恶魔论题提供了一种备选方法。

（二）反例：千里眼与温度计先生

有一些案例表明，信念产生的可靠性并不是信念获得认知辩护的充分条

---

① 该矩阵中纵向为语句言说的世界，横向为评价所说内容真假的世界。

件。下面是代表性的千里眼案例和温度计先生案例。

千里眼案例

诺曼在正常条件下拥有千里眼（clairvoyant）的能力，该能力给他带来许多真的信念，因此基于该能力获得的信念是可靠的。一天，由于这个能力，诺曼相信美国总统在纽约并且此信念为真，但是他并没有证据支持或反对这种能力的可靠性，也缺乏他拥有这种能力的证据。①

温度计先生案例

温度计先生做了一台大脑手术，一个外科医生在他脑中植入了一个小设备，该设备既是一个准确的温度计，又可以通过计算的方式产生思想。让我们把这个设备称为"温算计"。温算计被植入温度计先生的脑中，该设备的一端联结到他的头皮上，却没有被他注意到。这样一来，温算计就可以感知外部温度并且传递信息给温度计先生大脑中的计算系统。温度计先生因此形成了一个有关外部温度的信念。温算计是一个可靠的温度计，因此温度计先生关于温度的想法是准确的。②

在这两个案例中，诺曼拥有千里眼能力，温度计先生借助温算计拥有判断温度的能力。这两个能力都是可靠的，都可以在许多情况下带来准确的相关信念。因此按照外在主义的想法来看，既然诺曼关于美国总统所在位置的信念是由可靠的能力形成的，温度计先生关于当下温度的信念是由可靠的设备形成的，那么信念形成方式的可靠性就是毋庸置疑的，信念也因此成为被辩护的。但是问题在于，既然诺曼没有任何理由相信自己有千里眼或判断千里眼能力的可信度，而温度计先生也一样，那么两人就会缺乏理由相信自己形成的信念为真。也就是说，两人在缺乏理由的基础上仍要持有各自的信念，这是与认知合理性相悖的，以这样的方式形成的信念仍然是可以遭受理性批评的。因此，内在主义者认为，可靠性对于辩护来说并非充分条件。

面对这一问题，外在主义者可以考虑在理论的表述中加入"无挫败"（no defeat）条件。以过程可靠主义为例，简单的过程可靠主义理论很容易面临反

---

① 参见 BonJour(1980,21)。
② 参见 Lehrer(1990,162)。

例。在千里眼案例与温度计先生案例中,虽然认知者的信念形成过程实际上是可靠的,但是认知者没有理由相信自己有这种能力以及该能力的可靠性。同样可以构造别的一些案例,在这些案例中认知者实际的信念形成过程是可靠的,但是别人误导认知者说他的信念形成过程是不可靠的。假设认知者没有理由不相信这个证词,那么根据简单过程可靠主义来说,认知者的信念仍然是被辩护的。但是这样一个结果是有问题的,而简单过程可靠主义无法处理这一问题。为了应对这一类问题,过程可靠主义可以重新表述如下。

> S 的信念 P 在时刻 t 是被最终辩护的,当且仅当
> (1) S 在时刻 t 的信念 P 是通过可靠的信念形成过程获得的;
> (2) S 在时刻 t 的信念 P 是未被挫败的。①

在新的表述中出现了初步辩护(prima facie justification)和最终辩护(ultima facie justification)的区分。如果一个信念是通过可靠的信念形成过程获得的,那么该信念就已经获得了初步辩护,但是初步辩护并非最终的,它可以被挫败。如果该信念获得的辩护未被挫败,那么该信念拥有的初步辩护就成为最终辩护。

过程可靠主义者应该如何刻画挫败概念呢?为了保持过程可靠主义分析辩护概念时的还原式进路,即用非认知的概念来分析认知的概念,一种现行的理解方式是通过反事实条件句来刻画挫败概念。

> S 在时刻 t 的信念 P 是未被挫败的,当且仅当不存在其他可靠的信念形成方式 M,并且如果 S 采用了这些方式 M,那么 S 在时刻 t 就会不相信 P。②

可靠主义者对上述分析施加了进一步的限制。例如,哪些方法对认知者来说是可通达的(accessible),以及是否任何可通达的方法都是应该被使用的。③ 抛开这些细节不谈,采用了新的表述后,可以发现在上述的反例中,正是因为条件(2)没有得到满足,所以信念缺乏最终辩护。④ 这样一来,可靠主义者就避免了反例的攻击。

---

① 这一表述可参见 Beddor(2015,148)。
② 这一想法最早可追溯到 Goldman(1979)。
③ 戈尔德曼认为应该被使用的方法不是获取新证据,而是调用已经拥有的证据或者思考这些证据在逻辑上的蕴涵关系。
④ 关于可靠主义者如何处理挫败问题,可参见 Goldman(1979)、Lyons(2009)和 Beddor(2015)。

(三) 普遍性问题

普遍性问题（the generality problem）也许是可靠主义面临的最大挑战。① 在介绍可靠主义的时候，我们提到可靠主义认为，如果 S 通过可靠的信念形成方式相信 P，那么 S 的信念 P 是被辩护的。一个信念 P 本身的形成过程实例（token）只发生一次，是无所谓是否可靠的。只有信念形成方式在类型（type）的意义上才可以谈可靠性。② 现在的问题在于，既然单个的信念 P 是否得到辩护依赖产生该信念的过程类型是否可靠，但是单个的信念形成过程可以归属于很多不同的信念形成过程，而每一个过程有其自身的可靠性，那么如何确定应该归属于哪一个过程呢？为了帮助理解，可以参看下面的案例。

施坦威钢琴案例

小勤是一个钢琴爱好者，在暑假期间市里举办一场钢琴展览活动。由于展品价值不菲且观众名额有限，她拿到票后激动得一夜没睡。第二天一大早她就赶往展厅。其中展出了一架施坦威1888年生产的三角钢琴，由于这架钢琴很珍贵，旁边拉起了一排距离 2 米的护栏，护栏旁边有详细的钢琴介绍信息。她仔细地观察了整架钢琴，惊讶地说："原来这就是施坦威牌三角钢琴。"

在该案例中，小勤形成信念〈这是一架施坦威三角钢琴〉。如果要评价该信念是否为被辩护的，就需要看该信念的形成过程的可靠性高低。该信念的形成过程是怎样的呢？这里有一些备选答案。

M_1：通过眼睛看物体形成的信念。

M_2：通过眼睛看中等体积的物体形成的信念。

M_3：通过眼睛在无雾霾的环境下看中等体积的物体形成的信念。

M_4：通过眼睛在无雾霾、无干扰光的环境下看中等体积的物体形成的信念。

M_5：通过眼睛在无雾霾、无干扰光的环境下，近距离看中等体积的物

---

① 该困难的早期经典讨论可见 Feldman(1985)和 Conee and Feldman(1998)。

② 大部分学者都同意只有信念形成过程的类型可以谈可靠性。但也有学者认为，信念形成过程的例子也可以谈论可靠性，而此时参照的框架是由可能世界构成的空间。这一进路可参见 Comesaña(2006)。

体形成的信念。

M_6：在暑假的上午形成的信念。

M_7：在展览馆形成的信念。

M_8：一夜没睡后形成的信念。

M_9：钢琴爱好者形成的信念。

M_{10}：女生形成的信念。

上面的 10 个答案都刻画了一种信念形成过程，但其实这样的过程可以找到无数多个。每一个过程都有其自身的可靠性，读者可能会觉得可靠性较高的过程是 M_5，而可靠性较低的过程是 M_8，另外一些过程的可靠性则较难判断。此时的问题是，小勤的信念〈这是一架施坦威三角钢琴〉到底该参照哪个过程来评价呢？一个自然的答案是，我们需要选出相关的信念形成过程类（relevant type），但是相关性又是由什么决定的呢？

解决普遍性问题的方案必须是原则性的，而不能是特设性的。虽然我们可以在每个案例中挑出具体的符合直觉判断的信念形成过程，但这并不能帮助我们在一般的意义上理解相关性。那么有什么方法可以决定相关类呢？这一问题比较复杂，这里介绍两种回应策略。

首先，可靠主义（外在主义）者可以采取迎难而上的策略，直接回答这一问题，并且指出决定相关类的条件或原则。[①] 以阿尔斯通（Alston，1995）为例，他指出基于普遍性问题攻击可靠主义依赖的前提是没有客观的或心理的事实可以帮助我们挑出决定信念可靠性的相关类，但这一前提是有问题的。每个信念的形成依赖于激活一个在心理层面实现的功能。一个功能可以被看作一个习惯（habit），一个接受输入端的特定特征并形成一个信念的功能。举例来看，小雪看向桌面的一盆水仙花，然后形成信念〈桌面上有一盆水仙花〉。此时，输入端是水仙花的视觉呈现，而被激活的机制则会挑选出该视觉呈现的某些特征（如花型、花的颜色、枝干特征等），忽视另外一些特征（花的大小或花瓣的数量等），最后的输出端则是小雪所持有的信念。正是识别出这样的功能或习惯，我们就可以把该功能当作决定可靠性的相关类。因此，阿尔斯通总结决定相关类的是功能（function），而功能构成了习惯

[①] 这一进路可参见 Wallis(1994)的信念形成策略进路、Alston(1995)的信念形成习惯进路。对这些进路的批评参见 Conee and Feldman(1998)。更新的进路可见 Beebe(2004)和 Kampa(2018)的统计数据式进路。

或机制。① 为什么是功能决定相关类呢？阿尔斯通最核心的理由在于,该功能反映了一个认知过程实际上发生作用的方式,而正是这个功能解释了为什么在某个特定的场合形成了这样一个有着确定内容的信念。也正是在这个基础上才能进一步发挥可靠主义者的精神,即通过考察一个信念产生的因果过程,从而为其赋予知识论的地位。②

其次,可靠主义(外在主义)者可以采取避其锋芒的策略,躲避这一问题。此时,外在主义者采用的是"你也一样"(tu quoque)的辩论策略,即指出别的谈论认知辩护或涉及信念形成类型的理论同样面临这一困难。如果这一困难不仅是可靠主义者面临的,也是其他外在主义理论,甚至是内在主义理论所面临的困难,那么即使可靠主义无法圆满地解决这一问题,这一缺陷也不构成直接拒斥可靠主义(或外在主义)的充足理由。③ 例如,根据科梅塞纳(Comesaña,2006)来看,证据主义在谈论命题辩护与合适性(well-foundedness)时涉及了一个关键的概念——奠基(basing)。简而言之,认知者 S 的信念 P 是合适的,当且仅当 S 相信 P 是奠基于使 P 获得命题辩护的充分证据 E 之上。④ 除了证据主义,这一概念也是主流知识论理论在处理信念辩护与命题辩护时需要借助的概念。此时,许多知识理论都需要进一步解释,"基于证据 E 相信 P"是一个怎样的过程,如果缺乏此解释,那么该知识理论将会是不完整的。⑤ 并且由于这也是一个信念过程的类,那么这个相关类应该如何被识别出来呢？如果证据主义者或其他知识论主义者可以给出一个原则性的回答,那么可靠主义者也可以利用这一资源回答普遍性问题。如果证据主义者或其他知识论主义者也无法完满地回答这一问题,那么可靠主义者在这方面的缺陷只是一个所有知识论理论的一般性缺陷,不足以拒斥可靠主义。

---

① 参见 Alston(1995,12-13)。阿尔斯通补充,在理解可靠性的时候,不能基于实际频率(actual frequency)来理解,而要理解为倾向(disposition)。实际频率考虑的是某方法实际使用的次数和产生正面结果的次数,而倾向则支持反事实分析,不依赖实际的次数。
② 进一步的分析参见 Alston(1995,16)。Conee and Feldman(1998,8)表明,这一进路仍然无法避免普遍性问题。因为许多认知过程可以是不同习惯的例示,而在有些情况中被辩护的信念并不是由任何习惯产生的。
③ 这一进路可参见 Comesaña(2006)、Bishop(2010)和 Tolly(2017)。
④ 更细致的定义参看 Conee and Feldman(2004,93)。
⑤ 参见 Comesaña(2006,38)。

(四) 拔靴问题

沃格尔(Jonathan Vogel，2000)论证，以可靠主义为代表的外在主义会面临拔靴问题(bootstrapping)。下面以这个案例为切入点。

> 小婧有一辆汽车，她相信该车品牌的质量，因此她从不怀疑车的机油表读数。但她并不知道这个表是否可靠。实际上，这个表很可靠并且一直工作正常。于是小婧每次准确读完数就记录下来：
> (1) 在场景 R_1，油表读数是"F"(Full)。
> (2) 因此，油箱内油量是满的。
> (3) 因此，在场景 R_1，油表的读数是准确的。
> (4) 在场景 R_2，油表的读数是准确的。
> (5) 在场景 R_3，油表的读数是准确的。
> (6) 在场景 R_n，油表的读数是准确的。
> (7) 因此，机油表读数一直是准确的。机油表是可靠的。[①]

在这个案例中，小婧进行了一个推理活动。值得注意的是，由于在这个推理过程中每一步都是可靠的，因此可靠主义似乎必须承认小婧相信机油表一直读数准确也是被辩护的。根据案例的规定，该推理中的每一个命题都是真的。不过更关键的是，我们需要检查该推理过程的可靠性。前提(1)是小婧通过观察机油表读数形成的，可以预设小婧的视力是可靠的(否则也无法成为司机)，所以这是一个通过可靠的方式形成的信念，前提(1)因此是被辩护的。从(1)到(2)的推理是可靠的，这是因为油表本身是可靠的，所以基于机油表的(准确)读数可以准确地判断油箱内的油量。(3)是通过前提(1)和(2)演绎得出，并且演绎的前提为真，那么其可靠性不用怀疑。既然(3)是通过可靠的方式形成的真信念，那么重复(3)这样一个过程，便能得到(4)、(5)、(6)。经过多次的归纳，就得出了最后的结论(7)。基于多个案例的归纳也是一种可靠的信念形成过程，这样一来，小婧的整个推理过程运用的都是可靠的信念形成方式，因此按照外在主义的标准是被辩护的。如果进一步把知识当作可靠形成的真信念，那么似乎可靠主义者就必须承认小婧通过上述推理过程知道〈机油表一直读数准确〉。那么小婧知道机油表一直读数准确吗？

[①] 原案例参见 Vogel(1990，613-614)。

读者也许会觉得承认小婧拥有知识并没有什么问题,但沃格尔指出这样的推理模式是有问题的。那么具体存在什么问题呢?从根本上来说,这样的推理模式实质是拔靴法,而拔靴法并不是一个可靠的过程。我们可以把拔靴法运用于很多的过程,但无论该过程是否可靠,拔靴法都会得到同样的结论,即该过程是可靠的。这样一来,通过拔靴法我们经常会获得错误的信念,而拔靴法本身就无法成为可靠的过程了。①

虽然拔靴法是不可靠的,但可靠主义者很难解释拔靴法不可靠的原因,毕竟上述案例中的每一步推理都是可靠的。② 那么外在主义者是否能说小婧不知道(2)因为她并未检验过油表的可靠性,而经由未经检验过的过程(即使其事实上可靠)不能算是一个可靠的过程呢?这看似切中要害,但恰恰与可靠主义的核心观点相冲突。对于可靠主义者来说,只要 S 的信念 P 的形成过程 N 是可靠的就足够赋予 P 认知辩护,并不需要 S 知道 N 是可靠的。因此,小婧并不需要事先知道油表的可靠性,也能通过看油表获得被辩护的信念。

可靠主义者解释拔靴法为何不可靠时面临较多的困难,但内在主义者可以比较容易地解释拔靴法中存在的认知循环。这里的循环体现在,小婧只有预设(3)或(7)为真,才能有理由相信(2)为真。假设小婧不预设或不默认机油表的可靠性,也就是说,小婧怀疑该表的读数准确度,那么她就拥有一个很强大的理由不相信机油表读数为"F"的时候油箱里面是满的。所以(1)为(2)提供的可挫败的辩护是依赖小婧事先拥有对(3)或(7)的辩护。因此,上述推理从(1)到(2)时已经预设(3)或(7)是被辩护的,又如何能基于(2)为(3)或(7)提供辩护呢?所以,这样的推理模式是无法把前提拥有的辩护传递到结论的。③

(五) 知识的价值淹没问题

在《美诺篇》中讨论知识与真信念的差别问题时,似乎暗示这么一个倾向,即知识比单纯的真信念要有价值(关于知识的价值问题),否则无法解释为什么要追求知识而不仅仅追求真信念(mere true belief)。但是正如可靠主义者理解的那样,辩护来源于信念形成过程的可靠程度。要回答这个问题,

---

① 参见 Vogel(1990,615)。
② 关于这一问题,可以看一篇较好的文献综述 Weisberg(2012)。
③ 针对这一现象的讨论,请进一步参照本书第七章第三节"新摩尔主义反怀疑论"进行理解。

可靠主义者大概只能说,知识采用了一种更可靠的信念形成方式,因此知识和真信念的差别在于可靠性。

这样的回答方式是否意味着一旦信念为真,真的价值就会淹没信念是可靠形成的价值呢?咖啡机的例子能帮助我们理解。

> 试想有两台咖啡机,一台可以可靠地为顾客制作香浓可口的卡布奇诺,另外一台则没有那么可靠。但是,试想当两台咖啡机都产出一杯同样香浓可口的卡布奇诺时,我们则会说咖啡的香浓可口的价值淹没了咖啡机可靠与否的价值。同理,信念一旦为真,那么产生该信念的过程可靠与否也就没什么差别了。①

在咖啡机的例子中,如果我们只关心咖啡的味道,那么只要咖啡机产出的咖啡香甜可口,咖啡机本身是否可靠并不影响咖啡本身的价值。类比来看,可以写出反对可靠主义的淹没论证(the swamping argument)。

(S_1) 知识等于可靠形成的真信念。

(S_2) 如果一个信念是真的,那么它的价值并不会因为它是可靠地形成这个因素而增加。

(S_3) 因此,知识并不比不可靠形成的真信念更有价值。②

淹没论证的前提(S_1)是过程可靠主义的核心思想,但是结论(S_3)却是一个连可靠主义者也不愿意接受的结论。对于当代知识论来说,知识比仅仅真信念更有价值几乎是一个被广为接受的理论起点。那么该论证的关键前提(S_2)是否合理呢?这一前提表达的是唯真理论,这个想法可以表述如下。

唯真理论(veritism):在探究中的唯一要务就是获得真信念。

唯真理论把求真看作知识论探究的唯一要务。不可否认的是,虽然追求真信念是知识论探究的要务,但是否为唯一要务呢?这里不对唯真理论展开进一步的讨论,因为可靠主义者回应价值难题可以不依赖对这一论题的攻击。③ 针对这一问题,戈尔德曼(Goldman,2012,164 - 168)提出了一个解决

---

① 该比喻参见 Zagzebski(2003)。
② 参见 Goldman(2012,155)。
③ 我认为唯真理论把知识论探究的任务过于窄化和单一化,使得认知者对于合理的信念与认知辩护的追求成为无意义。因此,一种认知价值多元化的立场才是值得追求的。

方案,该方案包括两个核心思想:一是类型工具主义(type instrumentalism),二是价值自主化(value autonomization)。

首先来看类型工具主义。对于可靠主义的批评者来说,当一个信念通过一个可靠的过程实例产生时,该信念为真的价值淹没了该信念是由可靠的过程产生的价值。这样一个价值传递的模式是遵循工具主义的(instrumentalism),即如果 A 是用来产生或达到 B 的工具,那么 A 通过 B 的实现获得价值。在淹没论证中,可靠的信念形成过程是获得真信念的工具,因此其价值来源于真信念的价值。这样的工具主义是实例工具主义(token instrumentalism),但戈尔德曼主张类型工具主义。类型工具主义关注两个层面:一个是在实例层面的工具主义式价值传递,一个是在类型层面的工具主义式价值传递。

对于戈尔德曼来说,虽然一个可靠的信念形成过程实例 t_1 的价值是工具式地依赖其产生的真信念 t_2,但是当信念形成过程类型 T_1 的实例能有规律地引起另一类型 T_2 的实例并且 T_2 有着独立的价值,那么 T_1 就可以从 T_2 获取价值。此时,无论 t_1 是否引起 T_2 的实例,作为类型的 T_1 的价值都能传递到 t_1 之上。

实例工具主义只关注到 t_1 与 t_2 价值之间的工具主义式关系,但是却忽略了 t_1 从 T_1 处获得的价值,T_1 的价值又是来源于其与 T_2 之间的工具主义式关系。因此,一个可靠的信念形成过程 t_1 就获得了双重的价值来源,并非仅仅被其结果 t_2 的价值所淹没。换句话说,一个由可靠的方式形成的真信念比一个仅真信念是更有价值的。

其次是价值自主化。价值自主化尝试解释为什么人们倾向于赋予 T_1 独立和自主的价值,而不仅仅是承认 T_1 在类型层面有来源于 T_2 的工具价值。[①] 这一步额外的工作可以保证 T_1 总是拥有内在价值。戈尔德曼提出了一个大胆的假设,即当 T_1 经常可以引起有价值的 T_2 时,认知者就会倾向于赋予 T_1 独立的价值。戈尔德曼承认这一个假设还需要进一步的经验证实,因此该方案还有待补充。无论如何,戈尔德曼的双重价值来源方案为可靠主义者刻画了一条回应价值淹没难题的潜在方案。

(六) 研究主题的转换问题

进行知识论研究一个核心的目标是想更好地了解为什么我们拥有知识,

---

① 需要注意的是,这里处理的是价值赋予(value attribution)的工作,而非价值存在的工作。这是一个心理学或认知层面的事情。

特别是有理性基础的知识。因此,正是要追寻知识的理性基础,并且发挥认知者的理性追问精神,内在主义者才特别要求我们应当从第一人称视角反思自己的信念是否被证据和理由支持。苏格拉底曾说过,"未经反思的人生是不值得过的",我们也能以类比的方式说,"未经审查的信念是不值得信的"。如果缺乏理性的支持,就不能负责任地持有该信念。即使外在主义者成功地刻画了一种理解知识的方式,但这种知识并不是传统知识论最感兴趣的知识。

章末思考

1. 你支持知识论的精英主义还是大众主义?选择的理由是什么?这是否会影响知识的价值?

2. 你是否同意知识论的首要目标是追求真信念和避免假信念?如果是,那么还有别的目标吗?如果不是,那你认为是哪个目标?

3. 请选择你认为最棘手的一个困难,尝试为内在主义和外在主义进行辩护。

4. 是否可以融合内在主义与外在主义的想法,提出一种更加合理的辩护理论?根据该理论,被辩护的信念的范围有多大?

第五章

反运气知识论

在开始本章前,让我们回想葛梯尔对传统知识定义的挑战。在传统理解中,知识就是被辩护的真信念,但是葛梯尔指出存在被辩护的真信念却不是知识的例子,因此知识不等于被辩护的真信念。那么,被辩护的真信念是缺失了什么条件以至于不是知识呢?在第二章已经介绍了不可错主义、无必要的假前提与知识的可挫败理论对葛梯尔反例的分析。除此之外,有些哲学家认为在葛梯尔式案例中,因为存在运气的干扰,案例中的主角没有知识。这种运气是使知识缺失的运气(knowledge-undermining luck)。

我们简要地回顾在葛梯尔式案例中运气到底是如何体现的。在葛梯尔的两个反例中,认知者基于假的前提进行推理,却得到了真信念,这是由于世界的配合,使得本应该出错的信念变成真的,这是运气好的表现。而在假谷仓案例中,认知者本来凭借自己的辨识能力发现了一个真谷仓,这本来足以赋予他知识,但由于世界的不配合,让他所处的环境充满了从远处不可分辨的假谷仓,认知者几乎到手的知识也飞走了,这是运气差的表现。概括来说,运气阻碍认知者获得知识的方式是多种多样的。

因此,如果要重新定义知识,那么在知识的定义中需要添加一个新的成分,即反运气成分(anti-luck component)。坚持知识与运气不相容的理论可以被统称为反运气知识论。

虽然说知识与运气不相容,但是否知识与所有的运气都不相容呢?温格(Peter Unger, 1968, 159)指出,虽然 S 知道 P 意味着 S 的真信念 P 并非碰巧为真,但知识与下面 3 个方面的运气是相容的。

首先是所知命题为真的运气。能让一个人知道的命题肯定是真命题,而一个经验命题为真是偶然的,因为世界本可以不必如此。这个事实的产生是需要运气的,但产生这个事实的运气不是使知识缺失的运气。例如,2018 年底中国人口数量已经超过13亿。这是一个事实,一个可被我们广泛知道的事实。但这个事实的出现并非偶然的,它依赖计划生育措施、我国的人口基础以及很多年来医疗、食品、教育等方面的因素。

其次是能力运气。S在T时刻知道P不仅需要P为事实,还需要S的认知官能与P发生关系。这进一步包括两个因素。一方面认知主体S必须是存在的,否则无法在T时刻认识到P,而S能保持其生命持续到T时刻也是偶然的。考虑生命的无常以及各种各样威胁到生命的因素存在,S很有可能在T时刻前就结束了自己的生命。另一方面,该认知主体在T时刻要拥有必要的认知能力。即使S能保持生命到T时刻,但如果缺乏必要的认知感官,那么S仍然无法在T时刻知道P。例如,如果S因患病导致失明兼失聪,那么即使在T时刻就算S面前放着一本《哲学研究》,S也不可能知道这一事实。

最后是证据获得的运气。如果S在T时刻知道P依赖证据E,那么认知主体可能是偶然获得证据E,从而获得知识P的。此时,运气的因素体现在S获得证据E之上,而非体现在证据E与被证据支持的命题P之间。例如,你的朋友准备在微信上把奖学金申请表发送给班级辅导员,但是却误发给你,在她撤回之前,你已经打开申请表并看到她的籍贯。此时你根据这张申请表知道了她的籍贯,但是你获取这个证据却是由于朋友的操作不慎。该证据的获得是很偶然的,但这并不影响你基于该证据知道朋友的籍贯。

恩格尔(Mylan Engel,1992,67)也区分了证据式(evidential luck)与成真式运气(veritic luck)。两者的定义分别如下。

证据式运气

S相信P是证据式幸运的,当且仅当S拥有支持P的证据E是幸运的,但是给定E,S的信念P为真不是幸运的。

成真式运气

S相信P是成真式幸运的,当且仅当给定S拥有支持P的证据E,S的信念P为真是幸运的。

可以发现,证据式运气与温格的证据获得的运气是同一种,而成真式运气指的是认知者的信念为真是靠运气的。恩格尔认为成真式运气是与知识不相容的。这一观点也受到普理查德的支持,他认为知识与两种运气不相容。

成真运气（veritic epistemic luck）
认知者的信念为真是靠运气的。①
反思运气（reflective epistemic luck）
从认知者的反思视角来看,自己的信念为真是靠运气的。②

可以看出,普理查德的成真运气与恩格尔的成真式运气针对的是同一种运气,是与信念的真相关的一个外在条件,而反思运气则体现内在主义者的要求,针对的是信念的理由和证据。可以发现,如果认知者的信念是以可靠的方式形成的,那么他们的信念就不受成真运气的侵扰,但他们缺乏理由相信自己的信念为真,此时就会受到反思运气的侵扰,也就是说,从内在主义的视角来看,他们是缺乏知识的。

第一节 什么是运气?

在日常生活中,我们经常谈论一些与运气相联系的事情,如谈论好运(good luck)与霉运(bad luck)。一个人买彩票中了大奖,或者买到一只股票连续涨停,或者去外面吃饭忘带钱包但恰好抽中霸王餐优惠,这些案例都是日常被称为好运的情况。相反,一个人被单位辞退,在这一天与女朋友分手后钱包又被偷,或者买到一只股票因为亏损而退市,或者在网上打斗地主,拿到一把可以打春天的牌,却因为网络延时而输掉,这些也都是很典型的倒霉的情况。可以说"运气"这个词我们毫不陌生,但如何将这个词放在知识论领域进行严肃的学术探讨呢?当代知识论领域有3种刻画运气的理论,它们分别是运气的概率理论、运气的缺乏控制理论,以及运气的模态理论。下面分别展开介绍。

一、运气的概率理论

根据运气的概率理论(the probability theory of luck),用"运气"一词所描述的事件是不大可能发生的(improbable)。③ 一件事发生的概率介于区间

---

① 参见 Pritchard(2005b,146)。
② 参见 Pritchard(2005b,173)。
③ 这一理论的代表性支持者可见 Rescher(1995)、Bewersdorff(2005)和 Mazur(2010)。

[0,1]，不大可能发生的事件在概率上小于 0.5，如果概率越小，就越不可能发生。相反，如果一件事发生的概率大于等于 0.5，那么这件事就不应该用"运气"一词来形容。瑞秋认为，只有不大可能发生的事件可以被称为幸运或不幸的，并且这些事件的运气程度是取决于 i) 事件的发生在概率上有多小以及 ii) 事件发生的重要性。① 他给出如下计算运气的公式：

$$L(E) = U(E) * (1 - p(E))。$$

该公式的含义是，一个事件的运气值 $L(E)$ 等于该事件的价值 $U(E)$ 乘以该事件的不可预期。事情的不可预期是由该事件发生的概率 $p(E)$ 决定的，而发生概率越小的事情越不可预期。根据这个公式来看，如果一件事的价值越高，其发生概率越小，那么这件事具有的运气成分就会越高。如果一件事发生的概率很小，但对于某人来说毫不重要，那么也无法说这件事对于那个人是幸运的还是不幸的。例如，彩票中奖的发生概率很小，而中奖可以获得巨额财富，这对于很多人来说是有正面价值的，因此该理论可以解释为什么我们认为某人中奖是运气好的表现，并且也能解释为什么中奖 500 万比中奖 100 万更幸运。抛一枚硬币，落地后硬币正好卡在地缝中间是一件很不可能发生的事情，但由于这件事对于一般人来说价值几乎为 0，因此即使这个小概率事件发生了，对一般人来说也算不上幸运。

虽然运气的概率理论能解释很多被我们称为"幸运"的事件，但该理论会面临如下困难。首先，仅仅从概率出发，该理论难以说明与彩票有关的一组案例。让我们比较洛特和琛琛两个认知者，两人都买了一张彩票，并且都是未中奖的彩票，洛特基于彩票中奖的概率很小，因此在开奖前就相信自己的彩票不会中奖。琛琛买了一期体彩开奖结果的报纸，并且仔细核对了中奖号码，最终相信自己的彩票没有中奖。对比两个认知者的情况，一个自然的判断是洛特不知道自己的彩票没有中奖，琛琛知道自己的彩票没有中奖，但是根据概率理论却无法同时解释两个直觉。一方面，洛特相信自己没有中奖是基于中奖的概率极低，只有千万分之一，因此不中奖是一个概率成真很大的事件，那么根据概率理论来看洛特的信念不算是幸运的信念，是可以成为知识的。② 但另一方面，琛琛根据彩票中奖报纸的结果来形成信念，虽然是一

---

① 参见 Rescher(1995, 32 - 35)。
② 该理论的支持者可以回应说，基于概率的反运气条件只是必要条件。因此即使满足这一条件，也不能直接说洛特拥有知识。

种很可靠的信念形成方式,但其可靠程度会高于彩票不中奖的概率吗?如果看报纸的准确率低于不中奖的概率,那么为什么基于概率计算不能成为知识而基于看报纸能获得知识呢?此时,运气的概率理论面临一个二难选择,或者为了承认琛琛有知识,从而承认洛特有知识,但承认彩票案例中有知识是一个与知识论学界主流相悖的结果,需要给出额外的辩护;或者承认洛特缺乏知识,并且由于琛琛的信念形成方式可靠性更低,也承认琛琛缺乏知识,这样一来两个案例中都没有知识。这个结果将直接威胁到日常知识的可能性,因为日常知识几乎(如果不是所有)是基于可错的理由,而这些理由为目标命题是真所提供的概率支持能高于彩票不中奖的概率吗?

其次,用运气的概率理论来解释通过技能取得的成功时有一定困难。例如,NBA球星的三分球命中率很高,但仍然低于50%。毫无疑问,库里的三分技能是极其出众的,但根据概率来说,在NBA比赛中他在三分线外投球得分还是属于不大可能发生的事情。投进一个三分球对于库里来说当然有相当的意义,但是否要根据概率理论说库里投进一个三分球是幸运的呢?说一个运动员在运动场上取得的结果是幸运的,往往意味着这件事并非主要是由于运动员的高超技能,而是由于运动员自身以外的因素。因此,幸运的事件使得运动员无法成为成功的主要归属。但是运动员通过刻苦训练培养高超技能并在比赛中凭借技能获得成功,真的只能算作幸运的事件吗?

二、运气的缺乏控制理论

根据运气的缺乏控制理论(the lack of control account of luck),那些我们用"运气"一词所描述的事件是超出行动主体控制的。[1] 下面来看该理论代表人物的论述。

(1) 让我们解释一下我们通常用"运气"一词所代表的意思。当一件好事发生在行动者P身上,并且此事发生超出了P的控制,那么就是好运的出现。同样,当一件坏事发生在行动者P身上,并且此事发生超出了P的控制,那么就是霉运的出现。[2]

---

[1] 这一理论在知识论领域的代表人物有 Statman(1991)、Coffman(2009)和 Riggs(2007;2009),更早的想法可追溯到道德哲学领域 Nagel(1976,58)和 Williams(1976)。
[2] 参见 Statman(1991,146)。

（2）对于某人P来说，由于运气发生的事情是那些不受到P的控制就发生的事情。①

（3）行动者的控制是用以衡量运气对于行动者的自由与道德责任有何影响的标尺。②

该理论看起来有着相当的合理性，毕竟很多被我们称为幸运的事件都是超出控制范围的。举例来看，购买彩票中奖的人之所以是幸运的，是因为中奖这个结果并非彩票持有者所能控制的。倘若发现某个彩票中奖者是通过贿赂彩票开奖人员从而获得大奖，我们自然就不会认为这次彩票中奖是幸运的。同样，乘坐飞机失事的人之所以是不幸的，是因为飞机失事这个结果并非乘客所能控制的，但如果发现其中一个人恶意劫持飞机并借助坠机自杀，那么飞机失事对于劫持者来说就并非不幸的。

下面将进一步说明运气的缺乏控制理论的发展。莱姬（Jennifer Lackey, 2008b,256）把运气定义如下。

> 一个事件对于一个主体S来说是幸运的，当且仅当这样的事件的发生超出了或者在有意义的程度上超出了S的控制。

在该定义中，可以发现幸运的归属并非一个人，这与日常的谈论方式有一定的区别。我们在生活中常说某人是幸运或不幸的，但根据上述定义来看，其实是某事的发生对于某人来说是幸运或不幸的。③ 其次，该定义并不完全拒绝主体的控制，而只是要求在有意义的程度上超出控制。假设我与朋友在路上边走边聊天，没注意看路，踩到西瓜皮滑倒了。这看起来是一件不幸的事，但是对于这件事难道我缺乏控制吗？脚长在我身上，我当然可以控制要不要走以及用什么方式走。即使我对走路有着一定程度的控制，我踩到西瓜皮滑倒了仍然是一件典型的不幸的事。但是什么算作在有意义的程度上超出主体的控制呢？莱姬并未进一步展开，不过考夫曼对此有进一步的分析。考夫曼（Coffman, 2009,500）把运气定义如下。

> E对于S来说是幸运的，仅当S不能自由地让E发生，并且S不能自

---

① 参见 Zimmerman(1993,231)。
② 参见 Mele(2006,7)。
③ 换句话说，当我们说某人很幸运，其实是说幸运的事经常发生在这个人身上。

由地阻止 E 发生。

考夫曼的新定义在 3 个方面有着重要的修正。

第一,他指出莱姬的定义太强。在莱姬的定义中,一个事件 E 对于 S 来说是幸运的,仅当 E 的发生超出了 S 的控制。这里需要区分事件的类型与实例。① 我的朋友受邀来访是一类事件,而一个远在国外且因病无法长途旅行的朋友 X 受邀来访就成了这类事件的个例。如果我们对莱姬的定义进行强解读,就意味着一个事件 E 对于 S 来说是幸运的,当且仅当 E 的每一个实例的发生超出了 S 的控制。此时前面一个 E 是按照个例来理解,而后面一个 E 是按照类型来理解。朋友 X 远在国外且因病无法长途旅行,他能受邀来访何尝不是一件幸运的事?对于 X 的出现我的确无法控制,但是一般的朋友受邀来访却是我可以控制的。因为如果我不发出邀请信,那么朋友不会受邀来访;并且由于来访的容易程度和朋友之间的亲密,我发出邀请信朋友们也会欣然接受。由于我的朋友受邀来访是我可以控制的,那么我的朋友 X 受邀来访就因此不算幸运了?这样的理解方式会使得该理论无法容纳很多幸运的事件。② 为了避免这样的问题,考夫曼认为定义中的事件 E 都需要当作个例理解。

第二,莱姬的定义中"E 的发生有意义地超出了 S 的控制"被替换成"S 不能自由地让 E 发生,并且 S 不能自由地阻止 E 发生"。这里需要注意一个细节,即 S 这里让 E 发生或阻止 E 发生需要发挥的是非冗余(non-redundant)的作用,否则 S 行动所做出的贡献就是冗余的。试想一群猎人为了捕猎铺设了一个陷阱机关,两名带头猎人("大当家"和"二当家")手上拥有控制器。一头鹿将要走到陷阱范围内,大当家决定鹿一旦进入范围内就按下机关。二当家看到这只鹿体型壮硕,同样决定在鹿进入范围内按下机关。当鹿进入陷阱有效范围的那一秒,两人同时按下机关。此时大当家和二当家分别都足够触发陷阱,但是由于大当家已经决定按下机关,因此无论二当家按与不按机关都会触发,所以他发挥的作用是冗余的,他并不能自由地激活陷阱。

第三,在考夫曼的定义中只把不可控当作运气(包括好运和霉运)出现的

---

① 在语言哲学领域也有类似的区分,即表达式的类和表达式的实例。汉语使用者掌握一个词,如"开心"一词,是掌握了一个词的类。每一次说出"开心"或写下"开心"都是具体的一个实例,它们拥有不同的时间和空间属性,但都属于同一类。

② 可控性的高低取决于所选类的普遍程度。由于涉及实例的归类问题,这里还会涉及普遍性问题。关于普遍问题,参看本章第四节"外在主义的困难"。

必要条件而非充分条件。原因在于,如果把不可控当作运气出现的充分条件,那么会面临一系列反例,使得该理论的可行性大幅下降。在讨论运气的缺乏控制理论的第一个困难时会涉及这类反例,这里暂时先略过。

考夫曼的定义比莱姬的版本更加细致合理,但初看起来会面临如下一个反例。假设小明通过一个大转盘摇奖最后赢得丰厚的奖品。直观来看,这个事件对小明来说是幸运的,但是应该注意到,虽然小明无法让自己中奖,但他有办法阻止自己中奖。例如,他可以砸碎抽奖机,从而让谁都无法中奖。可是如果小明可以阻止中奖这件事情发生,那么按照考夫曼的定义来看,中奖这件事对他来说就不是幸运的。面对这个例子,考夫曼的回应策略是将事件个体化,即我们要区分小明合法的输和小明非法的输(同理,要区分合法的赢和非法的赢)。通过破坏抽奖机的输和光明正大的输是两个不同的事件,前者是可以被小明所控制的,而后者则不能。①

前面结合莱姬和考夫曼的定义大致了解了运气的缺乏控制理论,下面将介绍运气的缺乏控制理论面临的主要问题。

首先,缺乏控制并不是运气出现的充分条件。许多自然现象,如潮起潮落、太阳东升西落、月的阴晴圆缺,都是我们无法控制的。但是由于这些事件是我们无法控制的,并且这类现象对于人类来说是具有意义的,那么这些事件就是幸运的吗?显然这是一个奇怪的理论结果。当然运气的缺乏控制理论可以弱化,不把缺乏控制当作运气的充分条件,从而可以避免这一困难。

其次,缺乏控制也不是运气出现的必要条件。考虑下面这个反例。

建筑爆破工人

小悦是一位建筑爆破工人,她正准备要按下爆破控制按钮来拆除一栋老旧危险大楼。她不知道的是,有一只老鼠在一小时前咬断了连接爆破控制器和炸药之间的金属导线。小悦的工友小秋在导线断掉的上方挂了一个金属的衣架,在小悦要按下爆破按钮前衣架掉落下来,接通了被老鼠咬断的导线两端。小悦按下按钮的时候,大楼成功爆破。②

在该案例中,小悦能成功爆破大楼有着很强的运气因素。小秋需要挂一个金属衣架而不是一个塑料衣架在一个特定的地方,并且那个地方要在老鼠

---

① 参见 Coffman(2009,504)。
② 原案例参见 Lackey(2008b,258),这里稍做修改。

咬断导线的上方,此外衣架还得在小悦按下按钮之前掉落并且连接起断掉的导线。这一系列巧合因素都使得爆破成功是很偶然的,是受到运气侵扰的。但是在这个案例中,小悦仍然展现出对于大楼成功爆破的控制,因为正是她按下按钮使得炸药被引爆,从而使得大楼被摧毁。而且她本来可以不参加爆破活动或者拒绝按下这个按钮,也就是说,小悦可以自由地阻止大楼成功爆破。虽然小悦可以控制大楼的爆破,但这个案例中关键的点在于小悦拥有对大楼爆破的控制本身是幸运的。总结来看,在这个反例中小悦对于爆破活动有着足够的控制,但小悦的成功爆破却是幸运的,所以主体缺乏控制也不是运气出现的必要条件。

最后,运气的缺乏控制理论难以处理知识问题。在许多知识的典型案例中,认知主体是缺乏控制的。考虑下面的松鼠案例。

松鼠案例

小芳很喜欢小松鼠,经常研究松鼠的习性。一天她和朋友在复旦大学校园里晨读,发现离她几步之外有只小松鼠正在吃面包屑。她一眼就认出了这只可爱的小动物,并且对朋友说,"快看,那里有只小松鼠"。

在这个案例中,小芳知道自己面前有只小松鼠吗?这看起来是一个典型的知觉知识的案例,因此答案应该是肯定的。可是问题在于,小芳的信念是她可以控制的吗?值得注意的是,信念的形成并非完全受到我们的控制,特别是那些受到经验刺激自发形成的信念。因此,小芳不能在没有松鼠的环境下随便控制自己形成面前有只松鼠的信念。并且由于她爱好松鼠,对松鼠很了解,也不可能阻止自己在看到一只松鼠的情况下不相信面前有一只松鼠。那么根据运气的缺乏控制理论来看,小芳的信念形成就是幸运的,因此她获得的是幸运的真信念。[①] 进一步地,由于我们承认知识和运气不相容,那么支持运气的缺乏控制理论定义的人就必须承认小芳没有知识。这样一来,该理论就难以容纳典型的知觉知识。

三、运气的模态理论

根据运气的模态理论(the modal account of luck),那些我们用"运气"一

[①] 这个反例只能攻击莱姬表述的版本,并不能攻击考夫曼的版本,因为后者并不承认缺乏控制是运气出现的充分条件。

词所描述的事件虽然在现实世界发生,但在相邻的可能世界并不发生,因此幸运的事件缺乏模态上的稳固性(robustness)。普理查德(Pritchard,2005b,128-132)把"运气"的概念刻画如下。

如果一个事件 E 对于 S 来说是幸运的,那么

i) 保持 E 在现实世界的初始条件不变,E 发生在现实世界但几乎不在较近的可能世界中发生。

ii) E 对于行动者 S 来说是有意义的(或者当 S 得知相关事实后,E 会是有意义的)。①

下面对该定义中涉及的一些核心概念进行分析。首先,可能世界与现实世界。现实世界就是我们所在的世界,准确描述现实世界的命题就是真命题。而可能世界是现实世界可能的存在方式,因此如果对现实世界的配置在思想上稍加修改,就能产生可能世界。例如,在现实世界中,中国的手机号码是 11 位,并且泰山坐落于山东省。如果把中国的手机号码改为 12 位,或者把泰山挪到喜马拉雅山脉旁边,那么就产生了不同的可能世界。

其次,如何理解可能世界与现实世界的远近呢?在众多可能世界中,可以按照可能世界与现实世界的相似度来排序。如果一个可能世界与现实世界相差越小,那么该可能世界就越接近现实世界,而可能世界与现实世界的距离远近是由需要做出的改变大小来决定的。例如,在现实世界中,屠呦呦是一名科学家,莫言是一名小说家。在可能世界 1 中,屠呦呦向莫言学习写小说,而莫言跟随屠呦呦研究青蒿素。在可能世界 2 中,屠呦呦是一名科幻小说家,而莫言是一名研究量子力学的科学家。相比于现实世界来看,可能世界 1 离得更近,而可能世界 2 离得更远。这是因为在可能世界 1 中,不需要改变莫言和屠呦呦已有的成长路径和所作所为,只需要添加一些新的元素。② 但是在可能世界 2 中,需要改变两人的职业发展道路和生活经历,相比于可能世界 1 来说,这需要做出更大的改变。此外,刘易斯(Lewis,1979b,47-48)给出一些评判可能世界远近的一般性规则:

---

① 在 Pritchard(2014,604)的最新表述中,他不再把意义条件当作运气出现的条件,因此放弃了该条件,只保留第一个条件。这一修正的初衷是使得对运气的客观的形而上学研究不受主体因素的影响。普理查德认为,对于运气的事件研究只应该探讨事件发生的内在特性,而不应该过多停留在主体对于运气事件的主观反应之上。除了普理查德之外,别的学者仍然坚持运气的意义条件。
② 在写作此书时,作者预设在现实世界中两人还没有向对方学习,希望这一预设是对的。

(1) 最重要的是避免对定律的重大的、广泛的和多种多样的违反。
(2) 我们要使得事实相匹配的时空区域最大化。
(3) 避免对定律的较小的、局部的或简单的违反。
(4) 对于我们较关心的某个事实,是否确保与这个事实的相似并没有太大影响。

在刘易斯看来,这是简单且强力的一般性真理。定律不仅包括自然定律(如万有引力定律和电荷守恒定律)或社会规律(如红灯停、绿灯行),也可以包括个人的生活规律(如某人固定在周五晚上去打羽毛球健身)。一方面定律由于容易理解因而是简单的,另一方面定律由于解释力强因而是强力的。如果定律被违反了,那么可能世界就与现实世界相差较远。

第三,什么是初始条件(initial conditions)呢?谈论初始条件时要注意两点。一是初始条件并没有一种统一的刻画方法,而是需要针对每个具体案例来寻找。二是虽然初始条件并没有一种统一的刻画方法,但初始条件的刻画原则是足够细致以至于有一类事件可以被挑选出来进行评估,但是不能细致到使得某一结果成为被决定的。下面以俄罗斯轮盘赌为例展开分析。

俄罗斯轮盘赌

假设 S 参与轮盘赌游戏,在轮盘上面有 38 个数,并且 S 投注了数"14"。庄荷在转动的轮盘边打珠,珠子最后落在了"14",S 幸运地中奖了。

如果要讨论这个事件是否在模态的意义上是幸运的,那么应该如何刻画这个事件的初始条件呢?这里需要挑选出一类事件,如果初始条件不够细致,那么甚至无法刻画轮盘赌这类事件。因此,与此案例相关的初始条件应该包括:①一个正常的俄罗斯轮盘;②S 投注了一个数,此时这两个初始条件已经足够我们挑出一类事件进行模态评价,但不能进一步限定 S 购买了数"14"、庄荷打珠的角度和力度以及打珠时轮盘的位置和转速。缺乏条件①和②,所描述的初始条件就会太宽泛,与当下所要讨论的案例不相关。如果这些额外的限制被加入初始条件,那么 S 中奖的结果就会是注定的,也就无法讨论该事件在模态上的稳固性。

下面再用运气的模态理论来解释运气事件。在俄罗斯轮盘赌里面,虽然在现实世界中 S 押注数"14"并中奖了,但是在较近的可能世界,只要庄荷投球的力度或方向稍有改变,或者 S 选择了一个不同的数,那么 S 中奖的结果就不会发生了。也就是说,只要对现实世界稍做改变,现实世界的结果便不会出现,因此 S 在现实世界中奖这一结果是缺乏模态的稳固性的,也是幸运的。该理论同样可以解释建筑爆破工人案例。在现实世界中,爆破工人小悦按下按钮后大楼成功爆破。但是在相邻的可能世界,如果老鼠咬断导线的地方稍有变动,或者衣架掉落的地方换了一个位置,那么小悦都无法成功爆破大楼。所以,爆破成功这一事件缺乏模态上的稳固性,是幸运的。初步看来,运气的模态理论具有较好的解释力。接下来将介绍两个代表性的运气的模态理论,并且通过讨论这两个理论的困难来展现运气的模态理论所面临的困难。

第二节　敏感性理论

当代比较重要的两个反运气知识理论分别是敏感性理论(sensitivity theories)和安全性理论(safety theories)。本节先来介绍敏感性理论,该理论的主要支持者是诺奇克(Robert Nozick,1981)。

一、敏感性理论概述

这个理论的主要想法是,如果一个人获得的真信念是靠运气的,那么就意味着即使这个人形成信念的外部环境改变了,即原来的真命题不再为真,这个人仍然会形成原有的信念。因此,他的信念对于环境的变化并不敏感。诺奇克的大致想法是,S 知道 P 仅当 S 的信念 P 对于 P 为真是敏感的,即如果 P 不再为真,那么 S 就不相信 P。根据诺奇克最初的想法,知识可以被定义如下。

> S 知道 P,当且仅当
> (i) P 为真。
> (ii) S 相信 P。
> (iii) 如果 P 为假,S 就不相信 P。[1]

---

[1] 原文的表述是"If p weren't true, S wouldn't believe that p."。

(iv) 如果 P 为真,S 就相信 P。① (Nozick,1981,172-178)

这里的条件(iii)和(iv)都是虚拟条件句。条件(i)已经表明 P 在现实世界为真,因此(iii)和(iv)都是在可能世界的范围中来讨论的。在(iii)中考察的是当 P 为假的可能世界,S 是否会不相信 P,而在(iv)中考察的是当 P 继续为真的可能世界中,S 是否会继续相信 P。如果认知主体此时的信念不仅在现实世界与事实相匹配,还在可能世界中虚拟地与事实相连,那么这样一种特别的性质被诺奇克称为追踪(tracking),即信念追踪事实 P。②

让我们来检验该理论的解释力。运用敏感性条件的时候,需要考虑反事实情况(counterfactual condition),即与现实世界情况不一样的可能世界。此外要考虑与现实世界最近的一个(或一些)可能世界,即:考虑在 P 为假但是别的方面尽可能与现实世界一样的一个(或一些)可能世界中,认知者是否还会继续相信 P。回想葛梯尔的两个反例:

反例 1

史密斯和琼斯两人应聘工作,史密斯基于证据 E_1(老板说会把工作给琼斯,以及他 10 分钟前数过琼斯口袋里的钱),相信下面这个合取命题:

A. 琼斯会获得这份工作,并且琼斯口袋里有 10 个硬币。

史密斯进一步相信 A 所蕴涵的命题:

B. 将会获得这份工作的人口袋里有 10 个硬币。

但史密斯不知道的是,其实最终是他自己获得了工作,并且他的口袋里也有 10 个硬币。③

反例 2

史密斯拥有证据 E_2(坐过琼斯的顺风车,记得琼斯一直有辆福特车),他相信:

C. 琼斯拥有一辆福特车。

并且,史密斯有一个朋友布朗(不知道其去向)。他进而根据逻辑学知识随机地构造了 3 个析取命题:

---

① 原文的表述是"If p were true, he would believe it."。
② 参见 Nozick(1981,178)。
③ 参见 Gettier(1963,122)。

D_1：或者琼斯拥有一辆福特车,或者布朗在波士顿;
D_2：或者琼斯拥有一辆福特车,或者布朗在巴塞罗那;
D_3：或者琼斯拥有一辆福特车,或者布朗在立陶夫斯克。

史密斯最后相信了 D_2 命题,但他不知道的是,他的朋友布朗恰好去巴塞罗那旅游了,而琼斯只是租了一辆福特车,所以车并不属于他。

在反例 1 中,讨论的目标命题 P 是〈将要获得工作的人的口袋里有 10 个硬币〉,该命题在现实世界为真。接下来保持其他方面不变,做出尽可能小的改变让 P 变假,一种可设想的改动方式是让史密斯的口袋里多一个或少一个硬币,那么这样的可能世界与现实世界就最近。可以设想,既然史密斯对自己口袋里有多少硬币一无所知,那么史密斯仍然会根据自己的证据相信〈将要获得工作的人的口袋里有 10 个硬币〉,也就是说,即使 P 为假,史密斯仍然会相信 P。因此,他的信念不满足敏感性条件,也就不可能成为知识。在反例 2 中,讨论的目标命题 P 是〈或者琼斯拥有一辆福特车,或者布朗在巴塞罗那〉,该命题在现实世界为真。保持其他方面不变,做出尽可能小的改变让 P 变假,一种可设想的改动方式是让布朗在西班牙的赫罗纳旅游,那么这样的可能世界与现实世界就最近。可以设想,既然史密斯对布朗的位置一无所知,他仍然会根据自己已有的证据相信目标命题。所以,即使 P 为假,史密斯仍然会相信 P。他的信念不满足敏感性条件,也就不可能成为知识。读者可以尝试用敏感性理论来分析假谷仓案例,同样能得到希望的结果。

除了上述案例,敏感性理论还能解释彩票案例,这也是在当代知识论里备受讨论的案例。

彩票案例（the lottery case）

洛特买了一张彩票并且该彩票是公平的,考虑中奖的概率很渺茫（如千万分之一）,他相信自己买的这张彩票输掉了。假设开奖出来后他的彩票真的输掉了,是否可以说,他在开奖前（或者在听到开奖结果之前）就知道自己的彩票是不会中奖的呢？

我们倾向于认为洛特不知道自己没中奖,那么如何解释彩票案例呢？根据敏感性理论,洛特在现实世界相信 P〈我的彩票不会中奖〉。那么假想一个最近的可能世界,在该可能世界洛特的彩票中奖了,那么是否他会不相信 P 呢？可以看出他不会,他形成信念的方式是只考虑彩票中奖的概率,因此无论摇奖结果如何,他都不会不相信 P。

虽然诺奇克的知识定义能处理一些标准的葛梯尔案例，但也会面临下列案例的挑战。

外婆案例

外孙每次来外婆家玩耍，外婆只要看到外孙活蹦乱跳且能吃能睡，就知道外孙身体好。但是假设外孙不幸生了重病或夭折，那么别的人就会告诉她说外孙仍然好好的，以免她担心。①

在该案例中，我们倾向于承认外婆知道外孙身体好。但是如果运用诺奇克的理论来分析，那么结果是外婆缺乏该知识，因为条件(iii)不满足。在现实世界中，外孙身体好是个事实，外婆也相信外孙身体好。而在相邻的可能世界中，例如，外孙得了重感冒，家人为了不让外婆担心，也会告诉外婆说外孙身体无恙。此时外婆就会基于家人的话继续相信外孙身体好，而无法"追踪"事实。由于外婆的信念不满足诺奇克知识定义中的条件(iii)，外婆不知道外孙身体好。为了避免这样一个错误的理论解释结果，诺奇克对自己的知识理论进行了修补。他意识到信念形成总有一些方法与方式，因此必须明确在现实世界中认知者信念形成所用的方法与方式，并且将此方法纳入信念的敏感性评估中。诺奇克修改后的定义如下。

S 知道 P，当且仅当

（Ⅰ）P 是真的。

（Ⅱ）S 通过一种方式 M 形成信念 P。

（Ⅲ）如果 P 不为真，并且 S 使用 M 这种方式去形成有关 P 的信念，那么 S 不会通过 M 相信 P。

（Ⅳ）如果 P 是真的，并且 S 使用 M 这种方式去形成有关 P 的信念，那么 S 会通过 M 相信 P。②

新的知识定义可以很好地处理外婆案例。考虑在现实世界中，外婆形成信念〈外孙身体好〉的方式 M 是自己亲自观察外孙的表现，但是在外孙生病了的可能世界中，〈外孙身体好〉不再为真，外婆是基于亲戚的证言来形成信念。由于在可能世界中，外婆用了另外一种信念形成方式 M*，所以即使她基于 M* 的时候并没有"追踪"事实，但这并不影响她是否在现实世界拥有知识，因

---

① 该例子参见 Nozick(1981,179)。
② 该例子参见 Nozick(1981,179)。

为我们在考察外婆信念敏感性的时候必须固定信念形成方式。可以这么想，假设在外孙生病了的可能世界，外婆仍然坚持用方式 M（自己亲自观察外孙的表现）去判断外孙的身体状态，那么她难道还会继续相信〈外孙身体好〉吗？显而易见她不会。这样一来，（Ⅲ）和（Ⅳ）两个条件都满足了。所以外婆对于〈外孙身体好〉这件事是拥有知识的。总结来说，一旦在考察信念敏感性的时候，固定了现实世界的信念形成方式，就可以轻松地处理外婆案例。

二、敏感性理论的困难

敏感性理论面临 3 个主要困难。

第一，敏感性理论无法解释归纳知识。考虑下面这个案例。

电子邮箱

小王是学校的教师，他通过学校邮箱给同事发了一封工作邮件。小王知道整个学校的邮箱系统维护得很好，是很可靠的，因此邮件发送完毕以后他相信自己的同事已经收到这封邮件。事实上，同事也的确收到了邮件。[1]

在该案例中，直觉的结果是小王知道他的同事已经收到了这封邮件，但是敏感性理论的支持者无法解释这一直觉。因为根据敏感性条件来看，小王的信念是不敏感的。在现实世界，小王的信念为真，并且小王形成信念的方法是基于自己对学校邮箱系统的信赖，而不是基于亲眼看到同事收到邮件或者听到同事的证言。在一个较近的可能世界中，同事的邮箱被病毒攻击了，无法正常接收邮件，但是此时小王仍然会出于自己对学校邮箱系统的信赖相信邮件已经成功投递给同事，因此并没有追踪事实。也就是说，小王的信念是不敏感的。由于缺乏敏感性，小王的信念也无法成为知识。

电子邮箱案例虽然看起来只是单独的一个案例，但其实它所针对的是我们的归纳知识，即：我们并没有当下的直接证据，而只是基于过去的经验来判断还没观察到的情况。小王并没有直接看到同事邮箱中出现他发出的邮件，而只是基于过去邮箱系统的可靠运作相信这次同事会收到他的邮件。如果这类信念都是不敏感的，那么这类信念都无法成为知识，也就意味着不存在

---

[1] 索萨（Ernest Sosa, 1999, 145）批评敏感性理论时是用了垃圾案例。

归纳知识。这个结论无疑是敏感性理论支持者的一个包袱,毕竟归纳知识也是众多学者所接受的一种知识种类。

第二,敏感性理论难以解释有关必然命题的信念。① 例如,"2+2=4"这样的必然命题,由于其必然为真,所以一个使得该命题为假的可能世界并不存在。在现实世界,认知者相信该命题,但该信念并不满足敏感性条件。更有趣的是,这里敏感性条件之所以不被满足,并不是因为该命题为假时认知者会继续相信,而是因为我们无法找到该命题为假的可能世界。由于评价信念敏感性的条件无法满足,就无法合理地说认知者对于"2+2=4"这样的必然命题拥有敏感的信念,也因此无法成为知识。这样一来,数学和逻辑这样的知识也会被敏感性理论排除在外。为了避免这一问题,针对这类真理,诺奇克只能放弃敏感性条件的要求。②

第三,使用敏感性理论处理怀疑论问题时需要放弃闭合原则,这是一个较大的理论代价。③ 当代彻底怀疑论依赖一个基于闭合原则的怀疑论论证。

基于闭合原则的怀疑论论证

(CK_1) S 不可能知道自己不在怀疑论情景之中。

(CK_2) 如果 S 知道自己有一双手,并且 S 知道自己有一双手蕴涵自己不在怀疑论情景之中,那么 S 就可以知道自己不在怀疑论情景之中。

(CK_3) 因此,S 不知道自己有一双手。

该论证(CK_2)中依赖更一般的闭合原则,该原则可以表述如下。

闭合原则(the closure principle)

(CK)对于所有的 S,P,Q,如果 S 知道 P,并且 S 可以力所能及地从 P 演绎出 Q,那么 S 就可以知道 Q。

闭合原则是个高度合理的原则,因为它刻画了我们如何通过逻辑演绎的方式拓展知识的范围。根据敏感性理论来看,(CK_1)是正确的。试想,如果 S 要知道怀疑论情景为假,那么必须满足 4 个条件:①怀疑论情景为假;②S 相

---

① 必然命题是那些在每个可能世界都为真的命题,即不可能为假的命题。代表性的必然命题有数学真("2+3=5")和逻辑真("a=a")。
② 这一批评参见 Sosa(1999a,145-146)。
③ 关于怀疑论问题的更多介绍,请参见第七章"彻底怀疑论"。

信怀疑论情景为假;③如果怀疑论情景为真,那么 S 不相信怀疑论情景为假;④如果怀疑论情景为假,那么 S 相信怀疑论情景为假。这其中最关键的是③。怀疑论情景有这样一个特性,即:如果一个人处于怀疑论情景中,那么他会拥有与真实场景中主观上不可区分的经验,从而导致他无法根据感觉经验来判断自己到底处于哪个场景。也就是说,在现实世界中怀疑论情景并未实现,我们相信自己不是怀疑论情景中的受害者,但就算怀疑论假设真的实现,因为我们的感觉经验从内在角度来说并没有什么差异,我们仍然会继续相信自己不是怀疑论情景中的受害者。我们不可能有任何途径发现怀疑论情景施加在我们身上,所以我们不会改变自己的信念态度。由于条件③不满足,那么根据诺奇克的知识理论来看,S 不知道怀疑论情景为假。

虽然接受(CK_1),但是诺奇克否认(CK_3),他认为普通的认知者是可以知道许多日常命题的,如自己在读书或者自己在看海。例如,当我在海边看海的时候,(Ⅰ)我在看海是真的;(Ⅱ)并且我也相信我在看海;(Ⅲ)如果我在看海,那么我也会相信我在看海;(Ⅳ)如果我没在看海,比如我在家里读书或者去校园上课,那么我就不会相信我在看海。可见日常知识是可以满足条件(Ⅰ)至(Ⅳ)的。① 此处令人担忧的是,即使日常信念可以满足诺奇克的知识定义,但由于闭合原则的存在,我们很快就会意识到我们拥有日常知识与我们缺乏反怀疑论知识是不兼容的。因为我们知道日常命题蕴涵了我们(可以)知道怀疑论假设为假,但是我们难道不是已经同意了认知者不能知道怀疑论情景为假了吗? 现在的突出问题是,如何既承认(CK_1)又否认(CK_2)呢? 为了解决这个问题,诺奇克只有拒斥闭合原则。既然闭合原则具有高度的合理性,那么需要拒斥闭合原则就成了该理论的一个劣势。

最后,考虑两个命题,它们分别是 P 和〈我没有错误地相信 P〉。一个理性的认知者会同时相信这两个命题,并且也会同时知道这两个命题。针对第一个命题,我们可以拥有敏感的信念,但是针对第二个命题,我们的信念却绝不可能是敏感的。当〈我没有错误地相信 P〉为假,就等于说我错误地相信了 P,而这进一步意味着我相信 P 但是 P 为假。由于我仍然相信 P,那么我就没有理由相信我对 P 的信念是错的,所以即使作为拥有最低限度理性的人,我仍然会相信我没有错误地相信 P。因此,针对第二个命题,我的信念不可能是敏

---

① 这里为了讨论的方便,略去对于信念形成方式的说明。如果读者需要更精确的表述,不妨自行加入方法的限定。

感的。①

第三节　安全性理论

第二节已经讨论了反运气知识论的敏感性理论,本节将介绍另外一个重要的反运气知识论理论——安全性理论。两者都属于运气的模态理论,只是在细节刻画上有所不同。

一、安全性理论概述

安全性原则的大概思想可以表述如下。

　　S的信念P是安全的,当且仅当只有P为真,S才会相信P。②

　　如果一个人知道一个偶然命题P,那么在大部分相邻的可能世界中,只有当P为真时,S才会相信P。③

安全性原则所说的是,知识不仅要求真信念,还要求信念是安全的,即我们的信念不能那么轻易为错。与敏感性条件一样,安全性所谈论的也是一种反事实的性质。当我们评价一个人的信念P是否安全,我们考虑相邻的一些可能世界,看在这些可能世界中P是否为真。如果P不仅在现实世界为真,还在大多数相邻可能世界为真,那么P就是安全的。

很容易发现,敏感性理论考虑的是最近的一个或一些P为假的可能世界,然后看S是否不信。安全性理论注重的是在大多数相邻的可能世界,当S继续信,然后看P是否为真。例如,在正常情况下我通过视觉看到自己的手从而相信我有一只手,该信念是安全的,也可以成为知识。④ 这是因为我是基于视觉识别自己的手来形成信念的,即使对现实世界做些许改变(如改变我看的角度,或者是放置东西阻挡我的视线),只要我继续相信,那么该信念就

---

① 这一批评参见 Sosa(1999a,145 - 146)。
② 参见 Sosa(1999a,142)。
③ 参见 Pritchard(2005b,171)。
④ 因为安全性只是知识的必要条件,所以该信念是否能成为知识还依赖它是否满足别的条件。

仍然是真的。

值得注意的是,安全性条件与敏感性条件很容易被混淆。从两个条件的最简单表述来看,敏感性条件说的是,当 P 不为真,则 S 不信 P;安全性条件说的是,当 S 相信 P,则 P 为真。此时读者也许会把两个理论的关系看成实质蕴涵中的换质位法(contraposition)。换质位法是指,给定条件句如果 P(大雨磅礴),那么 Q(地面湿滑),其逻辑上等同于条件句如果非 Q(地面没有湿滑),那么非 P(并未大雨磅礴)。但敏感性理论和安全性理论用的是虚拟条件句(subjunctive conditionals),而虚拟条件句并不满足换质位法。① 试看下面的例子。

配音演员海选案例

假设小勤参加《千与千寻》电影中千寻的配音演员海选活动,选手只有获得所有 5 位评委的赞成票才能最终胜出。但悲惨的是,虽然小勤很努力地准备了这次海选活动,评委 A 和 C 还是给了她反对票。

此时考虑这样一个虚拟条件句:即使评委 A 给了小勤赞成票,小勤仍然会悲惨地落选。我们能由此推出,如果小勤在配音演员海选活动中成功胜出,那么评委 A 给了她反对票吗?明显这个换质位推理是有问题的。因为要使得小勤成功胜出,她必须获得所有评委的赞成票,也包括 A 的赞成票。由这个反例可以看出,虚拟条件句并不满足换质位法。虽然安全性条件和敏感性条件很像,却是不一样的。

当然安全性条件也应该加上对于信念形成方式的限定,否则无法解释外婆案例。回想该案例,外婆的信念是否安全的呢?根据案例描述来看,我们有理由相信外婆的信念不安全。因为在相邻可能世界中,当外婆相信外孙身体好的时候,外孙也许生病或夭折了。当然此时外婆之所以相信外孙身体好,是别人怕她担心而刻意瞒着她的。但无论如何,根据最后的安全性定义,外婆的信念是很容易出错的,因此她的信念不安全。面对这个错误的理论解释,支持安全性理论的学者与诺奇克一样,加入了信念形成方式的限制。修改后的安全性理论可以表述如下。

---

① 虚拟条件句除了不满足换质位法,也不满足前件增强(augmentation)。例如,在命题逻辑里,如果 P→Q,那么(P∧R)→Q。虚拟条件句不支持这一性质,比如下列推理:
(1) 如果我平时学习再努力一点,那么我就应该能考上心仪的大学了。
(2) 如果我平时学习再努力一点并且考试的时候忘带准考证,那么我就应该能考上心仪的大学了。
更详细的讨论可以参见 Sider(2010)中第 8 章。

安全性理论 I

如果 S 知道一个偶然命题 P，在大多数相邻可能世界中，并且在这些可能世界 S 继续使用他在现实世界使用的方式 M，那么只有当 P 为真的时候 S 才会相信 P。[①]

安全性理论在说明归纳知识时比敏感性理论有优势。回想电子邮箱案例，安全性理论可以解释为什么小王拥有知识。这是因为保持小王的信念形成方式，不仅在现实世界他的信念是真的，在相邻的可能世界他的信念也不会轻易出错。上面提到了同事的邮箱被病毒攻击的可能性，但该可能性不是与现实世界较近的可能世界。[②] 这是因为在更近的可能世界中，即使有黑客攻击学校邮箱系统或者遇上系统更新，学校的信息管理部门或者能成功地抵御常见的攻击，或者不会由于更新而影响用户的正常使用。正是由于在一般情况下学校信息管理部门能处理好这些事，我们才会说它是可靠的。所以要使得同事的邮箱被病毒攻击而影响使用，这就要做出较大的改变。例如，有技术高超的黑客出于特别的原因来攻击学校的防火墙，从而造成该老师邮箱系统的局部瘫痪。这种情况当然是可能发生的，但已经不再离现实世界那么近。此时安全性理论会说，在与现实世界最近的那些可能世界中，小王的信念不会轻易出错，因为只要他继续相信，他的信念都会是真的。既然小王的信念满足了安全性条件，他的信念就可以成为知识。这与直觉的判断是吻合的。

二、安全性理论的困难

接下来讨论安全性理论面对的一些困难，以及面临这些困难该理论支持者所做出的努力完善。

（一）彩票问题与归纳知识二难

首先是安全性理论对于彩票案例和归纳知识案例处理的二难问题，这个

[①] Pritchard(2005b,156)。
[②] 在上述敏感性理论的分析中，之所以说邮箱中毒的可能世界较近，是相对于另外一些同事未收到邮件的可能世界。例如，整个学校系统瘫痪，或者在怀疑论情景中同事从来不存在。而在安全性理论分析中，之所以说邮箱中毒的可能世界不是较近的可能世界，是相对于现实世界需要做出的改变而言。因为还有别的一些更小的改变方式并不会使得同事收不到邮件。

问题根本上是安全性理论对于较近错误的可容忍性问题。虽然安全性条件Ⅰ能很好地解释外婆案例,但该理论却较难处理彩票问题。反对意见认为,在相邻的大多数可能世界中,只要洛特相信 P〈我持有的这张彩票不会中奖〉,并且基于彩票中奖的概率去相信 P(即 S 相信 P 所用的方式 M 是基于概率的计算),那么他的信念都将为真。因此,安全性条件Ⅰ是被满足的,但这样一来,安全性条件的支持者就得承认洛特在彩票开奖之前就知道自己不会中奖了,这是一个安全性理论所不愿接受的结果。

为了避免这一结果,普理查德主张洛特彩票中奖的可能世界与现实世界是相邻的,而并非遥远的。这种相邻表现在,使得一张输掉的彩票变成大奖彩票并不需要做出太大改变。假设洛特买的彩票是开心双色球,彩票持有人需要从 1~33 中间选取不重复的 6 个红色球数,并从 1~16 中选取一个蓝色球数。如果 7 个数都选对,就可以获得一等奖,而中奖概率仅有 1/17 721 088。即使洛特买的彩票没有选中任何一个数,但只要在抽奖过程中让下落的小球稍微改变,就可以让她的彩票中奖,因此她的信念仍然受到成真运气的影响。为了排除彩票案例中的成真运气,安全性理论Ⅱ应运而生:

安全性理论Ⅱ

对于所有主体 S,如果 S 知道一个偶然命题 P,那么在几乎所有(如果不是所有)相邻可能世界中,只要 S 继续保持在现实世界形成信念所使用的方式 M,那么只有当 P 为真时 S 才相信 P。①

普理查德认为,安全性理论Ⅱ能处理彩票问题。这是因为保持洛特形成信念的方式,他的信念在相邻的一小部分可能世界中为假。在这些可能世界中,他的彩票中奖了,但是他仍然基于中奖的微乎其微的概率而不相信自己的彩票中奖,因此就不能满足安全性理论Ⅱ。

此时会有一个关键的问题出现。安全性理论Ⅱ是否太强,以至于不能说明电子邮箱案例呢?前面提到,安全性理论在说明以电子邮箱案例为代表的归纳知识时要比敏感性理论有优势。但是在说明电子邮箱案例时,安全性理论有一个潜在的问题。如果说洛特彩票中奖的可能世界与没有中奖的现实世界在模态上是很近的,那么同事没收到小王发送的邮件的可能世界与现实世界在模态上不也是很近吗?安全性理论面临一个困境。格雷科(Greco,

---

① 参见 Pritchard(2005b,163)。

2007,301)指出,安全性理论Ⅱ能按照两种方式进行解读。

强解读

在相邻的可能世界中,只要 S 相信 P,那么 P 就为真。或者说在相邻的可能世界中,绝不会出现 P 是假而 S 相信 P 的情况。

弱解读

在相邻的可能世界中,经常地只要 S 相信 P,那么 P 就为真。或者说在相邻的可能世界中,几乎不会出现 P 是假而 S 相信 P 的情况。

根据强解读来看,一个人 S 不可能知道自己的彩票不会中奖,因为仍然有一小部分的相邻可能世界,虽然 S 的彩票中奖了,S 却仍然相信自己没中奖。但是根据弱解读来看,一个人 S 可以知道自己的彩票不会中奖。因为即使在相邻的可能世界中 S 的彩票中奖了,但 S 仍然相信自己没中奖,不过这是可允许的"几乎不会"的情况,并不影响大多数相邻可能世界中 S 信念的安全性。此时的问题在于,如果为了解决彩票问题,选择对于安全性理论Ⅱ的强解读,那么安全性理论Ⅱ就无法说明归纳知识;另一方面,如果为了说明归纳知识采取了安全性理论Ⅰ,那么彩票问题又得不到很好的解决。这是否意味着安全性理论不能同时很好地解决彩票问题和以电子邮箱案例为代表的归纳知识问题呢?

面对格雷科的批评,普理查德给出安全性理论的进一步修正。

安全性理论Ⅲ

S 的信念是安全的,当且仅当在大多数(S 保持现实世界信念形成方式的)相邻的可能世界中,并且在所有(S 保持现实世界信念形成方式的)相当近的可能世界中,S 的信念 P 继续保持真。[1]

普理查德的进一步修正正是注意到彩票中奖的可能世界与现实世界的距离很近,而归纳知识失败的可能世界与现实世界距离没有那么近,因此这一修改方案能同时容纳两类知识。在理解普理查德的修正时,需要把模态的相邻与概率的相邻区分开。从彩票不中奖的现实世界到中奖的可能世界,两者的概率差 P_1 是很大的,但是两者在模态上是很近的。而从同事收到邮件的现实世界到没收到邮件的可能世界,两者的概率差 P_2 也许远远小于 P_1,但是

---

[1] 参见 Pritchard(2007,290−292)。

两者在模态上并不相邻。因此不能基于在概率上 P_2 小于 P_1，就认为归纳知识失效比起彩票中奖更容易发生。

这里涉及一个方法论层面的考虑，以客观概率差决定可能世界远近是一种客观的思考方式，而以需要做出的改变大小来决定可能世界远近是一种主观的思考方式，但这种方式受到经验研究的支持。特根（Teigen，1997，2003）在其研究中指出，当某个成功被认为是在时间和空间上接近失败，那么这个成功就会被认为是受到运气更多的侵扰。例如，高空坠物恰好从一个人的身边擦过（空间上），以及一个人在商店关门前一分钟进入买了所需的商品（时间上）。此时认知主体的评价是通过计算现实结果与反现实结果之间的差别以及这种差别的相邻做出的。这种反事实的相邻并不能仅仅通过概率的方式来理解。普理查德的安全性理论是与这一经验研究相契合的，但这既是优势也是劣势。其优势在于，通过模态的相邻而不是概率相邻来刻画运气概念，可以较好地解释日常认知者的运气赋予，使得该理论具有较好的经验适用性。其劣势在于，既然日常认知者认为可以轻易实现的事并非客观概率上能轻易实现的，那么运气的归属就近乎认知偏见了。值得我们思考的问题是，运气到底是一个客观存在的东西，还是仅仅是认知主体的认知偏见的结果呢？这一问题不在这里继续展开。

从安全性理论Ⅲ来看，可以发现安全性理论对于信念出错的可容忍程度有着随模态相邻性增加而递减的总体趋势。模态上很邻近的可能世界，不能容忍信念出错，模态上稍微邻近的可能世界，可以稍微容忍出错，而模态上较远的可能世界，信念出错并不相关。换言之，知识不能容忍较近的风险，模态邻近则代表风险较大。

（二）有关必然命题的信念

安全性理论同样面临有关必然命题的信念问题。考虑下面这个案例。

数学绑匪

一个爱好奥数竞赛题的绑匪绑架了小阳，该绑匪特别爱惜数学人才，所以他让小阳做一道奥数题目，如果她做得出来就可以安全离开，否则就要被枪杀。绑匪的题目是，已知 $30^x = 2010, 67^y = 2010$，求 $1/x + 1/y$ 的值。小阳数学水平很差，又是处于高度紧张的状态，只是随便猜了结果是 1。但 1 恰好是这道题的结果，于是绑匪履行诺言放小阳安全地离开。

在该案例中，如果$30^x=2\,010, 67^y=2\,010$，那么$1/x+1/y=1$是一个必然命题，而如果一个人相信一个必然命题，那么在所有可能世界中该命题都不会为假。因此一个人只要在现实世界相信必然命题，那么这个人似乎就拥有安全的信念了。可是在上述案例中，难道小阳不是碰巧得到一个正确的结果吗？这难道不应该与一个人猜对了一个偶然命题（如猜对一个西瓜的重量）一样不算知识吗？安全性理论应该如何处理这一问题呢？

在考虑一个信念 P 是否安全时，应该关注认知者是否用原有认知方式 M 在相邻世界形成的信念会轻易出错。因此，安全性并不是说认知者是否会在相邻世界相信命题 P 而信念出错。虽然安全性理论的表述是 S 的信念 P 是安全的，但其核心是关注 S 形成信念 P 的方式是否安全。不可否认的是，即使是必然命题也有不安全的获得和持有方式，如依靠猜测或占卜。即使是偶然命题，也有安全的获得和持有方式，如基于证据的充分支持。一个人可以靠投掷硬币来判断"$2+2=4$"是否为真，但这不是安全的信念，虽然"$2+2=4$"必然为真，但这个人很容易在一个相邻的可能世界通过投掷硬币不信"$2+2=4$"。一个人靠严格的证据审查从而相信一个西瓜重 4 千克却可以是安全的，虽然在可能世界这个西瓜不一定是 4 千克重。因此，我们可以重新表述安全性条件的想法。

安全性理论Ⅳ

S 的信念 P 是安全的，当且仅当

（i）保持 S 在现实世界形成信念所使用的方式 M；

（ii）在大多数相邻的可能世界中，并且在所有相当近的可能世界中，S 通过方式 M 获得的信念 P^* 继续为真。①

（三）安全性理论的一些反例

安全性理论还面临一些反例的攻击。考虑下面的案例。

饮水案例

我正在喝一杯水，这杯水是刚从水壶里倒出来的。我身旁站着一个欣喜的彩票得奖的人。但如果这个人彩票没中，那么她很可能会不怀好

---

① 考虑在相邻的可能世界，S 运用同一种方式 M 不一定获得相同内容的信念，因此用 P^* 区别于现实世界的信念 P。

意地向我的水里投毒,并且所选毒药是无色无味的。幸好她中奖了,所以她并没有投毒。不过,她很有可能没中。现在,我喝着未掺入任何有毒物质的水,并且我知道我喝着未掺杂的水。虽然有一种很近的可能性是我的信念会出错,但我还是知道我喝的水没问题。①

在这个例子中,有的学者和读者会倾向于认为主角是有知识的。但该案例中主角的信念并不安全。只需要做出很小的改变,在现实世界彩票中奖的人就会与大奖擦肩而过,此时这个人就会在我的水里投入无色无味的毒,而我的信念就会是错的。既然主角的信念缺乏模态的稳固性,是不安全的,那么该信念如何成为知识呢?

普理查德认为在这个案例中认知者的信念不仅是真的,也有某种积极的认知性质,但是这种积极的认知性质不应该用"知识"这一概念来刻画,而应该被一个相似的概念——认知成就(cognitive achievement)——来解释。一般来说,认知成就是由认知者的认知能力带来的认知成功。② 例如,一个侦探通过自己严密的逻辑推理能力和现场仔细的刑侦能力识别出凶手的身份,这就是一个认知成就。那么认知成就与知识的差别是什么呢?为了回答这个问题,需要区分两类运气,它们分别是干涉运气和环境运气。③

干涉运气

在认知者和认知对象之间起了干涉作用的运气,以至于认知主体的认知能力并没有接触到该认知对象。

环境运气

认知主体处于一个认知上不友好的环境,该环境充满了认知风险,认知主体很容易形成错误的信念。

有干涉运气出现的典型案例是隐藏的绵羊案例。

隐藏的绵羊

一个人望向大草原,看见一个类似绵羊的物体,从而相信那里有一只羊。他并不知道的是,他看到的是一个类似绵羊的画板,但是在画板后

---

① 参见 Neta and Rohrbaugh(2004, 399-400)。
② 关于这一点,本书第六章"德性知识论"会进一步展开,读者可参照理解。
③ 这一区分参见 Pritchard(2015a, 105)。

面真的有一只羊。①

在这个案例中,认知者的信念是关于一只羊的,但是并没有一只羊出现在认知者的视野内,而是一块类似绵羊的画板在认知者和认知对象之间起了干涉作用。

环境性运气的典型案例是假谷仓案例。② 在假谷仓案例中,真谷仓出现在认知者的视野内,并且认知者也是由于识别出真谷仓从而相信有一个谷仓,因此并没有任何东西在认知者和认知对象之间起到干涉作用。但是该环境中充斥大量的假谷仓,所以即使认知主体事实上拥有一个真信念,但认知主体很容易形成错误的信念。

知识和认知成就的一个重要差别在于,知识不仅与干涉运气不相容,也与环境运气不相容。相比而言,认知成就虽然与干涉运气不相容,但却与环境运气相容。这是因为有干涉运气的时候,认知者的认知成功并不是由于认知者的认知能力。但在没有干涉运气却有环境运气的时候,认知者仍然是通过自己的认知能力获得的认知成功,也正是因为这一点,读者倾向于赋予认知者的真信念更进一步的性质。但是考虑认知者处于一个认知风险很高的环境,我们仍然不能赋予主体知识。

值得注意的是,安全性理论应该被看作知识的必要条件,而非充分条件。我们完全可以设想一些案例,在这些案例中认知主体的信念是安全的,却仍然不能成为知识,如下面的恶魔案例。

恶魔案例

一个恶魔想要克里斯形成关于时间的正确信念,但恶魔知道(而克里斯不知道)楼道上的钟连着国家体彩,只有克里斯买的彩票中奖了钟才会正常工作,其他时候总是有一定误差。但是恶魔做好了准备,一旦钟不正常工作就马上介入,使得克里斯看时钟的时候能获得正确信念。事实上,那天克里斯彩票中奖了,所以当他看钟的时候,不用恶魔施加任何干预,钟显示了正常的时间。因此,克里斯获得了一个真信念。③

可以发现,克里斯的信念是相当安全的,即使在他彩票没有中奖的可能世

---

① 该案例来源于 Chisholm(1977,105)。
② 假谷仓案例细节请参看第二章第四节"回应葛梯尔挑战"。
③ 参见 Pritchard(2015a,108-109)。

界,只要他通过看楼道里的钟来判断时间,恶魔也会帮助他获得真的信念。但是,虽然在此情景中克里斯的信念不会轻易出错,是安全的信念,并且他当下获得的真信念是由于自己的认知能力,但是他信念的安全性却不是来自他的认知能力,而是由于恶魔的恩赐。除非信念的安全性主要是来自认知者的认知能力,否则认知者的安全信念也不能成为知识。

此处普理查德对于安全性条件的讨论引出一个重要的洞见,即:知识不仅需要排除运气来实现与真的稳固关联,还需要在相当程度上展现出认知者的认知能力。因此,仅仅从知识与真的视角出发,反运气知识论并不足以刻画知识,我们还需要从知识与能力这一新的视角出发,展开进一步的分析。带着这一洞见,我们进入下一章的讨论。

章末思考

1. 除了运气的概率理论、不可控理论与模态理论,是否还有别的理解方法?

2. 运气的不可控理论在伦理学领域影响颇深,那么运气的模态理论是否只限定在知识论领域才有优势呢?

3. 运气是一种事件客观存在的性质,还是认知者的主观赋予的性质?如果运气的赋予只是一种认知偏见的展现,那么是否应该消除这种谈论方式?

4. 敏感性原则和安全性原则哪一个更合理?除了葛梯尔问题和怀疑论问题,还有哪些知识论的争论可以用来帮助回答这一问题?

第六章

德性知识论

德性知识论(virtue epistemology)是当代知识论的一个新思潮。这一思潮不仅为解答传统知识论的诸多问题提供了新思路,也为知识论研究开拓了新的进路。本章首先介绍德性知识论产生的背景及其核心思想,接下来分别介绍两派德性知识论——德性可靠论与德性责任论,然后介绍境况主义对德性知识论的挑战,最后以理智谦逊为切入点来展现德性知识论的崭新研究。

第一节 德性知识论:背景与图谱

德性伦理学(virtue ethics)的兴起代表当代哲学的德性复兴,而德性知识论也是这一复兴的重要组成部分。[①] 当代德性伦理学的代表性著作可见1958年安斯康姆(Gertrude Elizabeth Margaret Anscombe)的著作《现代道德哲学》、1978年福特(Phillipa Foot)的著作《美德与恶习》与1981年麦金泰尔(Alasdair MacIntyre)的著作《追寻美德》。德性知识论和德性伦理学共享一个前提,即可以用德性(virtue)和恶习(vice)来系统地解释和评价我们对相关研究对象的评价,这里评价的对象包括道德行为和认知行为。德性伦理学尝试用德性或恶习来解释或定义行动评价。例如,贺茨豪斯(Rosalind Hursthouse)认为:"一个行动是正确的,当且仅当该行动是一个有德性的人在该情境下典型会做的事情。"[②] 德性知识论也尝试用理智德性(intellectual

---

[①] 米建国、叶方兴(2016)把这一复兴称为德性转向(the virtue turn)。需要注意的是,这并不意味着在哲学史传统上从未强调过德性这一概念,而只是表示这一概念开始上升为分析框架的核心。

[②] 参见Hursthouse(1999,28)。

virtue)或理智恶习(intellectual vice)来解释或定义信念的评价(知识和辩护等)。

开启德性知识论传统的重要文章是索萨(Sosa,1980)的论文《木筏与金字塔》。他注意到伦理学领域的德性复兴,并在该论文中提出了一种新的知识论研究进路。索萨在该论文中首先回顾了基础主义与融贯主义关于认知辩护结构的争论,继而提出理智美德这一概念以期超越这一争论。

德性知识论与传统知识论有着重要的区别。根据巴特莉(Heather Battaly,2008,640)的论述来看,传统知识论可以被看作以信念为基础(belief-based)的知识论。在这样的图景下,信念是认知评价的首要目标,而知识和辩护是评价信念所用的根本性质和概念。本书中对于葛梯尔问题的分析,以及对于基础主义、融贯主义与无限主义的介绍都是在这一框架下展开的。

对比来看,德性知识论可以被看作以德性为基础(virtue-based)的知识论。在新的图景下,行动者是认知评价的首要目标,而理智美德和理智恶习则是用来评价行动者最根本的性质和概念。换句话说,拥有理智德性的认知者是获得知识论层面规范性质的首要对象,接下来才是认知者持有的信念。

德性知识论注重对于理智德性的分析。[①] 总体来说,德性知识论学者有这样一个共识,即理智德性是使得认知者在认知活动上表现卓越的特征,但是理智德性的结构和特征是什么呢?对这一问题的不同回答塑造了不同的德性知识论理论。当代主要有两种不同的德性知识论,它们分别是德性可靠论(virtue reliabilism)与德性责任论(virtue responsibilism)。[②]

德性可靠论的主要学者包括索萨(Sosa,1991;2007;2009;2011)和格雷科(Greco,2010)。对于德性可靠论来说,认知者可靠的认知官能(cognitive faculties)构成了认知者的理智德性。可靠的认知官能是认知者拥有的一种稳定的能力,在合适的条件下可以帮助认知者获得真信念。例如,一个认知者拥有的良好的视力、听力、记忆力、逻辑推理与数学计算能力等。这些稳定的能力可以帮助认知者可靠地获得视觉的、听觉的、记忆的、逻辑的与数学的真信念。一般来说,德性可靠论认为认知者天生具有的认知官能与后天学习的技能都是标准的理智德性。可以发现,正是因为强调理智德性与真之间的

[①] 国内许多学者在德性知识论领域做了深入研究,代表性的可见方红庆(2014)、徐竹(2017)和李麒麟(2018)。
[②] 这一区分命名来源于 Axtell(2000),在学界获得广泛使用,但最近受到了挑战,可见 Fleisher(2017)。

可靠联结,即理智德性是助真的,这一派理论被称为德性可靠论者。

德性责任论的代表学者有寇德(Lorraine Code,1987)、蒙特马奎特(James Montmarquet,1993)、扎格泽博斯基(Linda Zagzebski,1996)以及贝尔(Jason Baehr,2011)。对于德性责任论来说,构成认知者理智德性的是认知者的品格(character)特征。在心理学领域,品格也被称为性格,其代表的是一个人在社会实践活动中形成的一种稳定的心理倾向,以及与之相匹配的行为模式。例如,一个乐观的人和一个悲观的人在说话、行为和价值观方面都会有显著差异。因此,在心理学中我们可以借助一个人的性格来解释其思考和行为方面的特征。德性责任论认为,一个卓越的认知者之所以卓越,并非由于其天生拥有的可靠认知官能,而是由于他所具有的主动的特征,包括行动、动机以及他能控制且能为之负责的习惯。可以设想,一个认知者如果缺乏品格方面的理智美德,例如,在思考中不注重严谨性,喜欢得出草率的结论,对证据不能进行客观分析,那么即使他的认知能力优秀,可以洞察千里、耳听八方和过目不忘,他也难以成为一个具有卓越认知表现的人。

如同道德德性一样,理智德性是习得的性格特征——即习得的理智行动的习惯和理智的动机。这一想法受到亚里士多德《尼各马可伦理学》的启发。正是认知者出于对真理与其他认知之善的热爱,在后天环境中才能习得并保持认知品格。表6-1列出贝尔(Baehr,2011,19-21)总结的在成功的探究(inquiry)活动中所要求的美德。

表6-1 成功的探究活动所要求的美德

与探究有关的挑战	① 开始的动机	② 充分且合适的专注	③ 评价的一致性	④ 理智正直	⑤ 心智的灵活性	⑥ 持续
对应的理智美德	求知欲	注意力	理智公平	理智正直	想象力	勇气
	冥思苦想	对细节敏感	公正心	理智诚实	创造力	决心
	反思心	细致的观察	一致性	理智谦逊	理智的适应能力	耐心
	好奇	仔细检查	客观性	透明	灵活性	勤奋
	感到疑惑	洞察力	不偏不倚	自我觉察	开明心	坚韧不屈
			开明心	自我审视		

下面将对表6-1中的美德展开粗略分析。成功的认知探究总要有一个

开始，那些理智上懒惰的人或者不爱反思的探究者不太可能获得这种成功，因为他们不太会开始这种探究。因此，求知欲（inquisitiveness）、反思心（reflectiveness）、冥思苦想（contemplativeness）、好奇心（curiosity）与感到疑惑（wonder）是我们追求真理的一个必要条件。一个有求知欲的人，会迅速提出"为什么"的问题，从而开启一个探究的过程。一个有好奇心的人，则会注意到一些有意义的东西，从而开始深入调查。这一想法与"哲学开始于惊奇"不谋而合。

当探究开始进行时，需要留意物理对象的某些细致的特征，需要留意一个文本的语义的细微之处，或者留意一个论证的逻辑结构等。因此要保持探究时的专注力，需要以下这些美德：注意（attentiveness），对细节的敏感（sensitivity to detail），细致的观察（careful observation），仔细的检查（scrutiny）和洞察力（perceptiveness）。例如，一个洞察力强的刑侦人员或法官，可以马上对一起案件的突出问题和细节集中注意力。

在很多情况下，需要在探究的过程中搜集和评价来自不同渠道的信息。在这些信息库中，有些是我们已经接受了的，有些则是我们已经拒绝了的。因此，需要根据一些标准来衡量这些信息。其中的一个困难是，需要保证衡量的标准是统一的（如果我们的探究时间跨度比较大，可能会导致评判观点的标准不一致）。因此，成功的探究要求我们拥有如下美德：理智的公平（intellectual fairness），公正心（fair-mindedness），一致性（consistency），客观性（objectivity），不偏不倚（impartiality）和开明心（open-mindedness）。

认知者在探究的时候会出现自我欺骗。例如，歪曲或者隐藏那些我们可以处理的证据或考虑，或者没有发现我们信念中的逻辑不一致之处。这些自我欺骗会导致我们相信不可靠的信息来源，或者在一个探究还未成熟的时候就戛然而止，或者把某一个不可行的假设当作很有说服力的。面对自我欺骗，需要理智的正直。理智的正直在以下方面有所体现：我们如何面对和处理新的证据，以及我们如何看待我们已有的证据。因此，理智的正直可以表现为理智正直（intellectual integrity）、理智诚实（intellectual honesty）、理智谦逊（intellectual humility）、透明（transparency）、自我觉察（self-awareness）和自我审查（self-scrutiny）。

如果在探究时遇上棘手的主题，那么有时甚至需要改变思考方式，要打破常规、不走寻常路。这时成功的探究就需要我们有想象力（imaginativeness）、创造力（creativity）、理智的适应能力（intellectual adaptability)、灵活性(flexibility)和开明心。有想象力或创造力的人在考虑一个备选的可能性、假设或解释的时候是卓有成效的,这类认知者可以超越标准的思考方式,使得某些数据获得意义,从而解决理智上的难题。

在某些探究中,要获得成功就要求具备不寻常的忍耐力和执行力。这一局面可能是由很多因素造成的。获得某个真理可能是很危险的,可能需要花费大量时间,可能需要大量重复一种日常技能。这些情况就需要认知者的坚持和忍耐。根据具体情况不同,可能需要如下的美德:勇气(courage),决心(determination),耐心(patience),勤奋(diligence)和坚韧不屈(tenacity)。

总的来说,在贝尔的理解中,理智美德是与认知探究的诸多方面密切关联的。正是探究者的宝贵品质使得他们异于常人,最后取得认知领域的卓越成就。

我们已经大致了解德性可靠论与德性责任论的核心思想。进入更细致的介绍之前,我们不妨纵览当代德性知识论研究的地形图,以期获得一个全面的把握。借鉴巴特莉(Battaly, 2019)的总结,当代德性知识论的研究主要可以概括为4个方面。

首先是对于理智德性的结构及其特征的研究。这一争论主要是在德性可靠论与德性责任论者之间进行的。正如前文所述,德性可靠论者认为理智德性是认知者稳定可靠的能力(倾向),但是德性责任论者认为理智德性是认知者习得的品格。在这样一个重要的分歧之下,两派对于一系列相关问题的回答也不同。可以把相关问题总结如下。

> 问题1:理智美德是否为认知主体天生的认知官能?
> 问题2:理智美德是否要求认知主体有求真的动机?
> 问题3:理智美德是否包括习得的技能?
> 问题4:理智美德是否要求可靠性?
> 问题5:理智德性为何拥有价值,它们拥有的是工具价值、构成价值还是内在价值?

这5个问题不仅可以用来区分德性可靠论与德性责任论,也是任何一个理智德性理论需要回答的问题。对于问题1,德性可靠论者回答"是",而德性责任论者回答"否"。对于问题2,德性可靠论者回答"否",而德性责任论者回答"是"。对于问题3,德性可靠论者回答"是",而德性责任论者回答"否"。对于问题4,德性可靠论者回答"是",而德性责任论者有内部分歧。例如,扎格泽博斯基认为理智美德需要是可靠的,但蒙特马奎特则认为不需要。对于问题5,德性可靠论者倾向于回答,理智德性有助于我们获得真信念、理解或智慧等有价值的认知状态,因此是有工具价值的。但德性责任论者则倾向于回答,理智德性除了具有工具价值,也是构成至善或美好生活的一部分,所以其本身具有构成价值和内在价值。

其次是对于具体的理智美德的分析。除了在一般的层面定义理智德性,德性知识论学者还把工作进一步细化,开始对具体的美德展开分析。一些常见的理智美德包括理智谦逊、理智自主(intellectual autonomy)、理智勇气(intellectual courage)、认知公平(epistemic justice)、好奇心、开明心、坚韧不屈、信赖(trust)等。对这些美德的分析经常从3个方面展开:①该美德的具体内涵;②该美德在个人或集体的认知活动中的价值;③该美德的培养与测量方式。

再次是理智美德对于知识论的影响。一部分德性知识论学者主张用理智德性的概念来帮助解决传统知识论的问题,如处理内在主义/外在主义之争、认知辩护的结构之争、葛梯尔问题、怀疑论问题与知识的价值问题。① 另一部分德性知识论学者则主张借助理智德性概念开启新的问题域,不必再拘泥于传统的知识论问题,如探索理智德性与理解(understanding)的关系、理智德性与认知责任的关系,以及我们的认知行动在伦理和政治等方面的意蕴。②

最后是德性知识论的应用。德性知识论自诞生之初就有着比传统知识论更加广阔的视野,它不仅可以用于克服传统知识论中的理论难题,还可以指导实际的认知生活,并影响政策的制定与学生教育方案的设置等,是颇有实践意义的。例如,贝尔(Baehr,2016)的文集中广泛讨论了理智美德与教育的关系,其中涉及的话题包括与学习相关的认知美德的本质是什么,这些美德如何在教育的场景中被培养,以及认知美德的培养与教育的其他目的之间是什么关系等。哈嘉德等人(Haggard et al.,2018)采用跨学科的研究方式,讨论了针对各种认知美德的心理学测量方法。弗里克(Fricker,2007)和道卡斯(Daukas,2011)等女性主义德性知识论学者也尝试分析在特定的政治制度

---

① 这一进路的代表性文献可见 Sosa(2007)、Pritchard(2009)和 Greco(2010)。
② 代表性文献可见 Kvanvig(1992)、Grimm(2017)、Montmarquet(1993)和 Fricker(2007)。

和社会环境中生活的弱势群体所面临的认知不公平和急需的认知美德。

现在我们已经对德性知识论的背景和图谱有了大致的了解，下面将分别从德性可靠论与德性责任论入手，展开更加细致的介绍和讨论。

第二节　德性可靠论

本节将以索萨的理论为主展开对于德性可靠论的介绍。索萨对理智德性的看法可以概括为以下4点。

第一，理智德性是可靠的。它们是获得真信念、避免假信念的倾向。索萨同时指出，认知官能的可靠性是取决于情景的，因此可靠的认知能力并不意味着在极其特殊的情况该能力仍然可以正常运作。在后面的3S分析中，我们会继续讨论这一点。

第二，理智德性可以是天生的，也可以是后天习得的。[①] 例如，我们的视觉、听觉、记忆力是天生的，但是我们同样可以通过后天的学习掌握一些特殊的技能，如批判性思考能力、数学计算能力、阅读核磁共振成像的能力等。

第三，理智德性的使用不要求理智的动机。正如我们平常使用眼睛观看周遭环境或者进行加减乘除运算一样，这些过程可以自发和无意识地进行。因此，并非一定要借助好的理智动机（如对真的追求）才能有效地运用这些理智德性。

第四，德性与技能是很相似的。在早期的作品中，索萨对德性谈论的较多，在后期作品中他开始频繁地用技能来帮助理解德性。这是因为索萨的知识论意欲构建一种目的规范性，而这种规范性可以涵盖任何有表现（performance）的领域。因此，他常常借用弓箭手、篮球手与猎人等案例中的技能表现来帮助理解知识论领域的规范性评价。

一、索萨的3A和3S理论

索萨认为，所有的东西都有表现。我们可以对所有的东西进行测试，评价其表现。例如，针对一位足球守门员，可以评价其扑救的表现；针对一部载

[①] 参见 Sosa(1991,278)。

客的电梯,可以评价其运行的表现;针对一部手机,可以评价其电池续航、通话与拍照的表现;针对一把菜刀,可以评价其用来砍瓜切菜的表现。

虽然万物都有表现,但是作为理性行动者的人类却有不同的层面。在索萨看来,万物都在某种程度上拥有目的(aimings),但目的可以分为意向性目的和非意向性目的。前者可以称为行动的动机,而后者可以称为功能。让我们用具体例子来帮助理解。首先看意向性行动(表现)。当一位篮球选手投篮时,他不仅在行动,而且有行动的目的——把球投进得分。如果这一行动达到其最初的目的,那么可以称为成就(achievement);如果失败了,则只算作尝试(attempt)。① 其次是非意向性表现。当一把刀用来切开西瓜的时候,它的表现是非意向性的。我们不能说这把刀"打算"切开西瓜,却可以说刀的功能是用于切割物体。基于目的来评价万物的表现是一种目的规范性(telic normativity),这对于正确把握索萨的理论至关重要。②

索萨把知识和行动的联系看得比较密切,因此可以借用行动来理解索萨的知识论。他的理论核心是 3A 和 3S 框架,下面将分别展开。为了方便理解,我们暂时把讨论范围缩小到意向性行动的范围内,并借用弓箭手射箭的例子来展示 3A 的评价框架。

假设有一位弓箭手张弓射箭,他的目的是把箭矢射到远方的靶子之上。此时,我们针对他的表现可以从 3 个层面进行评价。首先,可以评价他的表现是否准确(accurate)。如果箭矢射中箭靶,那么他的射击是准确的,否则是不准确的。其次,可以评价他在射箭的过程中是否展现了自己技能的熟练(adroit)。如果在弓箭手射出箭矢后,在正常条件下该箭矢可以射中箭靶,那么该次射击就是熟练的。射击的准确与熟练是可以分开的。一位不熟练的新手也可能碰巧射中箭靶,而一位熟练的弓箭手也会有不准确的射击。但毫无疑问的是,一位熟练的弓箭手在正常情况下会有更高的概率射中箭靶。最后,如果一次准确的射击展现了弓箭手的熟练技能,那么这次射击就是适切的(apt)。需要注意的是,一次适切的射击不等于一次既熟练又准确的射击。适切的射击不仅要满足熟练和准确两个条件,还需要射击的准确来展现(manifest)弓箭手的熟练。为了彰显此处的细微差别,可以对比下面的两个案例。

---

① 参见 Sosa(2017,71)。
② 这一用法可见 Sosa(2017)和 Sosa(2019)。

案例 A

养由基是楚国的神箭手。他指着百步外的一棵杨柳树,叫人在树上选一片叶子,涂上红色作为靶子。接着,他拉弓射箭,结果箭正好贯穿了这片杨柳叶的中心。①

案例 B

养由基是楚国的神箭手。他指着百步外的一棵杨柳树,叫人在树上选一片叶子,涂上红色作为靶子。接着,他拉弓射箭。箭射出去以后,一阵强风吹来让箭矢偏离了原来的轨迹,紧接着另一阵强风吹来再次改变了箭矢的轨迹。在两阵强风的作用下,最后箭正好贯穿了这片杨柳叶的中心。

在两个案例中,养由基的射击都是既准确又熟练的。但是在案例 A 中养由基射击的准确展现了他的高超技能,而在案例 B 中养由基射击的准确却未能展现他的高超技能。那么如何理解这里的"展现"一词呢?让我们比较两种不同的理解方法。

第一种理解是,射击的准确是由于(because of)弓箭手的技能。② 根据这种理解,弓箭手高超技能的发挥在因果意义上导致了最后的准确射击。可是,我们发现在两个案例中养由基都发挥了自己的能力,因此能力的使用都成为因果链条上导致准确射击的一个环节。也就是说,这种理解方式无法解释为什么案例 A 展现了养由基的能力,而案例 B 则没有。

第二种理解是,弓箭手的技能解释了(explain)为什么该射击是准确的,并且该射击的准确可以归属于(attributable)弓箭手的技能。③ 在案例 A 中,当解释为什么该射击是准确的,我们会用养由基的高超射击技能来解释,并且也会把射击的成功归属于他的高超技能。在案例 B 中,我们会用两阵强风恰到好处的配合,而不是养由基的高超射击技能来解释射击的准确,并且我们也会因此把射击的成功归属于环境因素,而非养由基的技能。值得注意的是,虽然在两个案例中弓箭手的技能都部分地解释了射击的准确,但是在案例 B 中弓箭手的技能并不是射击准确最突出的(salient)解释因素,其发挥的解释作用被强风的解释作用所掩盖。这个特征也可以被表述为,在案例 B 中

---

① 这一典故见于《史记·周本纪》和《战国策·西周策》。
② 这种理解可见 Sosa(2007, 22-23)。
③ 这种理解可见 Sosa(2017, 72)。

我们遇到的是异常情况,所以异常的因素才成为解释中最突出的因素。

通过比较可以发现,第二种理解比第一种理解更符合适切性所要求的"展现"概念。在上面的案例中,我们以射击为例展示了索萨的 3A 评价,而这一评价框架可以拓展至任何的表现与尝试。并且由于知识论也服从于目的规范性,我们也可以把 3A 理论用于信念评价。拓展后的 3A 理论和对信念的评价可以分别表述如下。①

> **3A 理论**
> 准确的:一个尝试是准确的,当且仅当其目的实现;
> 熟练的:一个尝试是熟练的,当且仅当它运用了胜任力;
> 适切的:一个尝试是适切的,当且仅当其准确展现了胜任力。
> 一个信念是准确的,当且仅当该信念是真的;
> 一个信念是熟练的,当且仅当该信念是认知主体胜任力使用的结果;
> 一个信念是适切的,当且仅当该信念为真展现了认知主体的胜任力。

在 3A 框架中,有一个关键的概念是胜任力(competence)。② 在定义"熟练"时,索萨认为一个尝试是熟练的,当且仅当它是胜任力使用的结果。那么如何理解"胜任力"呢?一般来说,胜任力是某人带着目的尝试时获得成功的倾向。③ 更细致地说,一种胜任力总是某人做某事的胜任力,其精确化的表达如下。

> 如果 S 尝试做某事 φ,(给定相关的 3S 条件)那么 S 很有可能会成功。④

在上述定义中涉及 3S 条件,这是索萨对胜任力概念的进一步阐释。⑤

---

① 索萨在许多地方定义过 3A,可见 Sosa(2011,1)、Sosa(2017,73)和 Sosa(2019,15)。
② 索萨区分能力(ability)、技能(skill)与胜任力。技能是完整胜任力的最内在的组成,即处所。S 有做 X 的能力是指 S 尝试 X 时获得成功的倾向,但是 S 有做 X 的胜任力不仅要求 S 有做 X 的能力,还要求 S 在尝试做 X 的时候会运用相关的能力。此外,拥有做 X 的胜任力的状况与处境两个条件是由相关群体所选择的,因此即使在某一处境下某人行动不是准确的,但这并不必然影响他是否拥有胜任力。因为此时的处境是被相关群体的选择所排除的。更多的细节可以参看 Sosa(2017)的第十二章。
③ 这一定义可参见 Sosa(2017,191)和 Sosa(2019,22)。
④ 参见 Sosa(2017,192)。
⑤ 索萨对于 3S 的讨论可见 Sosa(2010,465)和 Sosa(2017,191)。他曾用"constitution"、"condition"和"situation"来表示同样的意思,后来为了追求形式上的优美而替换成"3S"。

> **3S 理论**
> 处所(seat)：具有倾向的对象最内在的组成。
> 状态(shape)：具有倾向的对象自身内在的状态。
> 境况(situation)：具有倾向的对象所处的外部环境。

让我们借用一个日常事例来介绍 3S 理论。假设小朱是一位拥有丰富经验的老司机，并且安全驾驶很多年无事故。那么我们会毫无疑问地认为，小朱可以胜任驾驶这项任务。小朱驾驶的胜任力可以看作一种倾向，即她可以成功驾驶汽车安全行进。那么这种倾向到底是由什么构成的呢？首先，驾驶的技能由一系列操作组成，这些技能的处所是在小朱的大脑和身体之中。即使小朱睡着了，这一技能也还是存在的。按照常识来看，我们去驾校学习的驾驶技能正是该胜任力最内在的处所。其次，小朱的驾驶胜任力是否能展现依赖她自身的状态，如她是否喝醉了、是否有幻觉或者是否通宵写论文后太疲劳。如果这些情况出现，那么即使她是一个老司机，也无法展现其开车的胜任力。最后，假设小朱神志清醒并且体力充沛，但驾驶的车辆出了故障或者道路情况比较恶劣，那么她也无法展现自己的驾驶胜任力。由此可见，小朱的驾驶胜任力的完全展现要求处所、状况和处境三者全部满足、缺一不可。当3个条件都满足时，完整的胜任力(complete competence)就获得了。3S 理论同样可以用来分析物体具有的倾向。例如，一根火柴有可燃的倾向，这一倾向的处所是火柴头部的氯酸钾和硫磺等混合物，当火柴自身是干燥的并且处于一个有氧气的外部环境中，这根火柴在擦火柴皮时就能被点燃，也就完整地展现了其可燃的倾向。

介绍完索萨的 3A 和 3S 理论，让我们回到传统知识论的核心问题——知识的本质问题。索萨的回答是，动物知识(animal knowledge)就是适切的信念。之所以强调动物知识，是因为索萨区分了知识的不同层次。除了动物知识，索萨还提出反思知识(reflective knowledge)与知之完好(knowledge full well)。为了帮助理解这些知识之间的差别，考虑下面这个案例。

> **篮球小将小詹**
> 小詹是大学校队的一名球员，他的高效投篮范围不超过三分线。如果离三分线远了，那么小詹的投篮进球率就很低了。在一次比赛中，我方进攻时间绰绰有余，并且有空位队员，小詹却在三分线外三步选择投篮，

最后他投进了这个球。

在这个例子中,小詹的表现如何呢?根据3A理论来看,他把球投进展现了自己突出的投射能力,因此他的表现是适切的。但是他的表现在教练看来却是有缺陷的,这是因为他没有做出好的投射选择。一方面,比赛时间充足而且队友有空位,为什么小詹不选择传球?另一方面,在他的有效得分区,他的投篮是安全的(safe),他的投篮失败风险(risk)较低。① 但此时他出手的区域并不是他的高效得分区,在这个位置出手的话,他的投篮会很容易偏离篮筐。因此,即使他投进了球,他的表现也并非完美,还有可以改进之处。可以设想,如果他不仅有良好的投射能力,还有好的风险评估能力,知道自己是否应该出手,那么他的表现就会更好。当然,一个球员有良好的风险评估能力不代表他就能把球投进,反过来一个球员能把球投进也不代表他有良好的风险评估能力。但是如果一个球员有良好的风险评估能力,并以此指导自己在合适的时候展现投射能力,那么他在球场上的表现就会是最好的。

回到知识论领域,索萨对反思知识和知之完好的定义如下。②

> 动物知识是一阶的适切信念。反思知识是被主体适切地支持的动物信念。现在我们可以看出,知之完好既要求一个人有动物知识和反思知识,也要求他的所知是完全适切的。

在讨论莽由基案例的时候,我们已经知道,一次射击是适切的当且仅当该射击成功体现了行动者第一层次的胜任力。但是一次射击是元适切(meta-apt)的当且仅当该射击是很好地选择的,也就是说这次射击承担了合理的风险,并且展现了行动者在目标和射击选择方面的胜任力。③

在第二层次,认知者或行动者需要合理地评估相关风险。例如,自己的能力是否保持完整无缺,相关条件是否合适,以及自己在该环境行动成功的可能性高低。如果在风险很小的情况下行动者决定按兵不动,或者在风险很大的情况下行动者贸然行动,这都表明行动者缺乏元适切性,即良好的风险评估能力。需要注意的是,元适切性和第一层面的适切性是相互独立的。一

---

① "安全"这一概念与反运气知识论里的安全性理论是有密切关系的,是在模态意义上使用的,"风险"也是在模态意义上使用的,读者可以相互参照阅读理解。
② 参见 Sosa(2011,11)。
③ 这一区分可见 Sosa(2011,8)。元适切是在反思层面进行的,比一阶层面的适切更高,因此下面也会使用反思层面的适切或第二层次的适切来表达同样的意思。

个行动者可以在第一层次是适切的,但缺乏反思层面的适切性。同样,一个行动者可以拥有反思层面的适切性,但缺乏第一层次的适切性。但是如果借助第二层次的合理评估的引导,认知者决定行使自己第一层次的能力并达到成功,那么此时第一层次的适切性不仅展现了行动者第一层次的胜任力,也展现了第二层次的胜任力,最终就获得了完全的适切。①

回到知识论领域,索萨认为知识论的目标不仅是获得正确的断定(affirmation),而且是要适切地获得正确的断定。追求正确判断的认知活动是真势的(alethic),以追求真理为目标,但是追求适切地获得正确的断定才可以成为判断(judgment)。这一目标在哲学史上早有先驱。

> 可是,如果我对我没有领会得足够清楚、明白的事情不去判断,那么显然是我把这一点使用得很好,而且我没有弄错。可是,如果我决定去否定它或肯定它,那么我就不再是想我应该做的那样去使用我的自由意志了;如果我肯定了不是真的东西,那么显然我是弄错了。即使我判断对了,这也不过是碰巧罢了,我仍然难免弄错,难免不正确地使用我的自由意志。因为自然的光明告诉我们,理智的认知永远必须先于意志的决定。②

> 因为一个人也可能碰巧地或者由于别人的指点而说出某些合文法的东西,可是,只有当他能以合语法的方式,即借助他拥有的语法知识来说话时,他才是一个文法家。③

在上面两段引文中,都引出这样一个区分,即达到目标与适切地达到目标的区分。前者只看到行动的结果,而后者凸显了主体能动性与结果实现之间的积极引导关系。也正是对于后者的追求,使得认知者获得知态上升,可以站在一个更高的高度来审视自己的行动。

最后,索萨(2017,100)列出展现知识论与行动领域不同层次的规范性评价。

(1) 真势的断定　　　　尝试
(2) 成功的断定　　　　成功的尝试
　　熟练的断定　　　　熟练的尝试

---

① 索萨认为,一般当一个人的表现是完全适切的时候,他需要知道自己的表现会是适切的。这是一种反事实条件的知识,也正是在这个意义上才具有引导自己实际表现的作用。
② 参见笛卡尔(1986,62—63)。
③ 参见亚里士多德(2003,41)。

(3) 熟练且成功的断定　　熟练且成功的尝试
(4) 适切的断定　　　　　适切的尝试
(5) 反思适切的断定　　　反思适切的尝试
(6) 完全适切的断定　　　完全适切的尝试

现在我们已经大致了解索萨的理论，接下来讨论该理论对于解决传统知识论问题的独特贡献。

二、索萨德性知识论的价值

索萨的德性知识论可以用来处理当代知识论的许多经典争论，我们主要关注知识的本质问题。在当代知识论的语境下，对这一问题的处理与对葛梯尔问题的处理密切相关。葛梯尔挑战表明，被辩护的真信念不等于知识，因此对知识的正确定义应该能诊断出葛梯尔案例中缺失的部分。索萨的知识论可以做出简洁回应如下：首先，（动物）知识是一种基于认知者认知胜任力的认知成就（即适切的信念）。其次，当一个信念既是真的也拥有辩护时，可以说该信念既是准确的又是熟练的，但该信念不一定是适切的，即该信念为真并没有展现认知者的胜任力。因此，既然知识等于适切的信念，那么葛梯尔案例中的被辩护的真信念不能成为知识。

索萨认为，虽然葛梯尔案例中的主角运用自己的能力并获得了真信念，主角能力的运用也解释了他为什么会相信某个为真的命题，却并不能解释为什么他所持有的信念是真的。[1] 来看葛梯尔的第一个反例，可以发现史密斯的认知能力（包括他听取老板的证词、计算琼斯口袋中的硬币以及逻辑推理能力）解释了为什么他会相信将要获得工作的人口袋里有 10 个硬币，这些能力为这一信念的产生提供了部分的因果解释。这一信念在例子中毫无疑问是真的，但是他的认知能力可以解释为什么他持有的信念是真的吗？这里有一个很细微的差别，不妨单独写出来。

1. 为什么我<u>拥有</u>一个真信念？
2. 为什么我拥有的信念是<u>真</u>的？

上面两个问题所强调的重点是不同的。前一个问题强调真信念的获得，

---

[1] 参见 Sosa(2007, 95 – 96)。

后一个问题强调的是信念的真假。两个问题的答案也是有差别的。不妨借助更日常的事例来帮助理解。假设你新买了一部手机,正玩得不亦乐乎,但一不小心因手滑而导致手机摔落到地上,屏幕损坏了。此时,可以问两个不同的问题:一个问题是为什么世界上有一部屏幕损坏的手机?另一个问题是为什么这部手机的屏幕损坏了?前一个问题关心的是某个具体对象的存在问题,后一个问题则是关心某个具体对象所拥有的性质问题。针对前一个问题,可以回答,因为当时手机工厂造出了这部手机,所以现在才有这样一部手机,只不过这部手机恰巧获得了屏幕被摔坏这个属性。但是后一个问题的回答却是用户的操作不慎,而非工厂的生产。出于同样的道理,葛梯尔案例中的主角的胜任力解释了为什么自己获得了一个信念,但不能解释为什么自己所持有的信念是真的。解释这些信念为真的因素恰恰是外部事态的配合,而非主角自身胜任力的运用。

读者也许会有疑问,在假谷仓案例中,难道主角信念为真不是由主角的认知胜任力所解释的吗?在这一案例中,主角持有信念以及该信念为真都可以由认知胜任力的运用来解释。因此,索萨愿意承认在假谷仓案例中主角拥有动物知识。但是他也意识到,有很强的直觉否认认知主体在该案例中拥有知识,因此他补充在该案例中缺乏反思知识。在假谷仓案例中,虽然认知主体通过自己的第一层次胜任力获得了真信念,但是在这样一个环境中,认知者的能力并不安全,面临较大的风险,他很有可能把一个假谷仓误认为真谷仓。因此,从反思的层面来说,认知主体并没有发挥自己的风险评估能力,没有评价自己的第一层次胜任力在该环境中是否仍然完好无缺。所以,虽然认知主体拥有动物知识,却缺乏反思知识。

第三节 德性责任论

上一节已经对德性可靠论有了更深入的介绍,本节将以扎格泽博斯基的理论为主,展开对于德性责任论的介绍。

一、扎格泽博斯基的德性责任论

扎格泽博斯基对德性的定义如下。

一种德性是个体习得的深入且持久的卓越。它包括一种典型的产生某种结果的动机并且能可靠地实现该目的。①

一种德性是我们经过反思会钦佩的个体所习得的深入且持久的特征。它包括动机的成分。②

扎格泽博斯基对德性的理解可以梳理为以下6点。③

第一，德性是个体后天习得的深入且持久的特征。德性是后天习得的特征，而非先天拥有的特征，并且这些特征不能是表面的、暂时的特征，而是深入的、持久的特征。德性之深入，在于其从个体内部导致了个体的言语或肢体的行为；德性之持久，在于其伴随了个体生命的较长时间，成了一种稳定的特征。正是由于德性的深入且持久，德性甚至可以用来定义个体之所是，也会成为我们对某人盖棺定论时所用的描述。

同时，一个有德性的人是值得钦佩的（admirable），这意味着无论最开始我们是否表现出钦佩之情，我们经过反思后都会钦佩有德性的人。毫无疑问，生活中有很多人在某个方面表现卓越，令我们有钦佩（羡慕）之情（admiration）。例如，我们钦佩（羡慕）钟南山在抗击非典（SARS）和新型冠状病毒（COVID-19）时挺身而出的勇气和担当，我们钦佩（羡慕）居里夫人奋斗不息的坚韧个性，我们羡慕（钦佩）博尔特在百米赛道上飞驰的速度，羡慕（钦佩）木下佑哗（Kinoshita Yuka）拥有的大胃口。④ 虽然这些个体都能引发我们的钦佩（羡慕）之情，但我们必须区分两种不同的情感。这样的区分在英语里面并不明显，因此扎格泽博斯基使用的是同一个词。但在中文里面，我们可以区分为钦佩与羡慕。这两种情感有什么不同呢？一个重要的区分是，有些个体拥有自然的卓越（natural excellence），另外一些则是习得的卓越（acquired excellence）。扎格泽博斯基（Zagzebski, 2019, 27-28）把两者的差别刻画如下。首先，我们对于自然的卓越与习得的卓越的感受是不同的。我们羡慕某人拥有的自然的卓越，但我们钦佩某人拥有的习得的卓越。其次，我们对于自然的缺陷与习得的缺陷的情感是不同的。如果说勇敢是习得的

---

① 参见 Zagzebski(1996, 137)。
② 参见 Zagzebski(2019, 30)。
③ 参见 Zagzebski(1996, 135-136)。
④ 本书写作时正值2020年全国抗击新型冠状病毒的困难时期，特以此例纪念这段众志成城抗击疫情的岁月。

卓越，那么懦弱就是习得的缺陷。对于一个懦弱的人，我们会有鄙视和憎恶之情。如果说好的视力是自然的卓越，那么天生弱视就是自然的缺陷。我们也许会对一个天生弱视的人心生怜悯和惋惜之情，但总不至于对他有鄙视和憎恶之情吧？最后，我们可以模仿习得的卓越，但不能模仿自然的卓越。一个人拥有的天生才华和身体上的天赋并不是我们可以模仿的，但是孜孜不倦、坚毅卓绝的品质却是我们可以学习和模仿的。并且通过模仿习得的卓越，个体上升为更加卓越的自我、更有价值的自我。

　　第二，主体需要通过花费一定量的时间和努力才能获得德性。德性的获得不是一件简单的事，主体需要付出一定的努力才能培养一种德性并使之稳定。正是在这样一个长期深入的学习过程中，个体展现的能动性使得该德性成为定义个体之所是的特征，成为个体能为之负责的特征。德性的习得需要一个习惯化的过程，在这个过程中德性在我们的性格中逐渐牢固确立。因为德性的习得不容易，而且很有可能失去，所以主体可以因为拥有德性而获得赞赏。拥有德性的人值得钦佩，而本可以拥有但缺乏德性的人就应该受到批评。对比来看，天生的认知官能并不是我们花费时间和努力获得的，而是先天禀赋，所以即使拥有也不值得钦佩，没有也不受到批评。

　　第三，德性不是技能。德性和技能有相似之处，两者都是后天习得的，并且都能可靠地帮助人们实现行动的目的，但是两者也有重要的差别。首先，德性的对立面是恶习，但是技能缺乏对立面。缺乏某项技能并不是拥有技能的对立面。恶习并不仅仅是德性的缺乏。我们已经说过，德性需要主体通过花费一定量的时间和努力才能获得，恶习同样也需要有一个沾染的过程，但是缺乏某项技能却不需要一个学习的过程。正如亚里士多德所说，每个德性都有两个对立的恶习，但是一个技能可以有两个对立面吗？① 然后，使用技能总是服务于某个目的，因此使用技能本身没有内在的价值，而只是拥有外在的或工具的价值，但是德性的使用却是拥有内在价值的。此外，技能的使用并不一定需要好的动机，但德性的使用则内在地包含好的动机。例如，当我们出于善心去关心无家可归的人时，这是一个包含好的动机的善良的行为。如果缺乏这一动机，这一行为就不再令人钦佩。但是当制作冰淇淋时，我们只需要完成既定的步骤，不需要限定行动的动机。毫无疑问，一个怀着恶意使用某项技能的人还是可以把这项技能完成得很好。最后，技能总是与某个

---

① 相关讨论可见 Zagzebski(1996,112-115)。

特定的活动相关的，是为了有效地实现某个外在的目的，而德性更依赖内在的动机，并且不局限于某个特定的活动。因此，如果一个有德性的人想要实现某个值得欲求的目标，并且某个特定的技能可以有效地帮助实现这一目标，那么这个有德性的人就会产生学习该技能的动机。

第四，德性拥有动力(motivation)的成分。对于扎格泽博斯基来说，动力是一种拥有特定情感的倾向。这种情感被她称为动机(motives)，动机可以触发和引导我们的行动，从而实现某些既定的目标。动机是一种主体内在的状态，并且总是朝向某个目标的，因此动机也包含着欲望。例如，勇敢这个德性包含一种被勇敢的动机所推动的倾向，也就是说，一个勇敢的人有勇敢的动力成分，他在合适的场合会倾向于产生勇敢的动机，而勇敢的动机会促使这个人以勇敢的方式行动。

第五，德性要求可靠的成功。既然德性拥有动力的成分，而动力总是与某个目的相联系的，那么最后的目的能否实现与德性的拥有就有密切关系。如果一个人不能可靠地实现一个德性的动力成分所欲求的目标，那么这个人就缺乏该德性。① 例如，如果一个人几乎不能以开明的方式对待别人的看法，那么即使他心中有追求开明的动力，他也不成为一个开明的人。同理，如果一个人几乎不能在危险的时刻表现出勇敢的行为，那么即使他心中有追求勇敢的动力，他也不会成为一个勇敢的人。在拥有德性与实现德性要求的成功之间，需要有多强的关系呢？扎格泽博斯基并不要求有德性的人在每个场合都能成功实现德性所要求的结果，而只是要可靠地实现。

此处有一个潜在的问题。对于一个有德性的人，我们所钦佩的东西是他内在的品格，而非外在的超出其可控范围的因素，并且一个人是否能成功实现其行动的目的部分归因于外部不可控的因素，那么为什么我们要更钦佩那些能可靠地获得成功的有德性之人呢？扎格泽博斯基认为，德性中成功的部分在一定程度上并不是完全外在于主体的控制的，而是已经包含在内在的动力之中。作为一个有德性的人，如果他在行动时失败了，那么他会从失败中吸取教训，改变自己的做事方式。正是为了实现自己的目的，有德性的人会不断增加自己对于这个世界的知识和理解，从而提升自己德性动机实现的成功率。如果一个人有德性的动力，但是相应的行动经常失败，那么他顶多只能算是有部分的德性。当他能可靠地成功时，他才拥有完全的德性。

---

① 这一结论也受到经验研究的支持，可参见 Pury and Hensel(2010)。

第六，德性可以有工具价值、构成价值或内在价值。德性有工具价值是因为它们可以可靠地带来真信念或别的有价值的东西。德性有构成价值是因为它们构成了良好生活（eudaimonia）。良好的生活是德性完满实现的生活，并且这种生活是幸福的。此外，德性有内在价值是因为对于真理的追求就是有内在价值的。

我们已经了解扎格泽博斯基对德性的看法。她的理论既适用于道德德性，又适用于理智德性。在她看来，理智德性与道德德性的关键差别在于德性的动力成分。所有的理智德性都有一个共同的根本的动力——知识，而道德德性并不共享这一根本动力。扎格泽博斯基在不同的地方对理智德性下了定义。

> 单独的理智德性包含两个成分：来自一般性的追求知识的动力以及可靠地实现这些动机的目标。①

> 一种理智德性是习得的、深入且持久的理智上的卓越，它包括令人钦佩的理智的动机，并且动机引发的行动能可靠地获得真理。②

从定义可以看出，理智德性仍然继承了德性的两个要素——动力与可靠成功。扎格泽博斯基认为理智德性的最基础的动力是获得知识，或者用她的话来说，一种"与实在产生认知接触"的动力（cognitive contact with reality）。与实在相接触既可以是命题式的，也可以是非命题式的。此外，与实在相接触可以表现为对真理的追求，也可以表现为对理解的追求。③ 需要注意的是，理智德性的动力是与实在产生认知接触，这是最底层、最基础的动力，但是每个具体的德性的动力有双层特质：一方面，具体的德性仍然有追求知识的动力；另一方面，具体的德性又有以特殊的方式追求知识的动力。我们看下面的案例。

> 小珂是一个开明的警探，她在调查一个阿姆斯特丹妓女的谋杀案。一个有着开明特质的认知者，不仅追求获得知识，还追求以开明的方式获得知识。开明的人是处在不足与超出的平衡之处，因此她不会像一个独断的人那样忽视应该考虑的候选项，也不会像一个天真的人那样去浪

---

① 参见 Zagzebski(1996, 166)。
② 参见 Zagzebski(2019, 32)。
③ 对于扎格泽博斯基来说，理解是对实在的抽象结构的把握，因此理解或者是一种知识，或者提高了知识的质量。参见 Zagzebski(1996, 167)。

费时间考虑应该忽视的候选项。在确定凶手身份的过程中,她考虑了一些可能的情况,每一个都有较大的成真概率。例如,凶手可能是受害者的熟客之一,或是凶手的老板对员工不满,或是竞争同行出于嫉妒的报复行为。小珂并没有忽视那些可能为真的候选情况,但也没有考虑那些近乎不可能的情况。例如,她被美国总统派 FBI 谋杀了,外星人看不惯她的素颜把她杀了,或者她是电影《死神来了》里面被死神追杀的漏网之鱼。

一系列具体的理智德性来自同一个求知的动力,但又以不同的方式示例这一追求,正是这些不同的求知方式刻画了不同的理智德性。一言以蔽之,具体的理智美德的动力成分是从求知的动力中衍生出来的。反过来说,如果缺乏对知识的追求,那么具体的理智恶习就会随之而来,我们从爱默生的这段论述中可见一斑。

> 上帝给了每个人在真理与安宁间选择的机会。任选一个,但不能兼得。在真理与安宁之间,人如钟摆一般摇摆。如果一个人偏爱安宁,那么他会接受他听到的第一个信条、第一个哲学理论、他遇上的第一个政党。这些很有可能都来自他父亲。他可以获得闲暇、商品和荣誉,但是通向真理之门却对他紧闭。如果一个人偏爱真理,他便不会让心灵的船只停泊,而是不断漂泊。他摆脱了独断论,并且辨别出所有对立的否定意见。这些意见就像墙壁,而他的生命便在其间摇摆。他忍受着焦虑与不完善的看法所带来的不便,但是他是获得真理的人选,而别人不是,并且他遵从了他存在的最高法则。①

在扎格泽博斯基看来,理智德性会引导认知个体的信念形成过程,会让他逐渐接受被认知共同体承认的可靠的信念形成过程。在理智德性的引导过程中,认知主体发现并意识到一些可靠的信念形成过程,然后逐渐养成习惯开始运用这些方式。毫无疑问,在这里可以看出扎格泽博斯基的理论与过程可靠主义的明显差别。后者只要求认知者的信念形成过程实际上是可靠的,而并不要求认知者意识到这一点。但扎格泽博斯基认为,对于那些非自发的或者无意识的信念形成方式,即使它们是可靠的,但如果认知主体意识不到这一点,那么认知主体就不会可靠地使用它们。

有理智德性的个体除了会采用可靠的信念形成过程,还会学习必要的技

---

① 参见爱默生(2015,215)。

能以帮助知识的获取。正如前面所说,德性与技能是有差别的,技能可以有效地实现外部目的。正是由于技能的学习,有理智德性的人可以可靠地实现成功、获取知识。例如,理智谦逊的人会学习换位思考的技能,理智自主的人会学习批判性思考的技能。前面提到每个具体的德性的动力有双层特质,而每个具体的德性同样在成功方面也展现出双层特质。一方面,每个具体的德性都要成功地获取知识(或理解),这对应动力的第一层;另一方面,每个具体的德性都要成功地以符合该德性的方式获取知识,这对应动力的第二层。只有两个层次都实现了,一个认知个体才真正拥有某个理智德性。例如,一个开明的人不仅要成功获得知识,还要以开明的方式获得知识。这可以表现为他在求知的过程中对新的看法持开放态度,并且以公平的方式来评判这些新看法,而不是因为这些看法与自己所持意见不同就直接否认。

至此已经对扎格泽博斯基对于理智德性的看法做了更深入的介绍。下面将讨论她的德性知识理论对当代知识论的贡献。

二、扎格泽博斯基论知识

基于德性的讨论,扎格泽博斯基提出自己对于知识的定义,她指出:

> 知识是一个与实在产生认知接触的状态,它产生于有理智德性的行动。[1]

为了正确理解这一定义,需要注意以下两点。首先,该定义中有一个关键概念——"有理智德性的行动"(an act of intellectual virtue),扎格泽博斯基将其定义如下。[2]

> 认知者 S 的一个有理智德性 A 的行动 Φ 意味着:
> (1) Φ 产生于 A 的动力成分;
> (2) Φ 是有德性 A 的人在该场合很可能会做的事;
> (3) Φ 成功实现了 A 的动力成分所欲求的目标;
> (4) 通过上述特征,S 获得一个真信念(或 S 与实在相接触)。

---

[1] 参见 Zagzebski(1996,270)。
[2] 同上。

条件(1)至(3)已经在前面讨论过。条件(4)表示通过有理智德性 A 的行动 Φ，S 最后与实在产生了认知接触，获得了真信念。此时，S 获得真信念的最佳解释是这样一个事实，即该信念来自一个由理智德性 A 所激发的行动。①

其次，如果把与实在产生认知接触的结果限定为真信念，那么扎格泽博斯基的知识定义就可以改写为：知识是一个产生于有理智德性的行动的信念状态。这里没有再次强调信念的真，因为根据"有理智德性的行动"的定义，这样一个行动的结果就是真信念的获得。也就是说，只要是产生于有理智德性的行动的信念，都是真信念。

最后，需要区分低端知识(lower end knowledge)与高端知识(higher end knowledge)。低端知识的典范是知觉知识。例如，我在写这句话的时候，当我看见眼前的笔记本电脑以及我正在输入的文字，我就可以形成相应的知觉知识。这类知识显得比较被动，不需要太多认知主体的理智参与，因此只要有正常官能的人都能获得，是一种广泛存在、门槛较低的知识。高端知识的典范是科学知识、哲学知识与艺术知识。这类知识的获得并非一瞬间的，而是需要在长期的探究过程中花费认知主体的大量努力并且克服许多困难，这类知识的标准显得更高，拥有的人也更少。那么是否扎格泽博斯基的知识定义更适合高端知识，而不太适合低端知识呢？显而易见，扎格泽博斯基的定义更适合高端知识，因为这类知识的获得在很大程度上依赖认知主体理智德性的发挥，而不是简单地运用认知官能就能获得。低端知识在什么意义上满足扎格泽博斯基的定义呢？为了能说明低端知识，她指出自己在对"有理智德性的行动"的定义中，并不要求认知主体拥有理智德性。那么一个还未拥有理智德性的人何以能做出一个有理智德性的行动呢？满足定义中的条件(1)至(4)就算一个有理智德性的行动，但是拥有理智德性的人需要拥有牢固确立的习惯(entrenched habit)，这样他才能可靠地实现德性的目的。② 所以，对于一个仍在学习和培养德性的人来说，只要他在别的方面和一个拥有德性的人表现得一样，那么他也可以展现有理智德性的行动。在低端知识的情况中，认知者一般不对自己的认知能力进行怀疑，而是对知觉的呈现给予一种默认的信任，这样一种态度在扎格泽博斯基看来是信赖的展现，也是一种理

---

① 这一想法出现在 Zagzebski(1996,270)的脚注之中，却是一个很好的补充。在这里我们看出与德性可靠论里"展现"概念共通的思想。
② 参见 Zagzebski(1996,279-280)。

智德性。① 因此,对于普通人来说,只要他们能模仿有德性的人形成知觉信念,他们的信念也算是来源于有理智德性的行动,也因此可以满足扎格泽博斯基的知识定义。

我们已经分析了扎格泽博斯基对知识的定义,那么该定义是否可以处理葛梯尔问题呢? 对于此经典问题,扎格泽博斯基提出一些有启发性的观点。首先,扎格泽博斯基对葛梯尔问题提出自己的诊断。她认为在传统知识的三元定义中,葛梯尔问题是不可避免的。在传统的定义中,知识总是真信念加上额外的条件,如辩护条件。这些额外的条件与知识的事实条件有一定的独立性,其独立性表现在满足额外的条件并不蕴涵事实条件。在不同的理论中,独立性的程度不同,但只要存在独立性,就有产生葛梯尔案例的可能。

在传统的 JTB 理论中,这个额外的条件是辩护条件,但是一个被辩护的信念并不一定是真的。按照内在主义的框架来看,一个认知主体在恶魔世界中的复刻品同样拥有被辩护的信念,但显然他的信念不是真的。此外,当代的知识论学者也认为,我们的理由对信念的支持并非不可错的,因此即使有充分的理由支持一个信念,也不代表我们有不可错的理由支持一个命题为真。对于外在主义来说也是一样,即使我们的信念是通过一个可靠的信念形成过程形成的,但可靠的过程只是成功率较高,并非不可错的。因此,在理论上存在这样一种可能性,即认知主体通过一个可靠的过程获得了一个假信念。如果一个认知者的信念满足辩护条件但不是真的,那么一定有某些坏运气掺杂其中,使得认知主体处于不利的情况。此时只要我们再引入一股好的运气,抵消坏运气的影响,并且使得信念为真,那么葛梯尔案例就出现了。例如,在葛梯尔本人的第一个反例中,老板的欺骗使得史密斯的信念本该为假,这是坏运气。但由于自己恰好获得工作,并且口袋中正好有 10 个硬币,自己的信念变成真的,这是好运气。读者可以自行思考其余的反例,识别出案例中的坏运气和好运气。总而言之,扎格泽博斯基认为葛梯尔案例的实质是好运气取消了坏运气的效果,从而出现了被辩护的真信念。

扎格泽博斯基认为自己的观点可以解决葛梯尔问题,解决的关键在于她对知识的定义。在该定义中,知识被看作一个产生于有理智德性的行动的信念状态,而一个产生于有理智德性的行动就蕴涵了真。也就是说,满足这个

---

① 缺乏信赖的人反而展现了一种理智恶习,即理智妄想(intellectual paranoia)。

条件的信念肯定是真的信念,不像其他理论一样,知识的事实条件与额外条件之间存在独立性。扎格泽博斯基做了一个区分,即展现德性(exhibiting virtue)与有德性的行动(an act of virtue)是不同的。在葛梯尔案例中,认知主体也展现了某些理智德性,因此我们倾向于说他们的信念是获得辩护的。但是仅仅展现理智德性并不够,因为此时真信念并非通过德性的动机或认知过程获得的。葛梯尔案例中的主角之所以获得真信念,更多是因为运气,而非德性的使用。① 所以,扎格泽博斯基主张,当认知者是因为有德性的行动获得真信念时,他就获得了知识。此时,对于认知者的信念为真的解释因素是他的德性的运用,而非运气。

在对"有理智德性的行动"的定义中,扎格泽博斯基已经规定德性对于信念为真的解释性角色,所以根据定义来看,一个来自有德性的行动的信念自然就可以成为知识。总而言之,她认为自己的方案可以免于葛梯尔幽灵的攻击。事实是否真的如此?我们不妨思考下面的案例,看是否会对她的方案产生威胁。

栽赃嫁祸

假设 A 相信自己在清明节烧香时随意丢弃的烟头引发了森林大火,并且为了躲避法律追究,A 决定在邻居 B 的院子里栽赃嫁祸、埋藏证据,使得证据指向 B 是纵火犯。一个警探被派来调查火灾原因。警探拥有寻求真相和一系列理智德性的动机,事实上他也展现出该美德的特征:他认真地处理证据,考虑相关的可能性,避免做出草率的结论,并且咨询可靠的消息来源。但由于 A 的巧妙引导,警探最后判断是 B 引发了火灾。在该案例中,A 并不知道其实是 B 引发了火灾。由于旧怨,B 尾随 A 进入森林想栽赃嫁祸 A,在 A 祭拜离开后纵火烧山。因此,警探的信念是真的。

警探拥有德性的动机并且成功地展现出德性的行动,因此由此动机获得的真信念应该被扎格泽博斯基当作知识,但是我们会认为在这个案例中警探的真信念是知识吗?这一问题留给读者进一步思考。

---

① 为了表明德性的运用与获得真信念之间的解释关系,扎格泽博斯基有"because of virtue"和"through virtue"等用法,参见 Zagzebski(1996,297)。

第四节　境况主义的挑战

德性知识论的一个核心想法是，认知者具有理智德性，并且理智德性使得认知者在认知领域表现卓越。理智德性与道德德性都属于德性，可见这些学者都默认德性的存在与价值。从20世纪60年代开始，社会心理学领域做了一些有趣的经验研究，研究的结果对德性这一概念的经验适用性提出挑战，这一挑战促成哲学上境况主义（situationism）思潮的产生。境况主义的主要思想是，人的行为更多受制于环境的变量，而非基于行动者的品格特征。因此，社会心理学的实验证伪了基于性格的心理学理论以及德性伦理学。与德性伦理学一样，德性知识论同样诉诸德性这一概念，因此德性知识论同样受到境况主义的挑战。[①]

一、社会心理学与境况因素

境况主义的挑战受到社会心理学实验的启发。首先让我们看两个来自社会心理学领域备受讨论的实验。

案例1　"电击"式学习

受试主体认为自己参加的是耶鲁大学一个有关记忆的科学研究。实验包括一个实验员、一个经过专门训练扮演学生的托，还有一个受试主体。受试主体认为自己要扮演教师的身份，和扮演学生的人展开教学活动，从而帮助实验员了解惩罚与学习效果之间的关系。虽然有抽签决定角色的流程，但是抽签被从中作梗，受试主体只会抽到教师角色。在实验过程中，"学生"被绑在一把"电椅"上，受试主体则要学会操作一台电击设备，但是受试主体不知道该设备只是一台电击模拟机，并不会对"学生"造成伤害。这台模拟机有30个标明电压的拉杆开关，从左往右每个开关标明递增15伏，从15伏到450伏。这些电压区间从弱到强，还贴有标签：微弱电击（15～60伏），中等电击（75～120伏），强烈电击（135～

[①] 代表性文献参见 Alfano(2013；2014)、Olin and Doris(2014)、Brogaard(2014) 和 Battaly(2014)。

180伏),很强电击(195～240伏),高强电击(255～300伏),极强电击(315～360伏),危险电击(375～420伏),最后一档是"XXX"。"教师"被告知这些电压只会造成不同程度的疼痛,但不会对"学生"造成永久伤害。在学习单词的测验中,"教师"会让"学生"在4个答案中进行选择,"学生"通过按"电椅"面前的4个按钮,从而在电击设备面板显示所选答案。如果"学生"回答错误,那么"教师"就要对学生施加惩罚。惩罚从15伏开始,"学生"每错一次就升到下一级电压。"教师"每次惩罚之前都会宣布本次惩罚的电压,到了300伏以后,"学生"的答案就不会再显示在电击设备上面,但是"教师"会把不回答也当作错误作答。"学生"会故意出错,从而逼迫"教师"使用更高的电压。当惩罚电压到了300伏,"学生"开始用头猛撞墙壁表现出自己的痛苦,"教师"也能听见。这时如果"教师"不知所措,询问实验员该怎么办,那么实验员会按顺序说出督促的话语,分别是"请继续"、"实验要求你继续"、"你有必要继续下去"、"你没有选择,你必须继续"。这些话语从弱到强,如果弱的不管用才能使用强的话语。如果使用了最强的督促话语后"教师"仍然拒绝继续实验,那么实验就终止。

下面是实验的结果。实验对象有40人,都是25～50岁之间的男性,从事不同的职业,受教育程度涵盖小学肄业到博士毕业。在40个受试主体中,有5人在电压超过300伏以后拒绝服从实验员的命令,有9人分别停在315～375伏电压,也就是说,有14个人违抗了命令。另外26个人一直服从命令,直到电击设备所能给出的最大电压(450伏),实验员才叫停止。虽然这些人在整个过程中犹豫过,内心也倍感压力,但是他们最后都服从了命令。①

案例2 匆忙的善心

受试主体是普林斯顿神学院的40位学生。学生们被告知他们是参加一个有关神学院学生职业选择的研究,并且为了收集更多细致的信息,学生们被告知要阅读一段文字,然后做一个3～5分钟的发言并且发言会被录制下来。有的学生拿到的是一段有关神学院学生毕业后择业去向的材料,另外一些学生拿到的则是写有善良的撒玛利亚人故事

---

① 这个案例已被缩写,原案例的详细设计可见 Milgram(1963)。

的材料。①

待学生阅读完毕,研究助理告诉所有受试主体,由于场地狭窄,学生的发言录制会在隔壁的建筑内进行。此时,研究助理有3种告知方式。方式1是高度紧急。研究助理看看自己的表,然后说:"哎呀,你迟到了。他们早就在等你了,我们最好马上就走。你快点,过去的路很近,一分钟都不用。"方式2是一般紧急。研究助理说:"他们已经准备好了,你现在可以过去了。"方式3是不紧急。研究助理说:"他们还需要几分钟准备,不过你现在动身过去也可以。如果实在需要你等的话,也不会等太久。"

学生们需要穿过小巷走到隔壁的建筑,而此时会遇到一个突发事件。有个人躺在地上,双眼闭着,一动不动。受试主体走过时,这个"患者"会咳两声并且发出痛苦的呻吟。如果受试主体停下来询问"患者"身体状况,那么"患者"会说:"谢谢你,我没事。我有呼吸道疾病,医生给了我一些药,我刚刚吃了一片,只要稍微坐一会儿就好啦,谢谢你的关心。"如果受试主体坚持要把"患者"带到建筑内休息一会儿,那么"患者"会接受帮助并表示感谢。

接下来是实验结果。结果显示,40个测试者中有16人提供了(直接或间接的)帮忙,另外24人没有施以援手。在不紧急的状况下,63%的学生给予帮助;在一般紧急的状况下,45%的学生给予帮助;在高度紧急的状况下,10%的学生给予帮助。阅读了《圣经》寓言故事的人有53%给予帮助,阅读职业介绍材料的人有29%给予帮助。作者的结论是,受试主体的匆忙程度在很大程度上会影响他们是否愿意给予援手,然而受试主体所想的内容(《圣经》寓言故事或职业介绍材料)对是否帮忙影响不大。②

上述的实验让学者开始思考两个问题。首先,人们之间的性格差异是否真的与行为的预测和解释有密切关联。其次,一些很细微的境况因素,即使从常识层面来看不太相关,但为什么会对人们的行为产生显著影响。虽然上述实验并未给出任何决定性的证据,但是在理智层面已经产生了谜题。

---

① 善良的撒玛利亚人(The Good Samaritan)是《新约圣经》"路加福音"中耶稣基督讲的寓言:一个犹太人被强盗打劫,受了重伤,躺在路边。犹太人自己的祭司和利未人虽然是神职人员,但路过却不闻不问、见死不救。一个撒玛利亚人路过,不顾教派隔阂善意照应他,还自己出钱把犹太人送进旅店。后来美国制订了《善良的撒玛利亚人法律》。
② 这个案例已被缩写,原案例参见 Darley and Batson (1973)。

受到类似的实验启发,一些学者开始质疑德性伦理学与德性知识论的经验合适性。①

在日常生活中,我们认为一个人的性格特征可以用来解释这个人所做的事。一个拾金不昧的人之所以归还钱包,是因为他具备拾金不昧的品格,而一个把钱包里面的东西顺手牵羊的人则是因为他缺乏诚实的品格,或者说他很贪婪。如果导致上面行为差别的因素并非来自人的品格的差别,而是境况的差别呢?也许读者会认为在生活中的确可以观察到别人一致的行为特征,但是如果不是诉诸别人的性格特征,那么这些行为的一致性怎么解释呢?在心理学领域,罗斯与尼斯贝特(Lee Ross and Richard Nisbett,1991)提出了与这幅日常图景不同的另外一幅图景。他们认为人们的确表现出相当的行为可预见性,但是这些可预见性并不是由于人们性格的不同。这种可预见性是由别的事实决定的。人们经常根据他们的能力和倾向来选择他们所处的境况。例如,教师和罪犯很少面临相同的情景挑战,前者主要是教室、图书馆和办公室,后者主要是犯罪场景和执法人员。他们主动或被动地将自己置身于不同的场景,而这些场景会引发他们观察、行动、感受和思考的不同方式,但是这些方式却有一致性。可见这里的一致性是来源于选择场景的一致性,从而导致在场景中行为表现的一致性。罗斯与尼斯贝特甚至认为,人们有时候是因为自己所承担的社会角色才被迫表现出一种行为的一致性。当人们作为一个"演员"承担社会角色时,他们会做出不同的承诺,会对自己有不同的要求,也会面临来自各种规章制度的表扬和惩罚。因此,日常经验中发现的行为一致性在罗斯与尼斯贝特看来只是一种表演的一致性。②

哈曼(Harman,1999,329)同意上述观点,并且给出十分贴切的总结:

> 我们信心十足地把性格特征归赋他人,并以此来解释他们的行为。但是我们的归因经常是非常错误的。事实上并没有证据表明人们的性格特征是不同的。不同的是他们所处的境况以及他们对于境况的感知。不同的是他们的目标、策略、恐惧与乐观等。然而,性格特征并不能解释实际上存在的差别。

---

① 读者如果对类似的实验感兴趣,可以阅读 Isen and Levin(1972)讨论好心情与给予帮助行为之间的积极关系,Page(1974)和 Matthews and Cannon(1975)讨论环境音量大小与给予帮助行为之间的负面影响,Zhong et al.(2010)讨论灯光照明与作弊行为之间的关系。
② 在解释主体行为的时候,对于性格因素的强调以及对于境况因素的忽略在心理学上也被称为基本归因错误(fundamental attribution error)。

我们可以不用假设存在这样的特征就能解释通常对于性格特征的看法。在试图解释为什么有人以某种方式行事时,我们专注于图形而忽略了背景。我们看到了主体却忽视了境况。我们对于他人看待一个具体境况的方式的理解是幼稚的。

上面的案例更加偏向性格与行动之间的关系。为了让挑战显得更为全面,下面不妨列举一些在社会心理学领域关于认知能力的可靠性与境况因素之间关系的研究结果。

(a) 当格言(aphorisms)以押韵的方式出现时,人们会以此为理由倾向于认为格言所说为真。①

(b) 当文本所用的字体造成阅读困难时,读者会认为作者的智力水平较低。而当文本所用的字体容易阅读时,读者会认为作者的智力水平高。②

(c) 缺乏数学专业知识的人被要求快速判断等式的真值时,相对于不对称的呈现方式,以对称的方式呈现的等式更容易被判断为真;相对于以不对称方式呈现的错误等式,以对称的方式呈现的错误等式更容易被判断为真。③

(d) 容易阅读的陈述更容易被读者判断为真。④

(e) 通过视觉判断斜坡的坡度时,相比于有朋友在身旁陪伴的情况,没有朋友在身旁时判断的结果会更陡峭。⑤

(f) 字体大小与准确记忆之间没有关系,但是人们还是会认为用大字体呈现的内容更加难忘。用较高音量说出的内容与准确记忆之间没有关系,但是人们还是会认为他们会记住大声说出的单词。⑥

上述这些研究成果对推理、视觉的可靠性提出了挑战,而这些对象是我们的认知能力,更偏向于德性可靠论者所谈论的德性。经验研究可以总结为两个核心要点:第一,在解释和预测一个人的行为时,行动者外部境况的因素比行动者内部性格特征的因素发挥更多的作用;第二,我们日常所赋予的稳健的(robust)性格特征缺乏经验合适性。性格特征并非是稳健的,而是脆弱的。随着细微的境况因素的变动,这些特征并不能引发一致的行为。

---

① 参见 McGlone and Tofighbakhsh(1999;2000)。
② 参见 Oppenheimer(2006)。
③ 参见 Reber, Brun and Mitterndorfer (2008)。
④ 参见 Unkelbach(2007)。
⑤ 参见 Proffitt(2006)。
⑥ 参见 Rhodes and Castel(2008;2009)。

让我们把目光移到认知境况主义对德性知识论的挑战上来。① 阿尔法诺(Mark Alfano)是具有代表性的挑战者。他分别攻击了德性可靠论和德性责任论。德性责任论面临的问题可以总结为下面的论证。

1. 我们需要在怀疑论、德性责任论与认知境况主义中做选择。
2. 德性责任论身处二难困境。该理论或者承认局部特质(local traits),或者不承认。如果不承认,那么该理论就会引发怀疑论的结果。如果承认,那么德性责任论很难解释为什么局部特质是值得赞许的,而缺乏这一性质就不能成为德性责任论框架下的理智品格。
3. 因此,应该放弃德性责任论并支持认知境况主义。②

阿尔法诺认为,如果我们不愿接受怀疑论的结论,那么我们就必须承认认知者普遍拥有知识,拥有受到辩护的信念。但是根据扎格泽博斯基的德性责任论的观点来看,只有产生于有理智德性的行动的信念才是受到辩护的,才能成为知识。然而经验研究表明,并没有德性责任论者预设的广泛存在的理智美德。德性责任论者理解的理智德性是普遍的,而非仅仅在局部的,这与德性伦理学有共通点。例如,说一个人是诚实的,是指这个人在很多情况下都能做出诚实的行为。如果一个人仅仅是在心情好时诚实,在光线明亮时诚实,在天气好时诚实,那么这算是一种德性吗?同样,说一个人热爱真理,是指这个人在很多智力工作中可以表现出对真理的热爱。如果一个人仅仅是在心情好的时候热爱真理,在轻松的时候热爱真理,那么这算理智德性吗?在不同情况下都诚实的特质是值得称赞的,因为这需要克服在很多境况中面临的困难因素从而表现出诚实的行为。在不同的情况下都热爱真理也是值得称赞的,因为追求真理是困难的,这需要克服一系列境况所施加的困难。所以,有什么理由认为局部性的特征是值得称赞的呢?对于德性责任论来说,这是一个棘手的困难。但是如果德性责任论认为不存在局部的德性,那么即使现有的经验研究无法证明不存在横跨不同境况的稳固的理智德性,也有很强的证据支持这类理智德性很稀有、很难获得,这也就意味着只有非常少的一些人拥有理智德性并且在其驱使下获得了知识,而绝大部分认知者都是没有知识的。这无疑是一个怀疑论的结果,一个德性责任论者所不愿看到

---

① 读者如果对德性伦理学的回应感兴趣,可以阅读徐向东、陈玮(2019)。
② 参见 Alfano(2013,125)。

的结果。

阿尔法诺的攻击同样可以拓展到德性可靠论。德性责任论把理智德性和认知者的性格特征紧密地联系起来,因此德性责任论很显然会面临境况主义的挑战。不过德性可靠论也不能独善其身,虽然德性可靠论认为理智德性是可靠的认知官能和习得的技能而非理智品格,但仍有相关的心理学研究表明,认知能力和技能的可靠性是值得怀疑的。① 如果这两种形式的德性知识论所依赖的心理学成分受到挑战,那么它们在知识论层面的价值也会被极大地削弱。阿尔法诺并没有攻击所有的认知官能,而是限定于推论的能力。因此接下来讨论的核心是推论的知识或推论的信念。阿尔法诺对德性可靠论的批评论证可以总结如下。

4. 就推论知识而言,我们需要在怀疑论、可靠论与认知境况主义中做选择。

5. 可靠论身处二难困境。该理论或者承认启发法是理智德性,或者不承认。如果不承认,那么该理论就会引发怀疑论的结果;如果承认,那么德性可靠论很难解释这些倾向在什么意义上是可靠的。

6. 因此,应该放弃可靠论并支持认知境况主义。②

推论知识是认知者凭借推论能力获得的知识,如通过使用演绎、归纳或最佳解释推理方式获得的知识。如果我们承认认知者拥有这类知识,那么我们就得给出一个说明。对于阿尔法诺来说,推论可靠主义的想法是,推论知识是由于使用可靠的推论能力从而获得的真信念,这一表述符合德性可靠论者的根本想法。

阿尔法诺借助一些经验研究证据试图表明,平常人和专家会使用的启发法(heuristics)本身并不可靠。启发法是人们进行判断、决策和解决问题的简单有效的推测规则,这些规则在大部分情形下有效,但是在特定的情形下会导致认知偏差。阿尔法诺考察了可得性偏差、代表型启发法与合取谬误。我们不妨借助下面的例子来帮助理解。

7. 在一本约两千字的英文小说中,会有多少单词是由 7 个字母组成并且结尾形式是"ing"呢?

---

① 除了上文列举的例子,可进一步参看 Kahneman(2011)。
② 参见 Alfano(2013, 148-149)。

8. 那么在这本约两千字的英文小说中,会有多少单词是由 7 个字母组成并且倒数第二个字母是"n"呢?①

针对第一个问题,也许你会猜"13~14"。而另外一个问题,你可能会猜"4~5",或者更多一点,如"6~10"。此时的问题在于,任何具有"ing"结尾形式的单词其倒数第二个字母都是"n"!因此,为了避免信念之间的不一致,第二个问题的答案至少应该和第一个问题的答案一样多。在这个例子中,认知者更容易想到具有"ing"结尾形式的单词,所以就会觉得这样的单词数量多,而以"n"作为倒数第二个字母的单词更不容易想到,所以就觉得少。这便是可得性偏差的一种体现。这里所揭示的问题是,虽然针对某个问题来看,认知者不一定做出错误的判断,却会获得不一致的信念,而不一致的信念在我们的进一步推理中就很容易带来错误的结论。考虑可得性启发法使用的场景很广泛,因此这一方法的不可靠会影响通过这一方法产生的信念的认知地位。

如果认知者在获得推论信念时所广泛借助的启发法是不可靠的,那么根据德性可靠论的观点来看,这些能力(倾向)就不能成为理智德性。不是通过运用理智德性获得的信念,无论其内容是真是假,都不成为知识。这样一来,德性可靠论者就要对推论知识采取怀疑论立场。

当然,德性可靠论有别的选择。一种选择是解释这些启发法在什么意义上是可靠的。例如,仿照局部特质的想法,承认局部可靠性。这种做法的实质是放弃全局的可靠性,进而将可靠性按照境况因素进一步细化。该选择的困难是,境况化的可靠倾向对于可靠主义者来说是理论的大幅弱化,并且在技术细节上会变得很烦琐。另外一种选择是在知识的范围上采取让步策略,这样的让步可以从知识类型的方向展开,也可以从认知主体的方向展开。如果往前一个方向展开,那就意味着基于启发法的推论信念不成为知识,只有基于有效的推理方式的推论信念才成为知识。或者再激进一点,只存在非推论知识,不存在推论知识。如果往后一个方向展开,那么可以说具有推论知识的人十分罕见,是少数人通过努力训练才获得的,普罗大众并不拥有。这样一来,在阿尔法诺的眼里,可靠论者就陷入两难境地,而认知境况主义则处于优势。

---

① 这一例子来源于 Tversky and Kahneman(1973)。

二、德性知识论的回应

面对境况主义的挑战,德性知识论学者有什么好的回应方式吗?让我们考察德性可靠论的一种回应方式。索萨认为境况主义与德性理论的冲突并不是实质性的,而是幻象。在一般的意义上,对于行动的解释需要诉诸两个因素。一个因素是行动者的倾向,另一个因素是外部环境中相关的触发条件。这两个方面的分析缺一不可。德性理论更多关注的是构成行动者倾向的内部因素,而境况主义更多关注的是外部环境中相关的触发条件。在这个意义上,两种理论流派都共同承认这样一个行为解释的二元框架。也正是在这个意义上,境况主义不会退步为斯金纳(Burrhus Frederic Skinner)的行为主义理论。

面对境况主义的挑战,德性理论学者当然有应该学习的地方。经验研究表明,德性理论学者以前对于德性的看法太强了,并没有他们所设想的那样跨越各种各样的环境保持稳健并且能单一决定行为的德性。既然认识到认知者的能力与性格在某些境况因素的影响下会失效,会变得不可靠,那么我们就应该改变自己对能力与性格的最初理解,甚至改变它们所运用的环境,而不是直接放弃和拒绝它们。通过改变能力和性格所使用的环境,认知者可以更好地发挥两者的功效,从而实现实践的目的。毫无疑问,这是实践智慧的一种体现。例如,当我们发现暗淡的灯光会诱发学生的作弊行为,那么为了培养学生不作弊的品格,难道不是应该让教室和考场的灯光明亮吗?当我们发现在睡眠不足的情况下,记忆的准确性会下降,那么为了更好地准确运用记忆力,难道不是应该保持充足的睡眠吗?这是德性理论者应该虚心向境况主义者学习的地方。

索萨把认知境况主义的核心总结如下:由于受到一些与真无关的境况因素的影响,我们认知能力的可靠性降低了,并且我们过高估计了自己认知能力的可靠性。不过在索萨看来,这一想法有两个核心困难。[1]

首先,境况主义表明我们过高估计了自己认知能力的可靠性,但是这并不等于我们认知能力的不可靠,因为这些认知能力仍然是足够可靠的。这仅仅意味着我们需要对自己的认知能力有更准确的评估,而不等于我们应该承认自己在许多认知领域缺乏胜任力。批评者犯了从没有那么可靠到不可靠

---

[1] 这里的讨论参见 Sosa(2017, 203 – 205)。

的跳跃。况且即使在某个特殊的境况中认知能力的运用不可靠,也不能说某个能力一般不可靠。这就类似一部通过质检的手机在珠穆朗玛峰山顶由于太冷而不能开机,但是我们并不能由此推论它在一般情况下也不可靠。批评者犯了从个别例外情况概括归纳一般情况的错误。

其次,境况主义者基于在境况 X 中我们做某事 φ 经常失败而推出我们缺乏做 φ 的胜任力和只拥有不在 X 的境况中做某事 φ 的胜任力。看起来这是一种胜任力的境况化限制,但这一推论形式藏有逻辑谬误。索萨在讨论 3S 理论时已经指出,如果说 S 拥有做某事 φ 的胜任力,那么此时除了 S 自身的技能,还暗藏了被相关群体选择的合适的状态与境况条件,我们是相对于这些选定的情况来谈论 S 的胜任力的。因此,即使某人在特定环境中尝试做某事 φ 失败了,我们也不能直接得出结论说 S 缺乏 φ 的胜任力。一个重要原因是,这个特定环境并非一开始我们赋予 S 胜任力所选择的环境。而且我们也不能说认知主体拥有不在 X 的境况中做某事 φ 的胜任力。例如,当我们发现小乐在 KTV 的嘈杂环境中背诵单词的效果很差,不具有记忆的胜任力,我们是否可以推出她能在非 KTV 环境中具有良好的记忆力呢?这显然不能,当我们赋予她记忆胜任力的时候,我们所选的境况远比非 KTV 环境的外延要窄,至少不包括在蹦极的时候、在鬼屋玩耍的时候、在吃重庆麻辣火锅的时候。所以,境况主义者的错误也就显而易见了。

此时我们意识到,索萨的回应是否成功取决于境况主义者所选的场景是否为我们平常赋予 S 胜任力时所默认的场景。如果所选场景过于罕见、极端,那么这一回应自然是很有辩护力量的;但是如果所选场景很普遍、很常见,那么这一回应相当于承认,我们一直误以为 S 拥有做某事 φ 的胜任力,而我们的判断是错的。回答这一问题需要在两个方面进行深入的工作,在社会学和语用学层面要明确我们赋予胜任力时所暗含的状态与境况条件,而在心理学层面需要用经验科学的方法测试认知主体在这些条件下是否具有成功的倾向。[①]

第五节 理智谦逊:专题研究

对理智德性的研究既可以在一般的层面上刻画其结构与特征,也能对

---

① 读者如果对德性责任论的回应方式感兴趣,可以参看 Montmarquet(2017)和 Sylvan(2017)。

具体的理智德性展开研究。本节将对理智谦逊这一理智德性展开专题研究。谦逊(humility)这一德性在中西方文化中广为流传,让我们看一些例示。

1. 满招损,谦受益。——《尚书·大禹谟》
2. 伟大的人是绝不会滥用他们的优点的,他们看出他们超过别人的地方,并且意识到这一点,然而绝不会因此就不谦虚。他们的过人之处愈多,他们愈认识他们的不足。——卢梭《爱弥儿》
3. 当我们是大为谦卑的时候,便是我们最接近伟大的时候。——泰戈尔《飞鸟集》
4. 人生之大病,只是一"傲"字。——王阳明《传习录·门人黄以方录》

理智谦逊可以看作谦逊的精神在认知领域的展现,那么理智谦逊的内涵是什么呢?在当今知识论学界有3种对于理智谦逊的观点,它们分别是无知观、承认局限观和非自我中心观。首先来回顾这3种理论的要点。

一、3种理智谦逊观

(一) 无知观

根据无知观来看,理智谦逊要求我们在相当程度上低估自己的能力或成就。也正是在这个意义上,理智谦逊的人的自我评估是自我贬低的,也是不准确的。由于理智谦逊的人对于自己的自我价值是缺乏知识的,因此称为无知观。这种思想的源泉至少可以追溯到德莱芙(Julia Driver, 1989, 376),她曾经这样看待谦虚:

> 谦虚的人低估自己的个人价值。当他说话时,他对事实轻描淡写却不自知。这意味着,在某个程度上谦虚的人对自己的自我价值是无知的。他对自己的评价较低,并因此只承认本该归属于他的功绩的一部分。

把德莱芙的观点向认知领域拓展,理智谦逊的无知观强调的是,谦逊的人不仅仅是在外在行为上保持较低的自我评价,更关键的是他外在的轻描淡写是由于他内在对自己价值的低估。① 所以往往由于对自己的无知,理智谦逊的人在言谈和做事时表现出一种对自己能力和成就的轻描淡写。

(二) 承认局限观

根据承认局限观,惠特康姆等人(Whitcomb et al.,2017,520)把理智谦逊定义如下:理智谦逊是一个人对自己的理智局限的适度关注与承认。可以从下面3个方面来阐述此观点。

首先,理智局限(intellectual limitations)的含义表明理智局限是一个人在认知方面的缺陷与不足。例如,我们作为一般的认知者,可能对当下热点时事或新的科学发现并不知悉;或者我们在进行数学计算时由于粗心大意而犯错,在进行逻辑推理时并未遵循有效的推理规则;或者我们由于受到认知偏见的影响,倾向于相信具有高学历的人提供的信息。各种各样的理智局限都是平常人所具有的,因此与其忽视它们,我们更应该关注它们。

其次,对理智局限的关注有适度性要求。对于惠特康姆等人来说,如果一个人总是看到自己的理智局限,那么这个人就会是理智屈从的(intellectually servile);如果一个人从来看不到自己的理智局限,那么这个人就会是理智傲慢的。所以,理智谦逊需要以理智屈从与理智傲慢的中道形态出现,即:一个人不能满眼都是自己的理智局限,也不能从未意识到自己的理智局限。当然,具体需要意识到多少理智局限才是适度的,不仅有上述的一般性要求,更会受到具体的情境限制。例如,在一个合成物化学结构分析的任务中,我们需要意识到的是自己在化学知识和仪器操作等相关方面的理智局限,而不需要意识到自己在历史知识或哲学知识等方面的缺乏。

第三,除了关注自己的理智局限,我们还要在社会交往领域承认自己的理智局限。"承认理智局限"要求认知者在关注到自己的理智局限后,做出认知的、行为的、动机的、情感的4个方面的反应。

(1) 认知性反应:承认理智局限的人倾向于相信并接受自己确实拥有这些局限,且相信某些负面结果正是由于自己的局限所导致的。

(2) 行为性反应:跟随情境的要求,承认理智局限的人愿意向他人坦诚自

---

① 值得注意的是,德莱芙并没有直接谈论谦逊,而是谈论谦虚(modesty)。她的区分是,谦逊的人可以对自己有一个准确的评价,但谦虚的人需要低估自己。因此,严格来说,她并不支持谦逊的无知观。但是如果取消谦逊和谦虚的差别,那么仍然可以发展出一种谦逊的无知观。

己所具有的局限,并在具体认知过程中倾向于做出能体现认知到自己局限的行为。

（3）动机性反应:承认理智局限的人看重自己的理智局限,会严肃、认真地对待,并做出努力克服这些理智局限的行为。

（4）情感性反应:承认理智局限的人倾向于对指出自己局限的人持有感激而非敌对的态度,对自己拥有这些局限的事实持有适度的沮丧情感。[1]

（三）非自我中心观

根据谦逊的非自我中心观,谦逊的人应该避免过度的自我关注,如自负和傲慢。相反,谦逊的人不以自我为中心,而倾向于关注别人,愿意倾听别人的意见和看法。

罗伯茨(Robert Roberts)与伍德(Jay Wood)支持这种想法。在他们的论述中,理智谦逊是与恶习相对立的。他们将这一系列与理智谦逊相对的品格统称为不适度的骄傲(improper pride)。其中,傲慢(arrogance)与虚荣(vanity)是勾勒理智谦逊最具代表性和重要性的对应恶习,因而他们着重借由这两个恶习对作为其对立面的理智谦逊进行了细致的分析。傲慢与虚荣的定义分别如下。

> 虚荣是过度沉迷于想要获得他人对自己的正面评价,从而导致对他人(对自己)的观点过度敏感。[2]
> 傲慢是一种倾向,该倾向基于某人的优越假设推出一些不合法的资格的断言,并以此断言为基础去思考、行动和感受。[3]

通过将虚荣和傲慢进一步限定为认知领域的虚荣与傲慢,并将理智谦逊同理智虚荣、理智傲慢进行对比,他们对理智谦逊这一德性提出两层要求:①作为理智虚荣的对立面,理智谦逊是在品格上对一个人理智方面身份地位的异乎寻常的低关注;②作为理智傲慢的对立面,理智谦逊是一种品格,拥有该品格的人不会出于其(或有误的)出众和卓越而做出未经担保的资格的断言。

---

[1] 参见 Whitcomb et al. (2017,517–518)。
[2] 参见 Roberts and Wood(2007,259)。
[3] 参见 Roberts and Wood(2007,265)。

二、3种谦逊观的困难

上述3种谦逊观都对我们理解谦逊做出重要的贡献,因此一个好的理智谦逊观需要汲取上述理论深刻和正确的部分。但由于这些观点也面临一些棘手的问题,因此在理智谦逊的定义问题上仍不令人满意。下面将简要讨论它们所面临的困难。

谦逊的无知观有两个困难。首先,由于该理论要求谦逊的人低估自己的自我价值,因此谦逊的人就无法正确认识自己的能力和成就。这样一个理论可能在伦理学领域行得通,但放在知识论领域却会面临困难。这主要是因为,如果一个人总是对自己的认知能力和认知成就缺乏正确的认识,并进而低估自己的认知地位,那么这样一种认知的倾向会破坏我们认知活动的一个重要目标,即对真的追求。特别是当我们把认知德性看作本质上与追求真相关的德性的时候,一个自然产生的问题就是,如果理智谦逊导致我们总是无法准确地看待自己的认知表现,那么它还是认知德性吗?难道它不会因此变成认知恶习吗?

其次,谦逊的无知观会面临理智屈从(intellectual servility)这个问题。而这个问题也是承认局限观所共同面临的。承认局限观认为,理智谦逊是一个人对自己的理智局限的适度关注与承认。但不可否认的是,一个人除了有理智局限,还有自己的理智优势。对比理智局限来看,理智优势是一个人在认知方面的优秀能力与好的品格,如具有好的记忆力或视力、能符合逻辑地思考、有很多知识或深入的理解。虽然在逻辑上可能有一个人只有理智局限,但在实际生活中我们可以忽略这样一个毫无理智优势的人。如果一个人总是关注自己的理智局限,看不到自己的理智优势,那么这样一个人就会是理智屈从的,会变得对自己的认知能力缺乏信心,并且在面对别人的不同意见时很容易放弃自己的想法。在承认局限观这里,对自己的理智局限的适度关注和承认与对自己理智优势的适度关注和承认是分开且独立的,所以一个人可以在同一领域对自己的理智局限进行适度的关注与承认,同时对自己理智优势缺乏足够的关注与承认。但两者是否真的相互独立?一种更合理的观点是,在同一时间和同一领域内,一个人的理智优势和理智局限是不可分开的。[①] 一个人对任何一方面缺乏适当关注或承认,那么另一方面也会因此缺

[①] 详细的讨论参见 Wang and Yang(2019)。

乏合适性。所以，当一个人对自己的理智优势关注不够时，势必会引起对自己的理智局限的过多承认，从而造成理智谦逊向理智屈从的滑坡。因此，为了避免引起理智屈从这个问题，我们需要把理智谦逊当作理智傲慢和理智屈从的中道、一种对自我理智优势和局限的适当关注和承认。

就非自我中心观来说，它有两个问题。首先对自己的较低关注对于理智谦逊是不充分的。一个人可以由于自己太着迷于认知上的探索，或者认为自己是某个领域最天才的人物，从而并不关心别人对自己的看法，也不关心自己的地位。但由于他同时拥有好的家教，想以一种礼貌和有教养的方式与人对话和讨论，因此他在面对别人的挑战时，愿意倾听别人的意见和看法。值得注意的是，他之所以这么做，并不是因为他意识到自己的局限与不足，而只是出于礼节性因素的考虑。那么这样一个人可以算是理智谦逊的吗？

此外，仅仅把理智谦逊理解为虚荣和傲慢的对立面并不足够。一个人向远离傲慢和虚荣的方向改变，这当然是好的。但如果陷入另一个极端，即理智屈从，就同样远离了理智谦逊。因此，必须把理智谦逊当作理智傲慢和理智屈从的中道，才能真正切中理智谦逊的要害。鉴于上述理论的困难，下面将会给出一种理智谦逊的新观点。

三、理智谦逊的新观点

鉴于上述3种谦逊观的弊端，本书主张的理智谦逊观包含以下两个要点。

  A. 理智谦逊是一种内在的对自己的认知表现进行准确评价的倾向。

  B. 由于对自己的准确评价所引起的外在的典型的行为。

要点A是理智谦逊的内在方面，而内在方面可以分为3点来谈。

首先，理智谦逊是一种倾向，所以我们并不要求一个谦逊的人实际上总是持有对自己的认知表现的准确的评价。这样的要求太高，也难以达到。该理论所要求的仅仅是谦逊的人倾向于准确地把握自己的认知表现。也就是说，谦逊的人总是尝试以某种方式去看待自己的认知表现，而正是这种持续且稳定的倾向使得一个人成为谦逊的人。可以发现，真正谦逊的人总是试图成为谦逊的人，而不会对自己已经展现谦逊这一品质感到自足或自满。

其次，一个人的认知表现包括自己在认知领域的成功和失败，因此这两个方面都应该成为自己在评价时所考虑的内容。理智谦逊的承认局限观太过关注认知失败，而中国文化中谦逊又是和取得认知成功密切相连的。这两者不能偏废其一，需要同时关注。

最后，如何准确地评价自己的认知表现呢？一个人除了要准确地认识到自己的理智优势和理智局限，他还需要把自己的认知表现放到一个自然的和社会的环境中。这里分开来谈。一方面，当我们失败的时候，理智傲慢的人往往看不到认知失败与自己的理智局限之间的关系，而理智屈从的人会把失败过多地归因于自己的理智局限。所以，在面临认知失败的时候，理智谦逊的人能准确地识别出自己的局限在多大程度上导致了最后的失败，从而避免推卸自己应负的责任或承担不属于自己的责任。

另一方面，当我们取得认知成功的时候，理智傲慢的人倾向于认为成功是完全归因于自己的杰出认知能力，从而看不到自我之外的因素的帮助和贡献。理智屈从的人则会把功劳过多归属于自我之外的因素，从而并未看到自己真正的价值和贡献。

为了准确地看到自己的能力或局限与认知活动之间的关系，一个关键之处在于，我们应该在一个自然的和社会的背景中来进行上述判断。库普佛（Joseph Kupfer）提出"彻底的依赖"，即："承认我们的成功有很大一部分依赖于超出我们控制之外的人、机构与环境。我们应该认识到，如果不是家长的抚养、社会的关照、基因的赋予，或者是降临在身上的幸运，我们并不会取得太多的成绩。"[①]毫无疑问，当我们发挥自己的能力来进行认知活动时，我们总是在一个自然环境中进行的。按照索萨的 3S 分析，一个人的能力的完整展现包括三重因素。最内在的部分是能力的处所，然后是认知主体的状态，其次是环境的情况。即使发挥我们一般的视觉能力准确地获取周围的环境信息，如查看花园里郁金香的颜色，我们也依赖周围有充足的光线且缺乏干扰色彩。如果环境不合适，那么我们很难获得认知的成功。当然我们不必把环境看作一个具有能动性的个体，从而把功劳的一部分归属给它。但我们必须意识到，我们是依赖环境的配合，才能发挥自己的能力取得成功的。更有趣的是，如果自然环境以一种葛梯尔案例的方式配合我们的能力的话，那么即

---

① 参见 Kupfer(2003,252)。

使我们取得成功,这种成功也会由于太依赖环境因素从而不属于自己。① 由此可见,无论是环境因素太差或太好,我们想要把认知成功归属给自己都会面临困难。

此外,当我们行使自己的能力来进行认知活动时,我们经常需要依赖别的认知者的帮忙。这种帮助有多种多样的形式。例如,当我们需要借助他人获取信息时,我们可以从别人的可靠的证言中迅速获取准确的信息,此时我们的认知成功主要依赖别人的认知能力,而非自己的认知能力。又如,当我们和别的认知者组成一个探究的共同体时,好比在一个课题组的科学家需要共享信息并且互相帮助,才能共同就一个问题取得认知成功。仅仅依靠一个人的能力,很难在困难和复杂的问题上取得最终的成功。此时,如果一个认知者不能看到在自己的认知活动中所渗透的其他认知者的帮助,就会忽略自己对于他人的依赖性,从而高估自己对于某项任务的贡献,或者失去参与某项探究的勇气。无论是何种结果,就长远来说,都会对一个认知者在认知领域的探究产生负面的影响。

要点 B 是理智谦逊的外在方面。我们直观地会认为,有谦逊品格的人一定伴随某些谦逊的行为。例如,会承认自己的错误,会由于认识到自己的不足从而努力改正,并且不会否认别人对自己的帮助的重要性,更不会宣称自己是最优秀的。这些都是一些与谦逊的品格密切联系的外部行为。但是值得注意的是,需要区分真正的谦逊与虚伪的谦逊。一个人如果缺乏内在的对自己的认知表现进行准确评价的倾向,而是出于别的因素(如保持绅士风度、伺机利用别人或者塑造好的社会声誉)表现出上述行为,那么这就是一种虚伪的谦逊。一个真正的谦逊的人,是由于对自己的认知表现有了准确评价后,进而以此为基础去与别人交往。由于认识到自己的理智局限,谦逊的人会在失败时承认自己能力的不足与失败的关系,也会努力去克服自己的理智局限,并且乐意看到别人指出自己的不足。谦逊的人同样会意识到自己的成功是依赖自己之外的认知者的帮助的。当取得巨大的成就时,他会意识到这个成就并不是依靠自己的一己之力就获得的,而是凭借其他合作者的鼎力支持。所以他会乐意把一部分的功劳归属给这些合作者。正是由于限定了具

---

① 这里可以考虑射箭案例。一个有能力的射箭者,即使他的一次射箭展现了自己的技能,但由于在箭矢的飞行过程中,产生了方向相反的两阵风,使得箭矢先偏离轨道后又回归轨道从而射中箭靶。此时由于环境因素的干扰,我们会倾向于不把这个成功归功于射箭者。

有谦逊特质的外部行为的内部动因,我们才能刻画真正的谦逊。更进一步来说,谦逊的人甚至不会简单地断言自己的优越和杰出,如"我很厉害"或者"我比这些人都杰出"。因为这种断言往往由于其不加限制而展现出一种不准确的自我评价。谦逊的人会认识到,一次或几次的成功顶多表示自己在某个阶段和某个领域的某个方面有一定的能力优势,但是这并不意味在别的阶段、别的领域或别的方面自己也是更优秀的。更何况当一个人把自己放在一个广阔的背景中来考察自我时,自己就会更多地看到那些具有更杰出能力和更大成就的人,此时不是更容易意识到自己的不足和缺陷吗?

上文大致刻画了一种新的理智谦逊的观点。下面将继续探索这个新观点所具有的积极意义。

四、理智谦逊的价值

在当代知识论领域,理智德性的作用之一是帮助我们获得有价值的认知状态,如知识、理解或智慧。那么理智谦逊能促成什么有价值的认知状态呢?

理智谦逊能促进自我理解与自我接受。当我们顺应理智谦逊的要求,把自己放在一个自然和社会的网络中,我们开始打破以自己为中心的狭隘的视角。这种视角不仅是时间的,也是空间的。当我们以自我为中心去审视外部环境或别的认知者时,我们很容易局限于自己所熟悉的空间范围,或者只注意到在时间长河中的一个短暂的阶段。正如前面所说,当一个人觉得自己很杰出时,他看到的只不过是短暂的时间内,在某个领域与目所能及的区域中的人相比时自己的优越。但随着这个人逐渐采取更广阔的自然与社会的视角,甚至到了宇宙的视角,那么他就会逐渐意识到自己的所作所为虽然在狭隘的视角来看是不可思议的,但在一幅广阔的图景中来看并没有极其突出的地位,也没有无可媲美的特性。例如,当一个制药者发明出可以解决百草枯中毒的药剂,从自我的视角甚至是当代社会的视角来看,这算是解决了医学领域的一个疑难问题,是一个了不起的成就。但当他注意到发明青霉素的科学家,注意到提高水稻产量解决粮食问题的科学家,都会进一步意识到自己所做的成就并不具有唯一的重要性,甚至在某些衡量标准来看(如造福人口数量的多少)还不是最重要的。或者当他注意到自己在挽救服用百草枯自杀的人时,却看到有另外一些人努力在立法和执法层面禁止百草枯的生产和使用,也会让他感觉到别人所做的事情的意义所在。毕竟挽救服毒自杀的人,不如预防这种自杀的方式来得更为有效。

此时,自我被放置在一个宏大的历史与社会的图景中,自我与其他众多因素联系在一起。对于这种联系的把握,不仅仅是意识到这些元素的存在,还要意识到这些元素之间是如何相互影响的,在这种意义上我们理解了我们之所是,理解了我们如何与周围的元素相互联系。用当代知识论的术语来说,这种理解是对象性的理解(objectual understanding),它要求"我们掌握在大量复杂信息中的解释性关系或使得融贯性增加的关系"。① 对于自我的理解也能促进对于自我的接受,自我接受意味着承认我们之所是,而不是试图去不接受或否认自己的特征,去假装好像这些特征不是自我所拥有的。谦逊的人意识到自己并非不受束缚的杰出的个体,而是受制于一个广阔的、自然的、社会的和历史的舞台。因此承认自己的某些局限是不可避免的社会文化或历史阶段的局限,或者承认自己的成就是由于机构与国家的支持,都有助于我们更好地接受自我,从而帮助自我的完善,而不是煞费苦心地隐藏。②

理智谦逊还可以促进另外一种理解,即对原因的理解(explanatory understanding)。正如前文所说,理智谦逊的人能意识到自己的理智局限并且会因此改变自己在认知方面的不足,并且理智谦逊的人会认识到自己的认知活动是依赖别的认知者的。试以证言知识为例。当蓉蓉基于可靠信息提供者的证言,知道了上海的梅雨气候。例如,梅雨季节通常为每年的6月到7月,天空阴沉,降水连绵不断,空气中湿度很大,衣物容易发霉。此时,蓉蓉当然可以算是拥有知识的,但是她也会意识到自己至少在两个方面的不足:①自己只拥有二手知识,而非亲眼所见之知(see it for oneself)。因此如果能有更好的基于自己亲眼所见或所感的证据,自己有关梅雨的认知状态就会更加完善。②自己只知道梅雨气候是什么,但关于梅雨气候如何形成,为什么会大致在6月中旬到7月中旬发生在上海区域则并不了解。因此,谦逊的蓉蓉会意识到自己的知识范围或探究深度并不是令人满意的,甚至有很大的不足,于是对于自己无知的部分会展开进一步探索,以弥补自己的不足。③ 假设我们的主角蓉蓉亲自来到上海。一方面她亲自观察了梅雨季节上海的温度、

---

① 参见 Kvanvig(2003,192)。
② 参见 Hill(1991,104-118)。
③ 特别值得注意的是,这里对无知的弥补并不是杂乱无章的。虽然广泛地学习新知识是无可厚非的,但这种无规律的学习方式也可能受到诟病。在案例中,理智谦逊的人首先是对自己已经知道的命题 P 发出为何 P 的疑问,进而由于自己对 P 的原因的无知开始新的探究。

湿度、气压与风力等因素，并因此获得了亲眼所见的知识。另一方面，蓉蓉对自己亲眼所见的情况感到好奇，开始探究梅雨形成的原因。她查阅相关资料，咨询气象局专家，最终意识到梅雨气候是由于同时受到从寒带南下的冷空气和从热带海洋北上的暖湿空气影响，两者相遇产生锋面降水。并且由于副热带高压北移到长江中下游地区，相对稳定，所以降雨时间较长。这样一来，蓉蓉不仅知道梅雨气候的成因，还知道梅雨季节开始和结束的早晚、梅雨的强弱变化的影响因素。所以她成功地掌握了原因和结果之间的依赖关系，或者说她可以回答如果原因变得不同、结果会怎样的问题。

在上述寻求解释性理解的过程中，理智谦逊帮助主角蓉蓉从基于证言的二手知识上升到基于亲眼所见的知识以及理解。相比于证言知识，这两种认知状态都有其内在价值。主要的原因是，在依靠证言所获得的知识中，我们并不需要依靠太多的技能或行使过多的认识能力，因此整个过程是相对简单的。主要的功劳是归于提供信息的人，而不是听话的人。但随着我们把证言知识变成亲眼所见的知识或者是理解，我们就必须在这个转变过程中有意识地去运用自己的认知能力。在上述例子中，蓉蓉需要有意识地去观察上海的湿度、温度、降雨量和气压，而不是观察别的不相关的方面（如上海的地铁线路、河水流速和人口密度）。这种有意识的观察需要以某种特定的方式去运用我们的感官，或者使用某些科学仪器去测量读数，这远比刚开始时接受别人的证言来得困难。并且仅仅观察到每个方面的数据还不够，她还必须努力找到这些因素之间复杂的因果联系，从而理解梅雨气候相关特征的影响因素。毫无疑问，这也需要较高强度地运用自己的认知能力。这种基于自己的能力并且克服一定程度的认知困难所达到的成功，可以看作有较高价值的认知成就。

总结来看，理智谦逊可以帮助我们获得关于自我的理解。此外，理智谦逊也能促进我们更深入地理解事物、把握事物背后的原因，获得一种作为认知成就的解释性理解。

章末思考

1. 认知官能与认知品格在解释低端知识与高端知识时各具有什么作用？两者的地位孰重孰轻？

2. 请比较德性知识论、反运气知识论以及第二章中各理论对于葛梯尔挑战的回应,挑选出你认为最好的解决方案并给出理由。

3. 认知境况主义对德性知识论的挑战是否为根本性的?你认为应该如何应对该挑战?

4. 当一个理智谦逊的人说"我是谦逊的",是否会产生自我驳斥的现象?如何解释这一现象?有哪些因素会阻碍我们培养理智谦逊的品格?理智谦逊的价值还能体现在哪些方面?

第七章

彻底怀疑论

本章将讨论彻底怀疑论(radical scepticism)。① 该理论的核心主张是关于外部世界的命题知识是不可能的。② 此时,命题知识可以看作对一个命题的知道的态度,从而与其他命题态度相区分,如相信和怀疑。那么如何理解这里的"外部世界"呢? 我们不能简单地把"外部世界"等同于在我们心灵或身体之外的世界。怀疑论者甚至会认为我们连自己的身体乃至自己所处的空间位置也无法得知。怀疑论者所怀疑的是独立于心灵的对象。因此,一个更好的表述是,有关独立于心灵的对象的命题知识是不可能的。有了这么一个大致的定义,反怀疑论者就必须有理有据地指出此类知识并非不可能的。

我们能在笛卡尔的《第一哲学沉思集》里看到彻底怀疑论的身影。在此书中,笛卡尔让读者想象一个我们被广泛欺骗的场景:

> 因此我要假定有某一个妖怪,而不是一个真正的上帝(他是至上的真理源泉),这个妖怪的狡诈的欺骗手段不亚于他本领的强大,他用尽了他的机智来骗我。我要认为天,空气,地,颜色,形状,声音以及我们所看到的一切外界事物都不过是他用来欺骗我轻信的一些假象和骗局。我要把我自己看成本来就没有手,没有眼睛,没有肉,没有血,什么感官都

---

① 这里虽然用了"彻底"这个词,但不是因为此种怀疑论在范围上攻击一切命题,而是因为这一挑战的方式与程度的彻底。本书会在后面进一步解释。
② 读者也许会质疑,为什么不把彻底怀疑论定义为我们事实上缺乏有关外部世界的知识呢? 这样一种定义是较弱的,因为它所说的是原则上我们可以拥有关于外部世界的知识,但实际上我们没有。这种怀疑论定义所具有的哲学挑战太弱。因为如果仅仅说我们现在缺乏知识,但原则上我们可以获得知识,那么一种很自然的想法就是:或者由于科学技术还不够发达,或者由于我们还在使用易错的方式形成信念,所以我们还缺乏知识。这样一来,对怀疑论的解答就会变成一个经验问题,即:我们如何更好地提高科学技术水平,更全面地避免错误的信念形成方式,以及避免认知成见等问题。为了让怀疑论问题不失去哲学的趣味,我避免了这样的定义方式。

没有,却错误地相信我有这些东西。我要坚决地保持这种想法;如果用这个办法我还认识不了什么真理,那么至少我有能力不去下判断。就是因为这个缘故,我要小心从事,不去相信任何错误的东西,并且使我在精神上做好准备去对付这个大骗子的一切狡诈手段,让他永远没有可能强加给我任何东西,不管他多么强大,多么狡诈。①

笛卡尔所说的恶魔有这样一个特点,即它构成怀疑论假设(sceptical hypothesis)。② 如果一个人身处该假设情景,那么他就会遭受恶魔彻底的欺骗。恶魔的能力是极其强大的,因此它可以灌输任何感觉经验给受困主体,让该主体好像经历了丰富多彩的生活世界。在这个情景中,认知主体是无法知道自己是否被恶魔欺骗的。理由很简单,因为并没有任何方法或迹象可以帮助我们判断自己是否身处其中。假设有一种方式 M 可以帮我们判断是否身处怀疑论情景之中(如打自己一巴掌看看是否感到疼,或者是旋转一个陀螺看它是否会停下来),并且进一步假设通过方式 M 得到结果 1(打自己不疼或者陀螺保持旋转)表示自己身处怀疑论情景,而通过方式 M 得到结果 2(打自己疼或者陀螺停止旋转)表示自己不在怀疑论情景之中。③

这个怀疑论情景检验的假设存在两个层面的问题。首先,怀疑论者会让我们解释为什么方式 M 可以用来检测怀疑论情景。是否我们已经事先知道结果 1 只出现在怀疑论情景,而结果 2 从不出现在怀疑论情景?这种事先的知识是否只是基于有限案例的归纳?如果是,那从逻辑上我们仍然不能排除得到结果 2 但我们身处怀疑论情景的可能性,即方式 M 的有效性受到质疑。如果这种事先的知识不是基于有限归纳,而是拥有一种逻辑的确定性,即结果 1 蕴涵怀疑论情景出现,而结果 2 蕴涵怀疑论情景未出现,那么我们如何获得这一方式 M 呢?难道不要至少预设我们身处非怀疑论情景中做出了观察吗?情况到这里变得很复杂,反怀疑论者很容易陷入循环论证中。

其次,即使怀疑论者退一步承认 M 的确是一种有效的检验方法,我们仍然面临方法的有效使用问题。因为无论是结果 1 还是结果 2 都依赖我们通过经验的方式去获取,如我们要感觉到疼、要看到陀螺停止旋转才能说我们获

---

① 参见笛卡尔(1986,22-23)。
② 在《第一哲学沉思集》第一章中,笛卡尔不仅提到了恶魔,还提到了做梦以及被上帝欺骗这些可能性。在笛卡尔看来,这些可能性都是我们广泛获得错误信念的可能性。恶魔的可能性虽然是在最后才出现,却极具破坏性,因此受到了广泛的哲学讨论。
③ 打自己的脸看会不会疼是电视剧经常用的方法,而旋转陀螺取材于电影《盗梦空间》。

得了结果 2，并因此可以判断自己不在怀疑论情景中。注意到怀疑论情景的一个关键特征，我们可以被灌输任何感觉经验，包括我们利用方式 M 做检验获得的结果的经验。也就是说，我们既可以真实地使用方式 M 获得结果 1 或结果 2，也可能是受欺骗以为自己用了方式 M 并获得结果 1 或结果 2。前者被我们预设是拥有反怀疑论效力的，但后者却没有。所以当我们有了类似结果 1 或结果 2 的感觉经验时，我们还必须进一步区分以下两种情况：我们真正完成了检验 M，还是我们误以为我们完成了检验 M。仅仅停步于此对于反怀疑论毫无帮助，但如果想克服困难继续前行也非易事。如果我们再借助另外一种方式 M_2 来区别上面两种情况，那么我们仍然面临方法的有效使用问题，这里不再赘述。

可以发现，承认没有方法可以帮助我们判断自己是否身处怀疑论情景之中是一个明智的选择。但是做出了这样一个让步后，是否我们还能获得任何有关外部世界的知识呢？一些读者可能会熟悉笛卡尔的方案，他重新以"我思故我在"奠定了所有知识的基础，并且借助上帝的力量来拓展知识的范围。这条线并不是本书的关注点，因此不会进一步展开。

我们已经大致介绍彻底怀疑论的含义，接下来就要关注支持彻底怀疑论的最好的论证。在进入怀疑论的论证之前，先来讨论把怀疑论当作悖论（scepticism qua paradox）的观点。这个讨论在两个方面是有帮助的：首先，它提供了一种比较好的理解怀疑论的方式；其次，它对任何令人满意的反怀疑论方法提出了哲学对话上的要求。对这两个方面需要综合考虑、不能遗漏。试想如果我们完全误解怀疑论的挑战，那么我们不仅很难完满地解决怀疑论问题，而且无法看到怀疑论挑战所具有的积极价值。

第一节 彻底怀疑论的实质

怀疑论悖论是当代理解彻底怀疑论的一个新框架。[①] 怀疑论悖论包含一些陈述，这些陈述分别看来都是十分合理的，但是放在一起却是不相容的。因此，怀疑论者通过展现一个悖论揭露了知识论系统中深藏的困境。值得注意的是，这个悖论仅仅依赖我们（非怀疑论者）认为合理的原则和概念，即使

[①] 这一解读思路可参见 Stroud(1984)、Cohen(1988) 和 DeRose(1995)。

事实上没有一个支持怀疑论结论的怀疑论者,我们仍然面临植根于知识论理论深处的怀疑论挑战。基于上述想法,本章将会论证为什么怀疑论悖论能给出最好的怀疑论论证。在此之前,先来回答这样一个问题,即为什么要把彻底怀疑论当作一个悖论。

一、怀疑论悖论

如果用 SH 代表怀疑论情景,S 代表一个认知主体,E 代表一个日常命题,那么可以把怀疑论悖论表述如下。

> **怀疑论悖论**
> (1) S 不知道 - SH。
> (2) 如果 S 知道 E,那么 S 一定可以知道 - SH。
> (3) S 知道 E。①

上述悖论包含 3 个陈述。那么为何这 3 个陈述分开来看都十分合理,但是放在一起却是不相容的呢?

陈述(1)的合理性依赖怀疑论情景。怀疑论情景是一些思想实验,这些场景与日常生活所处的情景有着彻底的不同。如果我们身处怀疑论情景中,那么根据怀疑论情景的定义,我们所获得的感觉经验将会和真实生活的感觉经验是内在地不可区分的。这里需要注意两点。

首先,这种区分是从内在的角度来说的。也就是说,我们作为经验的接受者,无法区分哪一个是真实的感觉经验,哪一个是怀疑论情景中的感觉经验。内在的不可区分并不蕴涵外在的不可区分,因为我们从内在的视角无法区分的感觉经验可以拥有完全不同的因果历史。

其次,这里的区分是基于感觉经验现象特征的区分。例如,关于一个苹果和一根香蕉的感觉经验有不同的现象特征,至少两者在形状和颜色上有显著差别,我们可以通过现象特征上的差别来区分两者。当然这里有这样一个预设,即:从内在的视角来看,我们只能通过现象特征来区分物体。那么是否有内在的但非现象特征的支持证据呢?必须指出有这种证据,但此处我们可

---

① 这一表述可见 Pritchard(2002b, 2015)。其他学者更倾向于把怀疑论悖论表述为论证的形式,我们在后文将看到。

以暂时预设不存在除了现象特征以外的证据,并且继续我们的讨论。① 典型的怀疑论情景包括笛卡尔的梦境、强大的恶魔,以及普特南(Hilary Putnam)的"缸中之脑"(Brain in a Vat)。"缸中之脑"描述的情景是这样的:想象自己只是漂浮在一个充满营养液的培养器皿里的脑子,然后被一台超级计算机连接,并且输送信号刺激大脑皮层。② 也就是说,缸中之脑所获得的感觉经验都是电脑信号的刺激,并非来自客观的外部世界,它却无法得知该经验的来源。看来我们的确无法排除我们身处怀疑论情景这样一种可能性,这也就意味着我们无法知道怀疑论假设是错的。

现在来看怀疑论悖论中的陈述(2)。陈述(2)是由一个一般性的原则所支持的,可以称为闭合原则。③ 闭合原则的主要想法是,知识闭合在已知的蕴涵之中。当一个人知道某个命题,他也知道该命题蕴涵另外一个命题,而且他有能力做出这样的逻辑演绎,那么他就可以知道另外一个命题。这个想法可以更精确地表示如下。

闭合原则

(CK) 对于所有的 S,P,Q,如果 S 知道 P,并且 S 可以力所能及地从 P 演绎出 Q,那么 S 就可以知道 Q。④

根据这个原则,可以通过命题之间已知的蕴涵关系来拓展自己的知识。这种情形看起来十分合理。例如,我知道复旦大学在上海,并且我从此命题演绎出复旦大学在中国,那么我难道不能基于此知道复旦大学在中国吗?读者也许会发现陈述(2)(如果 S 知道 E,那么 S 一定可以知道-SH)看起来并不是闭合原则的一个直接应用。不过(2)所说的主要思想是,如果我们知道

---

① 参见后文知识论析取主义对有利型支持的讨论,以及解释主义对于解释性美德的讨论。
② 读者也可以观赏电影《黑客帝国》来获得类比性理解。
③ 对于支持闭合原则的代表性学者,可见 Stroud(1984)、Feldman(1995)、Williamson(2000)和 Pritchard(2015b)。
④ 闭合原则有别的表述方法,但合理性会降低。试比较下面两种不同的表述:
(1) 对于所有的 S,P,Q,如果 S 知道 P,并且 P 蕴涵 Q,那么 S 知道 Q。
(2) 对于所有的 S,P,Q,如果 S 知道 P,并且 S 知道 P 蕴涵 Q,那么 S 知道 Q。
与在正文中给出的版本相比,这两个闭合原则各有缺陷。(1)的主要问题是,即使 S 知道 P,如果 P 和 Q 之间的蕴涵关系不为 S 所知,那么 S 并不能直接知道 Q。思考数学里面公理和定理之间的关系就可以展示这一点。虽然 S 知道公理,并且公理与定理之间是可证明的,但 S 并不因此知道公理所蕴涵的每一个定理。关键是 S 需要知道两者之间的演绎关系。(2)没有(1)的这个问题,但忽略了一种情况,即:虽然 S 知道 P 以及 P 和 Q 之间的逻辑关系,但如果 S 并未考虑 Q,也没有形成有关 Q 真值的信念,那么 S 仍然缺乏对 Q 的知识。

任何的日常命题 E，并且由于闭合原则的帮助，我们就应该可以知道那些被 E 所蕴涵的命题。当我们意识到两者之间的蕴涵关系时，这个想法就显得更加合理。由于一个日常命题 E 是与怀疑论假设-SH 不相容的，那么可知 E 蕴涵-SH。① 也就是说，基于闭合原则，如果我们拥有日常知识，并且我们意识到日常命题与怀疑论命题之间的不相容，我们就应该能够知道怀疑论假设是错的。但是如果我们不能排除怀疑论假设的话，那么根据条件句推理的否定后件式，我们就无法知道任何日常命题。

现在来看陈述(3)。该陈述说的是我们知道许多日常命题，如我知道我有一双手或我知道我正在用电脑输入文字。在正常情况下，我们认为自己是拥有很多关于日常对象的知识的，这些日常对象比如树木、书、石头、自己的随身物品等。可以预见，与日常知识相对应的是依赖专业知识和精密设备的科学知识，后者的获得往往比日常知识更困难，也存在更多争议。一般的认知者也许缺乏科学知识，但几乎没人会否认自己拥有日常知识。当日常认知者被问起自己知识的证据时，他们也会自然地诉诸自己的知觉证据。在日常生活中，我们同样也赋予别的认知者这类日常知识。显而易见的是，陈述(3)其实是刻画了我们常识的一部分。

我们已经初步展示了怀疑论悖论中 3 个陈述的合理性，接下来我们来看为什么要以悖论的方式理解怀疑论挑战。这种理解方式应该归功于斯特劳德(Barry Stroud，1984，82)，他指出怀疑论是个悖论，并且它仅仅产生于非怀疑论者也接受的一些显见真理。这一观点深刻地影响了当代知识论学界。② 也许读者不一定能感受到怀疑论悖论中的陈述(1)与陈述(2)拥有同等程度的合理性。对于陈述(1)，普通民众很有可能无法理解陈述(1)在说什么。怀疑论假设是个高度技术化的术语，所以如果我们询问一位路人陈述(1)是否为真，他很有可能无法用直觉判断，而是需要一番思考。当然，哲学家可以教会路人什么是怀疑论情景，如借用《黑客帝国》与《盗梦空间》中的场景帮助他们理解，进而帮助他们识别出陈述(1)的合理性。

既然怀疑论植根于我们的理论基础之中，我们应该怎么办？意识到这一点之后，哲学对话的情况会变得完全不同，我们至少应该意识到以下 3 点。

---

① 这里的理解就是基于怀疑论情景是一种错误可能性，因此日常命题与怀疑论情景不能同时为真。
② 作者可以列举受此观点影响并支持这种看法的一些重要学者，如 Cohen(1988)、Wright(1991)、DeRose(1995)和 Pritchard(2015b)。

首先，怀疑论者并不需要论证自己的陈述。他们所需要的仅仅是反怀疑论者已经认为理所当然的陈述。怀特（Crispin Wright，1991，89）指出，怀疑论论证由一些看起来合理的前提以及有效的论证组成，最后引出令人难以接受的结论 B。因此可以把怀疑论论证形式化为 (A1∧A2∧A3)→B。由于我们拒绝结论 B，就意味着我们要拒绝 (A1∧A2∧A3)。但拒绝 (A1∧A2∧A3) 并不等同于拒绝 A1，A2 或者 A3。也就是说，如果缺乏进一步的哲学诊断，那么我们只知道 (A1∧A2∧A3) 是有问题的，但并不知道具体是哪一个陈述引起的问题。因此，除非我们发现某一个陈述是可疑的，否则怀疑论者不需要提供额外的论证支持。

其次，一个令人满意的反怀疑论方案不仅仅要阻挡怀疑论论证。正因为怀疑论论证以一种看似悖论的方式被提出，所以怀疑论挑战就是来源于我们也接受的理论前提。为了给出一个具有理智安慰效用的回应，我们不能仅仅阻挡住怀疑论论证。如果怀疑论被理解为一个理论的姿态，那么这个方法也许是有效的。因为按照这种方式把握怀疑论，怀疑论必须需要一个支持其结论的论证。而如果经过细致检查该论证的前提是有问题的，我们就不会被该论证所说服，并且此理论也会被证明是站不住脚的。根据前面的讨论，怀疑论只依赖我们的常识看法，因此它所揭示的问题恰恰是我们自身立场的问题。因此，除了阻挡怀疑论论证，我们还必须指出有哪些我们曾经毫不怀疑的前提是有问题的，而这些前提又如何引发了怀疑论结果。正如怀特所言：

> 我们不能满足于用以下的方式回应怀疑论论证：攻击怀疑论结论的稳定性，或是攻击怀疑论前提之间的融贯性。……消解一个悖论要求我们给出一个相当细致的诊断，并且该诊断揭示出悖论的诱惑力所在。[①]

再次，仅仅指出怀疑论论证自我驳斥是不起作用的。如果该论证的某个前提与其结论是不相容的，那么该论证就是自我驳斥的。也就是说，当我们指出怀疑论论证是自我驳斥的，我们所说的是怀疑论的某个前提与其结论是不相容的。因此怀疑论的立场是缺乏一致性的。例如，有哲学家会论证怀疑论者必须承认我们拥有富有意义的语言，我们拥有思想和信念，否则怀疑论攻击就无从入手。如果那些预设（或者它们的必要条件）与怀疑论结论不相容，那么彻底怀疑论就是自我驳斥的。这种反驳怀疑论的方式被广

---

① 参见 Wright(1991,89)。

泛讨论。① 但是这一方法在对话意义上是无效的。因为怀疑论者仅仅依赖我们也接受的理论前提,当我们指出怀疑论结论是自我驳斥的,我们不是同时也把自己的立场标示为自我驳斥了吗？因此,仅仅宣称怀疑论结论是无意义的或不可理解的,并不能带来任何的理智安慰,反而增加了理智上的担忧。我们担忧的是,为什么我们会支持一些分而合理、合则不相容的陈述呢？因此,如果要消除怀疑论所引起的理智上的不安,我们就得谨慎使用这种反怀疑论策略。当然这并不意味着该策略是完全无用的,如果增加哲学诊断的成分,那么我们还是可以期待一个令人满意的反怀疑论方案的。

二、两个怀疑论论证

在怀疑论悖论中,虽然每一个陈述看起来都是合理的,但是我们同时持有三者会陷入困境。3个陈述之间是逻辑不一致的,而我们可以用如下的论证展现其中的逻辑不一致。这个论证也被称为基于闭合原则的怀疑论论证(the closure-based sceptical argument)。

> **基于闭合原则的怀疑论论证**
> (CK_1) S 不能知道 -SH。
> (CK_2) 如果 S 知道 E,并且 S 知道 E 蕴涵 -SH,那么 S 就可以知道 -SH。
> (CK_3) 因此,S 不知道 E。

该论证的结论是,S 不知道任何日常命题。也就是说,任何人都无法拥有日常知识。这个结论与我们的常识有着极大冲突,因为我们都认为自己拥有很多日常知识。但如果我们意识到(CK_1)和(CK_2)都是合理的前提,并且整个论证推理有效,那么我们就无法避免(CK_3)这个结论。

基于闭合原则的怀疑论论证只是怀疑论的一种论证方式。有些知识论学者指出,怀疑论论证还可以基于非充分决定原则做出。② 一旦怀疑论结论能从另外的方向引出,那么任何对怀疑论的有效回答就必须同时考察两种形

---

① 这一进路一般包括使用先验论证(transcendental arguments)的方法来反驳怀疑论者。相关的讨论可见 Strawson(1985)和 Stroud(1984)。
② 参见 Brueckner(1994)和 Pritchard(2005a)。

式的怀疑论论证。

另外一种形式的怀疑论论证所依赖的是非充分决定原则,该原则可以表达如下。

非充分决定原则

(UP)对于所有的 S, E, P, Q,如果 S 的证据 E 不支持 S 相信 P 超过 Q,并且 S 知道 P 和 Q 不相容,那么 S 的证据 E 不足以为 S 相信 P 提供辩护。

该原则的大致思想是,当我们面对两个竞争假说 P 和 Q,如果手上拥有的所有证据 E 并不支持 P 超过 Q 时,那么对于 S 来说,P 就缺乏足够的证据支持。回想前面的例子,当蓉蓉仔细观察皇家花园时,看到一只有黄色羽毛的鸟。假设这个观察构成她回答这只鸟的种类问题的所有证据,并且她面临两个竞争假设,一个假设是〈这是一只金翅雀〉,另外一个假设是〈这是一只金丝雀〉。此时由于她的证据同等地支持两个假设,并不支持其中一个超过另外一个,所以她的证据就不足以为她相信其中一个假设提供辩护。一个合理的想法是,至少她应该获得更多的证据,使得其中一个假设受到证据的更多支持。这是一个日常的案例,而怀疑论者可以构造如下一个(UP)的实例:如果我的证据不支持我相信〈我在写书〉超过〈我是一个"缸中之脑"〉,并且我知道两个命题之间的不相容,那么〈我在写书〉就是缺乏辩护的。基于上面对于认知辩护的三分,我们也可以理解为命题 P 是缺乏(命题)辩护的,当然这进一步意味着如果 S 只基于 E 相信 P 的话,S 的信念 P 也会是缺乏(信念)辩护的。如果预设辩护是知识的必要条件,并且 S 在上述情况下相信 P 是缺乏辩护的话,那么 S 就无法知道 P。一般来说,基于非充分决定原则,怀疑论者可以构建如下的论证。

基于非充分决定原则的怀疑论论证

(UP_1)如果 S 的证据 E 并不支持 P 超过 Q,并且 S 知道两者的不相容,那么 S 的证据不足以为 S 相信 P 提供辩护。

(UP_2)S 的证据 E 并不支持 P 超过 Q,并且 S 知道两者的不相容。

(UP_3)所以 S 的证据 E 不足以为 S 相信 P 提供辩护。

那么,基于非充分决定原则的怀疑论论证效力如何呢?初看起来,这也是一个具有广泛破坏力的怀疑论论证。我们可以把 P 替换成随意一个日常命题,把 Q 替换成一个具体的怀疑论假设(如我是一个"缸中之脑"),然后 S 替换成任意一个认知者。每次替换我们都能得到一个同样的结果,即 S 的证据不足以为 S 相信一个日常命题提供辩护。如果进一步假设辩护条件是知识的必要条件,那么这个结果就意味着我们原则上不能获得关于外部世界的任何知识。由此可见,基于非充分决定原则的怀疑论论证和基于闭合原则的怀疑论论证经由不同的路径达到同样具有破坏力的结论,因此两个论证成为怀疑论攻击的左膀右臂。

既然现在有两种支持怀疑论的论证方式,一个自然的问题就是这两个论证之间的关系是什么?如果两者可以达到同样的结论,那么两者是相等的还是其中之一是更基础的?只要反驳其中一个就能反驳另一个?学界对此展开了一场争论,其中争论的核心是闭合原则与非充分决定原则的逻辑关系,争论的结论是这两个原则在逻辑上并非等同的,因此一个完美的反怀疑论方案需要针对两个怀疑论论证分别给出回答。①

第二节 语境主义反怀疑论

从本节开始具体探讨一些在当代反怀疑论领域有影响力的理论。先来看语境主义。知识论语境主义是当代知识论中最有影响力的流派之一。该理论在国内外都被充分地讨论,是我们无法绕过去的一个理论。回想基于闭合原则的怀疑论论证:

基于闭合原则的怀疑论论证

(CK_1) S 不能知道 -SH。

(CK_2) 如果 S 知道 E,并且 S 知道 E 蕴涵 -SH,那么 S 就可以知道 -SH。

(CK_3) 因此,S 不知道 E。

要躲避怀疑论结论,其中一种出路是否认这个推理在同一语境下的有效性。也就是说,这个论证犯了模棱两可(equivocation)的错误。我们可以类比

---

① 这一场争论的主要文献包括 Brueckner(1994)、Cohen(1998)、Pritchard(2005a)、McCain(2013) 和 Wang(2014)。

下面这个打工论证:

  (1) 每个人都是其母亲的孩子。
  (2) 孩子是不允许打工的。
  (3) 所以,每个人都是不允许打工的。

  该论证表面看起来论证形式是有效的,但它其实是一个模棱两可的论证。① 模棱两可的论证实质上是论证的形式有效和前提为真无法同时实现的论证。我们可以发现该论证"孩子"这个概念有两种解读,一种表示某人的后代,另一种表示在某个年龄段的个体。因此当陈述(1)至(3)的推理形式有效时,陈述(1)和(2)必须采取同一解读,那么陈述(1)或(2)就有一个是错误的陈述,因此这不是一个有说服力的论证。当陈述(1)和(2)都为真时,两者就必须采取对"孩子"的不同解读,此时论证的形式就不再有效,整个论证也还是没有说服力。② 受到这一启发,我们便可以理解语境主义对基于闭合原则的怀疑论论证的反驳。语境主义的核心想法是,"知道"这个词是语境敏感的,因此在基于闭合原则的怀疑论论证中,有不同含义的"知道"混淆其中,所以该论证也是没有说服力的。

一、语境主义概论

  语境主义是一个范围很大的标签,它既可以是语言哲学中的论题,也可以是知识论中的论题。在知识论中,语境主义的关键思想可以概括为:知识归赋是语境敏感的。更确切地说,知识归赋的真值条件取决于归赋知识语句言说的语境。③ 需要注意的是,在知识论领域有另外一些理论也和语境主义

---

① 打工论证初看起来的论证形式如下:
 (1) 所有的 A 是 B。
 (2) 所有的 B 是 C。
 (3) 因此,所有的 A 是 C。
② 采取不同的解读时,其论证形式就变成:
 (1) 所有的 A 是 B。
 (2) 所有的 D 是 C。
 (3) 因此,所有的 A 是 C。
③ 语境主义的早期代表论文参见 Cohen(1988;1999)、DeRose(1995)和 Lewis(1996)。这里只说了归赋知识的语句(如"S 知道 P"),但否定知识的语句同样也包含在内(如"S 不知道 P")。这里的概括主要参见 DeRose(2009,3)。

相关,但不在本章的讨论范围。① 下面将会更详细地介绍知识论的语境主义的一些相关内容。

首先,语境主义者认为"知道"这个词是语境敏感(context-sensitive)的。那么什么是语境敏感?为什么"知道"这个词是语境敏感的呢?我们先看语境敏感。在我们的语言中,有一些词表达的内容是由其说出的语境所决定的。因此,包含这样一类词的两个语句即使在形式上看似矛盾,却可以同时为真。例如,当一个人在上海说"这里下雨",而另一个人同时在爱丁堡说"这里没下雨"。两句话在形式上是矛盾的,断定了一个地方既下雨又不下雨,但其实两句话中的"这里"所指代的地方却是不同的。由于言说的语境不同,"这里"这个词拥有了不同的意义,因此我们可以看到"这里"这个词的语境敏感性,即词的指称会随着言说语境变化而变化。这个特性也进一步可以解释为什么"这里下雨"这句话被不同的人说出时拥有不同的成真条件。当一个人在上海说"这里下雨",该陈述为真,当且仅当说话时上海在下雨;当另一个人在伦敦说"这里下雨",该陈述为真,当且仅当说话时伦敦在下雨。所以,一个词的语境敏感性也会使得包含这个词的语句的成真条件具有语境敏感性。

具有语境敏感性的词有3类。第一类是指示词(indexical)。例如,"我","今天","这里","那里","这","那",等等。这些词的指称很明显会随着语境而改变。上面下雨的例子已经展示了这一点。

第二类是形容词。例如,"高","胖",等等。在不同的言说语境中,"高"这个词的含义也会发生变化。例如,小李身高1.88米,他想去参选学校篮球队中锋,但篮球队主教练想找一个2米以上的中锋,于是就说"小李个子不高"。小李没有被录取,正沮丧地走在回家的路上,看到同学们把羽毛球打落在树枝上。同学们都摸不到,小李伸手正好摸到了羽毛球,于是一个同学就说"小李个子真高"。两个句子看似是矛盾的,但其实可以同真。这是因为在两个言说的语境中,包含"高"的整个语句的成真条件是不同的。前一句是参

---

① 例如,语境主义的辩护观参见Annis(1978),认知评价语境主义参见Williams(1991)。Annis(1978,215)的核心想法是,当我们考虑S相信H是否为被辩护的,我们必须参考提出问题的语境(issue context)所要求的知识或理解的层次。问题语境决定了哪些质疑群体是合适的。如果相对于问题语境来说,S相信H是被辩护的,S就必须回应所有质疑,这些质疑或者是表明S并不处于知道H的有利地位,或者是质疑H是假的。进一步地,质疑者必须是真理的追求者,他们也需要表达真实的(对于质疑者来说,发生概率是不低的)质疑。Williams的观点参见本书第三章第五节"默认挑战模型"。

照2米的标准判断小李不高,后一句是参照摸不到树上羽毛球的同学的身高判断小李高。可见在前后两句话中高的标准发生了变化,所以语句的成真条件也随之改变。

第三类是量词。例如,"所有","有些","没有",等等。包含这类词汇的语句同样可以在形式上矛盾但同时为真。例如,小红和小刚去小明家玩,小红感觉肚子饿,就问小明家有没有牛奶。小明检查了冰箱后说:"我家没有牛奶了。"小刚说:"幸好没有牛奶,我最近只要闻到牛奶就会恶心想吐。"小明想了想,赶紧说:"我家湿垃圾桶里还有昨天洒的一些牛奶,我赶快去倒掉。"小明的两句话都是真话。在小红和小明的对话中,"有没有"和"没有"指的是可以喝的牛奶,而在小刚与小明的对话中,"有一些"指的是足以引发小刚身体不良反应的量的牛奶。因此在小红和小明的对话中,垃圾桶里的牛奶是不相关的,而在小刚与小明的对话中,垃圾桶里的牛奶则是相关的。从这个例子我们可以看出,包含量词的句子的成真条件也取决于对话语境中的相关性条件。

既然我们已经对语境敏感性稍有了解,接下来就要看为什么"知道"这个词和上述词汇一样是语境敏感的。可以看一下语境主义者德罗斯(Keith DeRose)的备受讨论的银行案例。

案例A

今天是周五,凯斯和他的妻子开车回家,顺路去银行存支票。抵达银行时,发现排队过长。虽然一般他们都喜欢尽快存支票,但想起来也不一定要今天存,于是妻子建议先回家,周六早上再来存。妻子说:"可能这家银行周六早上不开门呢,很多银行周六都不开。"凯斯说:"我知道这家银行周六开门,两周前我就是周六来办事,这家银行开到中午呢。"然后两人没有进一步确认就驾车离开了。

案例B

今天是周五,凯斯和他的妻子开车回家,顺路去银行存支票,其余情况都和案例A一致。不同的是,这次是一张大支票,如果不及时存了的话,大笔金额下周一就会返还到签支票的人那里,从而给凯斯和妻子带来一大堆麻烦(如他们需要及时还款)。妻子就问:"银行偶尔会更改营业时间的,并且周日银行不开门,你知道明天银行会开吗?"凯斯说:"我不知道这家银行周六会开门,也许我该进去问一问。"于是两人走进银行去确认银行的开门时间。①

读者在分别考虑两个案例时是否会认为凯斯的陈述都是真的呢?如果是,那么德罗斯认为语境主义就能以此为起点呈现自己的理论。语境主义者会这样解释上述两个案例中发生的情况。在两个案例中凯斯所说的话,一句是"我知道这家银行周六开门",另一句是"我不知道这家银行周六会开门",虽然看起来是矛盾的,但都是真的。这是因为在案例 B 中认知标准高,而在案例 A 中认知标准低。这里的认知标准是指一个言说者的陈述为真所必须满足的认知标准(epistemic standard)。更细致来说,认知标准的变化可以反映在需要排除的候选项产生的变化。② 在案例 B 中,银行可能会修改营业时间就是一个相关的候选项,而该候选项在案例 A 中却不相关,即使在两个案例中凯斯关于银行是否开门的证据并没有发生改变,但认知标准变了,因此"知道"也是语境敏感的。这是从日常用语的案例中给出的对语境主义的支持,需要注意的是,对于这一类对比式的案例也有非语境主义的解释。③

值得注意的是,即使这些日常语用的案例被证明是无法为语境主义提供支持的,语境主义者仍然有别的资源可以辩护自己的立场。例如,如果基于好的理由获得的辩护是知识的构成部分的话,那么由于辩护的强度有高低之分,语境主义者就可以论证,一个信念需要多少好的理由支持才能算是被辩护的,也是依赖语境的。④

二、语境主义反怀疑论策略

语境主义对于怀疑论悖论能够给出什么回答呢?虽然不同版本的语境

---

① 参见 DeRose(1992,913)。
② 语境主义者对于到底是什么因素随着语境而变化有不同的回答。Cohen(1988)和 Lewis(1996)认为变化的是相关候选项的范围(relevant alternatives),而 DeRose(1995)则认为是真所需要追踪(track)的可能世界的范围。但他们共同承认语境的变化改变了认知的标准。
③ 相似的案例除了德罗斯的银行案例,比较知名的还有机场案例,参见 Cohen(1999)。对这些案例的解释进路有格赖斯式进路(如 Schaffer, 2004; Rysiew, 2001; Hazlett, 2009)、敏感的不变主义(如 Hawthorne, 2004; Stanley, 2007; Fantl and McGrath, 2009),以及关于知识归赋的相对主义(MacFarlane, 2005)。
④ 该想法可参见 Cohen(1999,60)。

主义在细节上有差别,但是语境主义反怀疑论的核心策略包含以下两点。[①]

首先,在日常语境中,我们所用的知识标准是较低的和松散的。由于该标准较容易满足,所以当我们说某人知道命题 P 时,我们的知识归赋语句经常是真的。而当进入怀疑论语境时,知识的标准就被提高了,甚至是不切实际的高,此时我们的知识归赋语句就是假的,而怀疑论者否定我们拥有知识的语句就是真的。

其次,怀疑论语境和日常语境并不冲突,两者可以共存。这就像前面谈论身高的两个语境可以共存一样。我们既可以承认怀疑论是真的,也可以保持日常的知识归赋语句的正确性。这样一来,语境主义既解释了怀疑论所拥有的直观上的正确性,也让日常知识躲避了怀疑论的攻击,从而成为一种反怀疑论的哲学武器。语境主义者还补充,正是因为我们在进入怀疑论悖论时没有意识到其中由于认知标准的转变带来语境的转变(shift),所以我们会认为悖论中 3 个陈述都为真,进而为怀疑论问题所困扰。一旦意识到语境的转换,我们就能逃避由怀疑论造成的表面的攻击。

语境主义对怀疑论论证的回应是十分简洁明了的,让我们结合怀疑论论证进一步分析。为了讨论的方便和准确,我们可以区分在两个语境中的"知道",分别用"知道$_L$"代表低标准的知道和"知道$_H$"代表高标准的知道,那么怀疑论悖论中 3 个陈述的真值就会有所变化。

怀疑论悖论

(1) S 不知道-SH。
(2) 如果 S 知道 E,那么 S 一定可以知道-SH。
(3) S 知道 E。

语境主义者指出,在上述悖论中,当(1)正确时,我们需要运用知道$_H$的标准;当(2)正确时,我们可以运用知道$_L$或者知道$_H$;但当(3)正确时,我们需要运用知道$_L$的标准。因此,没有同一个语境可以使得(1)至(3)同时正确,而基于上述 3 个陈述构成的论证也会是模棱两可的。

假设怀疑论者为了避免模棱两可的批评,重新贯彻一个知道的标准,情况又会怎么样呢?我们来尝试替怀疑论者重新构造论证。

[①] 读者如果想进一步了解具体的语境主义反怀疑论方案及其困境,可参见曹剑波(2005;2009)和阳建国(2016)。阳建国在书中细致地介绍了 3 个语境主义流派,作者分别称作"虚拟条件的语境主义"、"相关替代论语境主义"和"步步为营的语境主义"。

基于闭合原则的高标准怀疑论论证

(CH_1) S 不能知道$_H$ - SH。

(CH_2) 如果 S 知道$_H$E,并且 S 知道$_H$E 蕴涵 - SH,那么 S 就可以知道$_H$ - SH。

(CH_3) 因此,S 不知道$_H$E。[①]

该论证的推论形式是有效的,并且前提也为真。该论证的结论指出,根据高标准来看,我们缺乏日常知识。不过这个结论对于语境主义者来说无伤大雅,因为他们想要辩护的是日常知识,即运用日常低标准的知识。所以即使(CH_3)为真,语境主义者也不会认为这是一个怀疑论的结果。那么是否可以进一步拓展高标准怀疑论论证呢?

基于闭合原则的混合标准怀疑论论证＊

(CH_1) S 不能知道$_H$ - SH。

(CH_2) 如果 S 知道$_H$E,并且 S 知道$_H$E 蕴涵 - SH,那么 S 就可以知道$_H$ - SH。

(CH_3) 因此,S 不知道$_H$E。

(CH_4) 如果 S 不知道$_H$E,那么 S 就不知道$_L$E。

(CH_5) 因此 S 不知道$_L$E。

上述论证虽然攻击的是低标准的知识,但是其关键性的过渡前提(CH_4)却不会被语境主义者接受。对于传统的不变主义者(traditional invariantist)来说,(CH_4)是较合理的,因为他们认为只要不改变认知者方面与命题的真有关的因素(truth-relevant factors),语境的改变不影响认知者的知识状态。但是,语境主义者的核心观点正是知识归属语句的成真条件会随语境变化而变化,所以不能从 S 在一个语境不知道 E 推出 S 在另外一个语境还是不知道 E。既然(CH_4)被语境主义者所拒绝,那么日常知识还是不会受到上述论证的威胁。既然基于高标准的怀疑论论证达不到怀疑论结论,那么基于低标准的怀疑论论证会怎样呢?

基于闭合原则的低标准怀疑论论证

(CL_1) S 不能知道$_L$ - SH。

[①] 这里的讨论受到 Hazlett(2014,152 - 153)的启发。

(CL_2) 如果 S 知道$_L$ E,并且 S 知道$_L$ E 蕴涵 -SH,那么 S 就可以知道$_L$ -SH。

(CL_3) 因此,S 不知道$_L$ E。

这个论证同样是有效的,但前提是否都为真呢? (CL_2)是语境主义者乐于接受的,(CL_1)则较难回答。因为一方面根据适应原则(rule of accommodation),当怀疑论情景或假设在对话中被提出时,知识的标准就会相应提高,因此要使得 S 不能知道 -SH 为真,对话情景一定得采纳高标准,所以语境主义者有理由反对(CL_1)。[1] 我们仍然可以质疑,既然只能说 S 不能知道$_H$ -SH,那么 S 在运用知道$_L$ 的标准时,是知道$_L$ -SH 呢,还是根本无法以 -SH 为知道$_L$ 的对象呢? 前一个答案乍看起来并不合理,因为即使运用低知识标准,我们到底如何知道$_L$ -SH 呢?[2] 难道不是一提到或考虑怀疑论假设,语境就自动变成高标准了吗? 如果我们把基于闭合原则的低标准怀疑论论证改变成基于闭合原则的低标准反怀疑论论证,就会产生一个有趣的结果。

基于闭合原则的低标准反怀疑论论证

(CL_1^*) S 知道$_L$ E。

(CL_2^*) 如果 S 知道$_L$ E,并且 S 知道$_L$ E 蕴涵 -SH,那么 S 就可以知道$_L$ -SH。

(CL_3^*) 因此,S 可以知道$_L$ -SH。

这个论证的推论是合理的,并且两个前提都为真,因此似乎语境主义者必须接受(CL_3^*)。[3] 如果接受(CL_3^*),语境主义者就必须进一步解释为什么这里引入怀疑论语境并没有提升知识的标准,这一步是否能做到是一个比较复杂的问题。假设做到了,语境主义者是否还只是指出怀疑论否定知识的陈述和日常归赋知识的陈述都对? 难道不是还暗藏了一种较弱的摩尔式的反怀疑论结论吗?

---

[1] 至少根据 Cohen(1988)和 Lewis(1979a;1996)的语境主义版本来看,对话中引入怀疑论的可能性就足够让这个可能性变成相关的替代项。
[2] 如果承认 -SH 根本无法成为知道$_L$ 的对象会引起问题,因为这样一来会使得低标准闭合原则不再成立。注意到低标准闭合原则里已经明确提到 -SH,所以语境主义者只能允许高标准闭合原则。
[3] Cohen(1999,66)在讨论斑马案例时承认,根据日常标准,当一个人知道面前有头斑马,他也可以基于闭合原则知道那不是一头巧妙化妆的驴。读者也许会认为斑马案例和怀疑论有差别,所以语境主义者承认前面不代表也要承认后面。但 Cohen(1999,67)明确指出,在日常语境中,认知者不知道怀疑论命题为假是错的。

我们已经初步了解语境主义的反怀疑论策略,该方案有两个显著的优点。首先,该方案提供了一种摆脱怀疑论悖论的方法。根据语境主义来看,日常语境中赋予知识的语句与怀疑论语境中否认知识的语句不仅是相容的,还同时为真,但由于怀疑论悖论中存在语境的转换,因此基于该悖论的怀疑论论证是模棱两可的。其次,该理论带有理论诊断的功效。语境主义解释了怀疑论悖论直观上具有的可行性,因此并非仅仅摆脱了怀疑论悖论,也让我们意识到我们的知识理论本身是没有错的,也无须修改。我们只需要认识到为什么我们陷入了怀疑论陷阱。正是这些优点使得语境主义在众多反怀疑论方案中备受关注。

三、潜在困难

语境主义反怀疑论面临两个核心困难。[①] 首先,有学者指出语境主义和知识论并不相关。[②] 因为语境主义就其核心思想表述来看是一个有关知识归赋的语义学论题,而非一个有关知识本质的论题。德罗斯(DeRose,2009,18)就曾把这个批评表述如下。

> 广为人知的是,语境主义引发了下面这类强烈的不满:"你们语境主义根本不是一个知识的理论,它只不过是一个有关知识归属的理论。因此,它根本不算知识论,而只是语言哲学。"

这个批评的定位是准确的,因为语境主义首先是一个语义学论题,是一个有关包含"知道"的句子的真值条件的论题,而非知识论论题。因此我们不能错误地把语境主义直接概括为一个知识论论题,这应该引起注意。[③] 但是否由于语境主义首先是一个语义学论题,就可以推出它与知识论毫无关系呢?德罗斯对此的回应是,语境主义者正是意识到语言哲学和知识论的密切联系,所以才以对于"知道"的语义学讨论为出发点,进而尝试为回答知识论中的一些核心难题(如怀疑论问题)做出贡献。可以看出,这样一种研究进路

[①] 语境主义本身面临的困难很多,这里只关注与反怀疑论密切相关的困难。对于语境主义本身面临的困难较全面的概括,可参见 Rysiew(2011a)和 Baumann(2016)。

[②] 参见 Klein(2000)和 Sosa(2000)。

[③] Hannon(2017,137)指出 Bach(2005,54 – 55)犯了这个错误,但细读原文可以发现后者并没有犯这个错误。

是与早期分析哲学的语言转向有着密切联系的。可以把语言转向的核心思想大致概括为：对于语言的意义的分析是解决哲学问题的首要步骤。① 德罗斯类比说，这就好比讨论自由意志与决定论问题的哲学家也对一个行动被称作"自由"是什么意思感兴趣一样。如果一个词在不同的语境下可以表示不同的意思，那么忽略语义转变这一事实很可能会引起一系列理论问题。同理，如果包含"知道"的言语在不同的语境也表达不同的命题，那么对这一事实的无知也会引起知识论领域的问题。所以德罗斯认为，为了更好地理解知识，一件很重要的事是识别出当某人说"知道"时他到底意味着什么。这样看来，德罗斯的语境主义进路并非与知识论毫无关系。但我们必须意识到，仅仅语境主义本身并不能解决怀疑论问题，因此语境主义者必须同时辅助以额外的知识理论来解决怀疑论问题。例如，德罗斯借助了敏感性理论，科恩(Cohen)借助了证据主义。② 即使语境主义本身并不是知识理论，但我们仍然可以借助别的哲学分支的讨论来更好地理解和解决知识论内部的问题，毕竟哲学问题的复杂性和关联性决定了这类问题是很少能在一个领域内得到完满解决的。

其次，语境主义对怀疑论的解答是否太弱或无效呢？正如语境主义者所说，在标准较高的怀疑论语境，怀疑论者说我们缺乏知识是对的。这虽然从正面来看解释了怀疑论在直观上的说服力，但从反面来看也承认了怀疑论的结果。虽然语境主义者补充，一旦回到日常语境并继续运用较低的标准，我们对于自己拥有知识的断言又将是正确的。正如德罗斯(DeRose, 1995, 38)所说："怀疑论者可以引入那些我们无法达到的高标准，但这一事实并不倾向于说明我们并不满足那些在日常对话和争论中所用的更加宽松的标准。"在语境主义的反怀疑论故事中，有3个阶段。首先，在没有遇上怀疑论挑战前，我们按照宽松标准归赋日常知识是正确的。其次，在严肃思考怀疑论问题时，由于运用了很高的认知标准，我们必须承认怀疑论者否认我们拥有知识的断言是正确的。再次，在遗忘或离开怀疑论语境后，我们返回日常语境继续使用松散的标准，又重新获得归赋知识的正确性。这样一个语境波动的过程同样也是知识标准先上升后下降的过程。语境主义者较好地解释了知识

---

① 这是较弱化的表述。更强的表述是，对于语言的意义的分析是解决哲学问题的唯一方法。对于"语言转学"的核心文集可参见 Rorty(1992)。
② 关于敏感性理论，可以进一步参见本书第五章第二节"敏感性理论"。

标准的上升(standard ascent)机制,即由于怀疑论情景作为一种错误可能性被引入对话情景,所以知识的标准变得很高,我们因此无法知道怀疑论情景为假。关键的困难是知识的标准上升后又如何下降呢?① 因为按照语境主义反怀疑论故事概要来看,如果缺乏最后一步,那么语境主义是无法完成反怀疑论任务的。

此时,标准的下降(standard descent)成为一个语境主义的关键。② 但是如何使得标准下降呢? 标准的下降又真的能使我们重新获得知识吗? 对于前一个问题,德罗斯说得很少,这是等待语境主义者去回答的问题。让我们暂且预设,如果怀疑论可能性不再出现在对话中,或者对话者明确指出回到日常语境,我们就因此回到了日常语境。此时标准下降我们就重新获得知识了吗?我们不妨思考一个日常生活中的例子。

好学生选拔

复旦大学鼓励本校优秀的本科生(以下简称"好学生")继续攻读研究生。小马是班级男生中GPA最高的,在全班100名学生中排第9名。在参与研究生招生考试前,男生都以班级前10名为好学生的标准,于是都说小马是好学生。可惜的是,小马考试失败了,因为负责招生的教师对好学生的标准更高。在他那里只有班级前5%才是好学生,所以招生教师说小马不算好学生。

在上述例子中,小马刚开始算好学生,到了招生考试阶段不算好学生,那么考试过后回到班级里就可以继续算好学生了吗? 这里藏着的一个问题是,我们必须先回答到底应该运用哪个标准。标准有高有低,但应该使用哪一个取决于我们的认知评价目的。招生教师选用较高标准的目的是为了选拔到最好的一些学生,而小马的同学选用较低标准的目的则是为了突出小马的优秀。在这个例子中似乎两个标准并没有优劣之分,只有哪个标准更能满足实践目的之区别。

但是在知识论讨论中,特别是在怀疑论语境下,情况会变得有所不同。

---

① 有一种只包含认知上升的语境主义,相关的讨论可参见 Elgin(1988)、Craig(1990)和 Unger(1984;1986)。该理论并非拒斥怀疑论,而是解释了为什么在遭遇怀疑论之前,我们看似拥有知识,但一旦进入怀疑论语境我们马上就会"投降"。如果缺乏标准下降的机制,那么语境主义还是处理不好怀疑论问题。读者此时也许会有这样的印象,即:我们对自己的知识反思越少,我们就好像知道得多一点。换句话说,我们对自己的反思越多,我们所拥有的知识就越少。该想法可参见 Engel(2004)。
② 对这一困难更早的讨论可参见 Pritchard(2001)。

在知识论的探究中,特别是涉及怀疑论问题时,哲学家关心的是拥有知识的可能性,即满足什么条件时认知者是拥有知识的。此时不妨从第一人称的角度反思语境波动所带来的困惑。在面对怀疑论攻击之前,我可以根据日常标准说我知道。进入怀疑论情景,意识到自己的证据不足以排除怀疑论假设,于是根据更好的标准我不能说我知道。最后回到日常标准,我关于一个命题为真的证据并没有增减,但竟然又从不知道变成了知道,这难道不是一件不可思议的事吗?此时,难道我不会产生这样的想法吗?即:其实在日常标准下只是我以为我知道,但并非我知道?又或者只是在日常语境下说"我知道"是合理的,但并非真的?哲学的反思有这样一个特质,即尝试从更客观和更深层的角度去看我们在日常生活中所熟悉和广泛接受的事物。毫无疑问,在日常生活中我们认为自己有知识,在进入哲学领域(特别是知识论分支)时我们所关心的是,我们称为"知识"的东西真的算作知识吗?并且这里哲学家并非创造出一个和我们日常称作"知识"不一样的知识,而是运用同一套认知准则和概念的同一种东西,这一点我们在讨论怀疑论本质的时候已经详细阐述,这里不再重复。当怀疑论挑战把我们强制带入知识论领域时,我们的首要任务就是回答怀疑论者的责问。怀疑论者以理智良心的姿态审问我们,我们真的有知识吗?还是只是经常不合规范地使用"知道"这个词?怀疑论者的审问无疑是有说服力的,因此当我们理解了怀疑论者所用的高标准,我们也同意自己并不拥有知识。这里的高标准也带有哲学追问的纯粹性,即:虽然我们关心的错误可能性很小且不可能实现,但从纯粹认知的角度来看是和知识的获得有关的。这样一来,如果在较高标准的拷问下我们承认自己没有知识,那么我们何以能自欺欺人地认为只要换了较低的标准,就算不改变自身的认知状态和不满足怀疑论者所提出的要求,失去的知识就回来了呢?

语境主义者有一条可能的出路。在德罗斯的语境主义理论里有语境高低之分,并且怀疑论者秉承了高标准的使用,从而隐含地占据了辩论的制高点。是否语境主义者可以放弃语境从高到低的层次性,进而采取一种只宣称语境不同,但并没有高低之分的语境主义呢?① 初步看来,这样的修改会使得在怀疑论语境中的结论不再对日常语境中的知识归赋有一种直接的影响,从而避免前面提到的标准下降困难。但是这样一来,是否因此会变成认知相对主义呢?认知相对主义可以大致表述为:一个信念是否为被辩护的或算作知

---

① 很明显这样的进路与 Williams(1991) 的讨论有关系。

识是依赖语境的,并且不同的语境之间没有孰优孰劣,因为并没有跨语境比较的中立标准。就算我们在怀疑论语境中缺乏知识,但这毫不影响在日常语境中我们拥有知识。但是,这个结果意味着用相对主义的结果来避免怀疑论的结论吗?语境主义者又会接受这一局面吗?这些问题值得我们进一步思考。

第三节 新摩尔主义反怀疑论

本节将讨论新摩尔主义式(Neo-Mooreanism)的反怀疑论理论。这一进路不仅受到摩尔反怀疑论方案的启发,也意识到该方案的缺陷,因此在理论的修改和弥补过程中重新彰显摩尔式的反怀疑论风格。下面先从摩尔本人的理论出发,然后逐渐过渡到新摩尔主义的各种理论。

一、摩尔反怀疑论及其缺陷

摩尔基于自己的常识哲学开展对于怀疑论的批评。在摩尔那里,有一些命题是他确定地知道为真的。例如,

(1) 我是一个人。
(2) 地球已经存在了很久远的时间。
(3) 现在有一个活着的身体,也就是我的身体。[1]

摩尔认为,不仅他本人,还有许多人都知道这些命题。[2] 这些命题有 4 个特性:①虽然这些命题都是偶然的命题,但不意味着我们不能知其为真,我们还可以确定地知道其为真。②从这些命题并不能推断出我们心灵的状态,但可以推断出一个外部世界,一个外在于我们心灵的世界的存在。③当摩尔在做出断言之时,有基于感觉的证据,如他是基于自己的身体感觉知道自己在站着,从而给出"我在站着,而不是坐着或者躺着"这一断言。[3] ④这些命题是

---

[1] 命题 1—3 参见 Moore(1959,33)。
[2] 当然前提是这些命题是关于别人的。
[3] 该断言参见 Moore(1959,227)。这里有一个复杂点,在 A Defence of Common Sense 这篇论文中摩尔声称自己有对于确定地知道的命题的证据,但说不出这些证据是什么。在 Certainty 这篇论文中,他明确说自己的证据部分是知觉的证据,但可能不限于此。

用来判决怀疑论与反怀疑论问题的最佳测试。在《证明外部世界》一文中,摩尔的论辩对手是关于外部世界的怀疑论,该怀疑论否认任何外部对象的存在。摩尔把外部对象定义为我们在空间中会遭遇的物,但排除了疼痛、后像、双像、幻觉与做梦。① 我们可以略过摩尔定义上的细节,并且接受他对外部对象的讨论。在摩尔看来,如果能找出一个外部对象,那么就能反驳怀疑论者。他的反怀疑论论证形式如下。

摩尔论证

1. 这是一只手。
2. 这是另外一只手。
3. 如果有两只手,那么就有外部对象的存在。
4. 因此,存在外部对象。②

摩尔认为自己所给的论证是一个严格的(rigorous)论证。其严格性表现在3个方面:首先,该论证的前提和结论是不一样的,所以这不是一个循环论证。因为该论证可以结论真而前提假,即存在外部对象但不是一只手,所以并非一个结论已经出现在前提中的循环论证。其次,该论证的前提是确定为真,而不是只是被相信的或还未知其真的。这一点已经从摩尔的常识哲学立场获得足够的支持。最后,结论能从前提中推出,即这是一个标准的演绎证明,在论证力度上是最强的。既然摩尔的论证是严格的,那么反怀疑论工作是否就应该画上圆满的句号呢?相信正如读者所预感的那样,故事远远没有结束。摩尔论证的缺陷到底在哪里?在分析缺陷前,先对摩尔论证进行一些细微的调整。这是由于摩尔的论辩对手是关于外部世界的怀疑论,而非关于外部世界知识的怀疑论,所以需要将摩尔式的论证思路改写成一个反彻底怀疑论的论证。

摩尔式反怀疑论论证

(摩尔1) 我知道我有一双手。

(摩尔2) 如果我知道我有一双手,并且我知道我有一双手蕴涵我不是缸中之脑,那么我可以知道我不是缸中之脑。

(摩尔3) 因此我可以知道我不是缸中之脑。

---

① 摩尔对于外部对象的讨论较为细致,可参见 Moore(1959,129 - 135)。
② 参见 Moore(1959,146)。

可以将摩尔式反怀疑论论证与基于闭合原则的怀疑论论证(并且替换具体的命题)进行对比。

基于闭合原则的怀疑论论证

(CK_1)我不能知道我不是缸中之脑。

(CK_2)如果我知道我有一双手,并且我知道我有一双手蕴涵我不是缸中之脑,那么我可以知道我不是缸中之脑。

(CK_3)因此,我不知道我有一双手。

可以发现,摩尔式反怀疑论论证与基于闭合原则的怀疑论论证都共享桥接原则,即(摩尔2)或(CK_2)。只不过摩尔式反怀疑论论证是对该原则的肯定前件式使用,而基于闭合原则的怀疑论论证是对该原则的否定后件式使用。这样一来,两者陷入一场争论,并且争论双方势均力敌。想要打破这个僵局就得看(摩尔1)和(CK_1)谁更有说服力。摩尔认为怀疑论者缺乏好的理由支持(CK_1),但怀疑论也同样认为摩尔(式)反怀疑论论证前提(摩尔1)是缺乏理由的。下面将简要列举一些对摩尔反怀疑论论证的诊断。

首先,怀疑论者会质疑摩尔如何知道自己有一双手。在摩尔的论文中,他已经预料到这一诘难,摩尔承认他并没有给出这样的论证,并且这样的论证也给不出来。在摩尔看来,要证明这一点就要先证明自己没有在做梦,但他无法完成这个任务。在更一般的原则上,摩尔认为自己知道一些东西,其中也包括他的证明的前提,但他并不能证明这一点。这乍看起来像是一个外在主义的立场,即我们可以拥有知识,但这并不代表我们可以基于证据来证明这一点。但是摩尔本人是否支持外在主义仍然值得进一步商榷,所以这里不从外在主义的角度去诠释摩尔。既然摩尔认为自己对于确定知道的东西可以有基于知觉经验的证据,而摩尔有一双手这样的命题又一般会和摩尔看到自己有一双手的视觉经验密切联系,我们不妨设想摩尔的回答会面临什么困难。假设怀疑论者问摩尔如何知道自己有一双手,摩尔回答说是基于自己有一双手的视觉证据。此时怀疑论者可以说摩尔的证据并不充分。因为即使眼前有类似一双手的视觉证据,但这个证据同样支持两种情况:一种是摩尔有一双手,另一种是摩尔有一双手的幻觉。因此摩尔在缺乏进一步证据的基础上相信自己有一双手是缺乏认知辩护的。对这样一个诘难,摩尔本人没有回答,也成为被广受批评的一个缺陷。我们可以把这个缺陷概括为:即使摩尔式论证的前提为真,也缺乏理由支持。

其次，怀特和戴维斯（Martin Davies）认为，摩尔的论证无法将前提拥有的担保传递给结论。① 怀特认为，担保是支持一个命题的东西（如证据），可以等同于命题辩护。怀特指出担保是信息依赖的（information dependent）。考虑下面这个例子，〈水壶里面的液体沸腾了〉为〈水壶里面的液体温度大约是100度〉这个假设提供担保吗？如果预设额外的信息，例如，壶里装的是水，并且所处的海拔大致是海平面，那么〈水壶里面的液体沸腾了〉为〈水壶里面的液体温度大约是100度〉提供担保。如果缺乏背景信息，则无法提供担保，因为水壶里面的液体沸腾了同样支持别的假设。将该案例表达的思想普遍化，怀特指出如果把 E 当作 P 的担保理性地要求一些辅助信息 I，那么 E 为 P 提供的担保就是信息依赖的。这种结构如果以下面的方式（当 P 蕴涵 I 时）排列时就会产生传递失败。②

（Ⅰ）证据 E。

（Ⅱ）命题 P。

（Ⅲ）背景信息 I。

例如，我们基于证据 E〈约翰把篮球扣进了篮筐〉相信命题 P〈约翰刚进了一球〉，然后从 P 演绎出结论 I〈这里在进行一场篮球比赛〉。此时（Ⅰ）为（Ⅱ）提供的担保无法传递给（Ⅲ）。这是因为（Ⅰ）能为（Ⅱ）提供担保，是依赖我们有独立且在先的理由去接受（Ⅲ）。所以，我们不能按照上述推理方式获得有关（Ⅲ）的首次的担保或者是额外的担保。基于这个想法，怀特就能解释为什么摩尔（式）反怀疑论论证无法为其结论提供理性担保（辩护）。摩尔基于自己的证据 E_1〈视觉经验向我展示我似乎有手〉相信命题 P_1〈我有手〉，并且基于 P_1 推出结论 I_1〈有个外部世界〉。但怀特指出，之所以 E_1 能为 P_1 提供担保，是依赖摩尔必须事先有独立的担保相信〈有个外部世界〉，因此这个命题充当了背景信息的作用。也就是说，如果缺乏该背景信息，那么视觉证据 E_1〈视觉经验向我展示我似乎有手〉同样地支持两个假设，一个是 P_1，另一个是 P_1^*〈我有关于手的幻觉〉。所以，只有对于背景信息〈有个外部世界〉有了在先且独立的担保，E_1 才为 P_1 提供担保。正因为如此，摩尔无法把 E_1 为 P_1 提供的担保传递给 I_1〈有个外部世界〉，自然他也无法为〈有个外部世界〉提供担保（辩护）。总结来说，由于担保（辩护）的结构上的问题导致担保传递失

---

① 参见 Wright（2002;2004）和 Davies（2004）。

② 参见 Wright（2002,336）。

败,摩尔(式)反怀疑论论证是失败的。

与怀特和戴维斯相反,普莱尔(James Pryor)认为摩尔的论证并非不能传递辩护,而只是在论辩的意义上无效(dialectically ineffective)。普莱尔基于自己知觉的独断论(dogmatism about perception)理论主张,摩尔的论证可以传递辩护。概括来说,他的理论主张,当摩尔拥有类似手的视觉经验时,这些视觉经验的现象特征就已经为摩尔相信自己有手提供初步辩护了。初步辩护是与全盘考虑辩护(all things considered justification)相对比的。初步辩护可以被挫败,但如果缺乏挫败者或出现的挫败者被进一步挫败,那么初步辩护至少是构成全盘考虑辩护的。① 虽然普莱尔认为摩尔的论证可以为结论传递辩护,但该论证的缺陷在于其辩论的效力是缺失的。在普莱尔看来,论证是服务于论辩和对话的工具,而在论证时我们向听众呈现一个推理过程。② 因此,当一个论证向听众呈现了一个可以理性接受的推理时,这个论证就是成功的。但不可否认的是,不同的听众在听到摩尔的论证时已经有了自己的看法,如他们相信和怀疑的东西,而这些东西就决定了哪些推理是听众能理性地接受的。在这个意义上,一个论证是否成功在很大程度上取决于听众是谁。摩尔的论辩对手是怀疑论者,因此在面对摩尔的论证前他们已经对摩尔的结论持有怀疑态度,该怀疑态度会理性地阻止他们相信摩尔论证的前提,所以即使摩尔的论证是严格的,也最终无法理性地说服怀疑论者。③ 由此拓展开来,作为一个反怀疑论的论证,摩尔应该要诊断并且批判怀疑论的论证。我们所期待的诊断至少应该解释为什么怀疑论的论证有其自带的合理性,以至于怀疑论的挑战如此难以应对。但摩尔在这个方面什么也没说,只留下了他严格的论证。

由上面的评述可以发现,摩尔的论证作为反怀疑论论证确实是有缺陷的。一方面他没有为自己的论证前提提供好的解释和依据,而只是表示出自己确定知其为真的态度。摩尔发现他的论证与怀疑论打成了平手,他对此很

---

① 这一区分可参见 Pryor(2004,353)。
② 当然我们也可以把自己当作假想的听众。
③ 理解普莱尔的看法依赖他做出的理性承诺(rational commitment)和辩护的区分,见 Pryor(2004,363-365)。假设我相信今天会下雨但我缺乏任何支持该命题的理由,此时我的信念是缺乏辩护的。但由于我持有该信念,我就对该信念蕴涵的信念有一个理性的承诺,如今天不是晴天或者今天地会湿。既然我对今天会下雨缺乏辩护,那么前提也无法传递任何辩护给结论。但是我相信今天不是晴天或者今天地会湿却是一种理性的选择,因为这与我已有的信念是一致的。同样,我的信念今天会下雨也会理性地阻止我相信与之冲突的命题,如今天是晴天。

满意,这似乎已经是他能做出的巨大贡献。值得担忧的是,即使摩尔与怀疑论打成了平手,在反怀疑论的大局上却是失败的。在前面的章节中已知,怀疑论的挑战有悖论的特色和内生的本质。如果怀疑论是依赖我们的知识理论所提出的,而我们的理论又同时促成摩尔论证和怀疑论论证两个极端冲突的论证,那么对于我们是否有知识这件事,我们不是面临一个理性上的僵局吗?这难道不是进一步提醒我们当下的知识理论深处充满了问题吗?因此,摩尔的论证并未解决问题,只是进一步揭露了问题所在。另一方面,摩尔也并未对怀疑论论证的表面效力提供任何的哲学诊断,而这种诊断恰恰是一个反怀疑论的方案的基础要求。当然,这也许是因为摩尔更希望以勇士的姿态直面怀疑论挑战,而不是提供一种温和的诊断。不过值得庆幸的是,随着摩尔的方案的不足被揭露出来,新摩尔主义便可以有所借鉴,从而获得登上舞台的绝佳机会。

二、知识论析取主义

本节将讨论知识论析取主义,选取该理论进行介绍是因为其两个方面的特征。一方面该理论兼具内在主义与外在主义色彩,另一方面该理论的摩尔式反怀疑论方案主要针对的是基于非充分决定原则的怀疑论论证。

概括来说,知识论的析取主义认为在我们的知觉过程中存在两类本质上不同的情况,一种是好的情况/例子(good case),一种是差的情况/例子(bad case)。在好的情况中,我们的知觉经验是真实的,我们可以获得知觉知识,而且知识拥有事实性的且可反思获得的理由支持。在差的情况中,我们的知觉经验不是真实的,因此我们缺乏知觉知识。普理查德把知识论的析取主义的核心论题表达如下。

> 在典型的知觉知识中,认知者 S 通过 R 的理性支持而获得知识 P,R 不仅是事实性的,对于 S 来说也是可反思获得的。[1]

这个论题说的是,S 的知觉知识拥有一个理性的支持,而这个理性支持就是 S 看到 P(S sees that P)。这个理性支持之所以是理性的,是因为 S 可以仅靠反思就可以获得,因此这个理由本身对 S 来说不是超出其认知能力的,而

---

[1] 参见 Pritchard(2012,13)。

是可掌握的，S可以援引该理由来支持S的信念P。可以看出，知识论析取主义是支持通达主义的，通达主义认为所有S仅靠反省可获得的东西构成S信念的辩护来源。由于通达主义是一种主流的内在主义，因此知识论析取主义具有内在主义的色彩。此外，这个理由也是事实性的，因为这时S是通过看到P而知道P，而看到P是事实性的。也正因为该理由和真之间的联系是决定性的，知识论析取主义具有很强的外在主义色彩。好情况中的理性支持与差情况中不仅不同，而且是截然不同，因为在差情况中S并没有看到P。

为了使讨论更为清晰，此处引入普理查德（Pritchard，2012，29）对于所有好坏案例的分类。

表7-1 普理查德好坏案例分类

	最好	好	差	差+	差++	差+++
客观的好？	是	是	否	否	否	否
主观的好？	是	否	是	否	是	否
真实经验？	是	是	是	是	否	否
看到P？	是	是	否	否	否	否
知道P？	是	是	否	否	否	否

在表7-1中"客观的好"主要取决于认知环境和认知主体的认知官能。如果两个方面都没问题，那么认知者就处于一个好的认知环境，也等同于认知者看到P，此时只要认知者善加利用"看到P"这个理由，就处于可以获得知觉知识的有利地位。"主观的好"指的是认知者内在的认知处境，特别是认知者是否拥有或应该意识到针对P的挫败者。如果没有，那就是"主观的好"。"真实经验"指的是知觉经验是否真实，可以发现表7-1中有的情况是"真实经验"与"知道P"（或"客观的好"）分开的。

我们可以用一系列谷仓案例变形来展示每一种情况。在最好的案例中，S在一个客观上好的环境中看到一个谷仓，基于视觉经验相信P〈面前有一个谷仓〉，并且S合理地缺乏任何理由反对P。① 由于S身处客观的好的环境，其

---

① 这里的合理是指，不仅S实际上缺乏理由反对P，也不应该意识到某些反对P的规范理由。这里主要涉及两类挫败者，一种是规范型挫败者，另一种是信念型挫败者。S实际上缺乏理由反对P是说S没有信念型挫败者，而S也不应该怀疑P是说S没有规范型挫败者。这一区分可参见Plantinga（2000）、Bergmann（2006）和Lackey（2008a，44）。

知觉经验也是真实的。在这样的例子中，S看到P，并以此作为理性支持去相信P，最终S知道P。也正是这种例子被普理查德当作知觉知识的典型案例。

从一个最好的例子变成好的例子，我们可以保持别的方面不动，只是让S拥有一个信念的挫败者，如朋友说这里充斥着许多假谷仓。虽然该挫败者是误导性的（事实上田野里都是真谷仓），但它仍然使得S没有基于自己看到P从而相信P，所以知识的信念条件不满足，S不知道P。虽然S缺乏知识，但由于他身处客观的好的环境，其知觉经验还是真实的。

下面是一个差的例子。S看到一个真正的谷仓，但是该谷仓周围充斥着许多假谷仓，并且真假谷仓很难辨认。这么一个易错的环境使得S处在客观上差的环境，但由于S内在缺乏P的挫败者，所以他拥有主观的好。并且由于他的视觉的确是由真谷仓引起的，所以知觉经验是真实的。由于缺乏客观的好，所以即使他相信P，也由于认知运气的干扰而无法算作知道P。

从差的例子变到差＋的例子，我们只需给S添加一些P的挫败者。例如，有人告诉他所处的环境充斥着假谷仓，那么此时他处于客观上和主观上都差的环境。但由于他的视觉仍然是由真谷仓引起的，因此知觉经验是真实的。在这种案例中，他并未看到P，更无法知道P。

要变到差＋＋的例子，我们让S仍然处于充斥着假谷仓的环境中，并且此时他看到的谷仓还是来自幻觉，但他没有针对P的挫败者。此时他的视觉经验并非真实的，而且他既没有看到P也不知道P。

再来就是差＋＋＋的例子，我们只需要在差＋＋的例子基础上做出更改，S还拥有来自证言的针对P的挫败者。此时S处于客观上与主观上都差的环境，并且视觉经验也是不真实的，他既没有看到P，也不知道P。毫无疑问，这是我们所能想象出来的最差的认知情况。

在介绍完知识论析取主义者对于好坏例子的细分之后，我们再针对"看到P"这一关键性的概念进行梳理。什么是知识论学者所提出的"看到P"呢？首先需要区分非认知的看与认知的看。对于非认知的看，例如，一个从没见过西柚的人看到一个西柚，或者一个认识西柚的人环视整个水果店没有注意到摆放在货柜上的西柚。在这两种情况下，虽然都有一个西柚出现在认知者的视野里，但他并没有识别出来，也就是说，此时西柚出现在其视野里并没有认知的价值。就认知的看来说，一个人需要识别出看的主题或内容，即：注意到眼前的西柚，并把它识别为西柚。在此基础上，我们要区分物体性的看（objectual seeing）和命题性的看（propositional seeing）。把一个西柚识别为一个对象是属于物体性的看,而看到有一个西柚则是命题性的看。可以看出,后者比前者具有更高的认知价值。因为知识的对象是一个事实,而命题性的看的对象不是一个物体,而是一个事实,因此其认知对象更接近于(或等同于)知识的对象。毫无疑问,物体性的看和命题性的看都已经属于认知的看,因为它们都包括认知者有"西柚"这个概念并且识别出世界中的一个西柚。

进一步地,我们还要强调获得命题性的看与物体性的看的关联。此处我们只讨论通过物体性的看达到命题性的看,并且前者看的对象需要出现在后者的内容之中。尝试思考这样一个案例:当我凝视我的书桌时,看到桌子上只放着一副蓝牙耳机,此时我可以命题性地看到我的桌子上有一副蓝牙耳机,也可以命题性地看到我的桌子上没有手机,但是我达到两个命题性的看的基础略有差异。前者基于我物体性地看到一副蓝牙耳机,而后者不是基于我物体性地看到一部"没有的手机",而是基于推论,即:没有在桌子上看到任何一部手机,因此桌子上没有手机。因此,命题性的看与物体性的看是可以独立的,即我们没有物体性的看也可以达到命题性的看。[①]

最后,一个关键的点是如果 P 为假,那么我们不可能看到 P,因此看到 P 蕴涵着 P 为真。怀疑论者会反驳,在怀疑论的情景中,一个人也可以看到一个西柚,并以此为基础错误地相信自己看到一个西柚。这一想法可以表达如下。

最高共同因素论证

(CF_1) 在差的例子中,S^* 的理性支持不是事实性的。

(CF_2) 在最好的例子中,S 能仅靠反思获得的理性支持就是 S^* 在差的例子中仅靠反思获得的理性支持。(最高共同因素原则)

(CF_3) 在最好的例子中,S 拥有的理性支持与 S^* 在差的例子中拥有的理性支持处于同一水平。

(CF_4) 在最好的例子中,S 拥有的理性支持不是事实性的。[②]

该论证中(CF_2)所依赖的思想也可以表述为新恶魔论题。

新恶魔论题

S 相信 P 的内在主义式的认知支持与在怀疑论情景中 S 的复制体 S^*

---

① 关于这一点更早的讨论,可参见 Dretske(1968,78)。
② 相似的论证可参见 McDowell(1995)和 Pritchard(2012,43)。

一样。①

支持内在主义的知识论学者普遍都支持新恶魔论题，因为该论题可以从通达主义或者心灵主义推出。既然知识论析取主义支持通达主义，那么知识论析取主义似乎也必须支持新恶魔主义。这样一来知识论析取主义者如何避免最高共同因素论证的结论呢？毕竟该结论指出的是，即使在最好的情况中，S 的理性支持也不是事实性的，也就意味着 S 无法看到 P。对于怀疑论者的描述，知识论析取主义者会指出，在怀疑论情景中的这个人既没有物体性的看，也没有命题性的看，因此不是看到 P，只是仅仅认为自己看到 P。虽然从个人的主观经验来说，真实情景和怀疑论情景是无法区分的，但是要解释这一事实并不一定需要预设两种情景中的认知理由是相同的。要为"看到 P"这一状态进行哲学辩护还需要做很多工作，普理查德在其著作中主要解决了 3 个难题，分别是区分性难题（the distinguishability problem）、通达难题（the access problem）和根据难题（the basis problem）。② 这里不再赘述其中的讨论细节。假设知识论析取主义的确能为"看到 P"这一状态做出很好的哲学辩护，那么知识论析取主义就是明确地反对如下论题。

共同元素原则（the common factor principle）

现象学上无法区别（phenomenologically indistinguishable）的感知、幻觉和错觉三者拥有共同的心灵状态。③

该原则所表达的想法是，根据我们的预设，从认知主体的内在经验看有 3 种认知情况是无法区别的，因此如果我们的心灵无法通过反思区别这 3 种心灵状态，那么这 3 种心灵状态就没有什么不同。或者弱化地说，现象上我们无法区别这 3 种状态是一个让我们相信这 3 种认知情况可能拥有共同的心灵状态的很好的理由。基于这种共同的心灵状态，也就是我们似乎看到某种东西（seeming to see something），加之以外部世界的不同情况，我们能够解释为什么真实感知、幻觉和错觉会得以发生。

现在我们已经大致清楚，在好的例子中，S 的理性支持是 S 看到 P；在差的例子中，S 的理性支持仅仅是 S 好像看到 P。那么基于知识论析取主义可

---

① 关于这一理论的早期探讨，可参见 Lehrer and Cohen(1983) 和 Cohen(1984)。
② 对于根据难题的讨论，可参见王聚(2016)。
③ 参见 Fish(2010,4)。

以如何回应怀疑论论证呢？回想基于理性知识非充分决定原则的怀疑论论证(其中 P 是日常命题，Q 是怀疑论情景)。

基于理性知识非充分决定原则的怀疑论论证

(UR_1) 如果 S 的理性支持并不支持 P 超过 Q，并且 S 知道两者的不相容，那么 S 缺乏具有理性支持的知识 P。

(UR_2) S 的理性支持并不支持 P 超过 Q，并且 S 知道两者的不相容。

(UR_3) 因此 S 缺乏具有理性支持的知识 P。

知识论析取主义者认为该论证中(UR_2)是错误的。因为怀疑论者把日常信念的理性支持类型限定为区分性支持，但普理查德主张理性支持不仅包括区分型支持(discriminating support)，还包括有利型支持(favouring support)。我们可以把两种支持分别定义如下。

区分型支持

对于任何的 P，Q 和 S，如果 S 可以区分 P 和 Q 两个命题中涉及的对象，并且 S 意识到 P 和 Q 是不相容的，那么 S 拥有支持信念 P 的区分型支持。

有利型支持

对于任何的 P，Q 和 S，如果给定 S 的理性支持(证据)，P 比 Q 更可能为真，并且 S 意识到 P 和 Q 是不相容的，那么 S 拥有支持信念 P 的有利型支持。①

这里要做一些必要的澄清。首先，只要从 S 本人的视角来看，S 的理性支持使得 P 比 Q 更可能为真，那么 S 的理性支持就更支持 P。其次，这里不加替换地使用理性支持和证据，因为是按照内在主义的方式来理解证据的。②为了更好地理解上述区分，我们可以思考下面这个例子。假设同事问我小李在哪里，我告诉他我正好看见小李在走廊尽头打电话。朋友问我，你不会把小王看成小李了吧？我回答小王更高，而且两个人的发型不一样，因此那个人是小李而非小王。针对我所看到的人是小李这个命题，我的视觉证据提供了直接的反对证据。在这个例子中，直接证据是跟知觉证据密切相关的。由于故事中的"我"发现在走廊尽头的人的体貌符合小李的特征，而不符

---

① 原区分可参见 Pritchard(2012,77)。
② 基于外在主义来理解证据的方式可参见 Williamson(2000)。

合小王的特征,所以基于此我知道走廊尽头的那个人是小李。这个想法与知觉知识的相关替代项理论关系密切。

知觉知识的相关替代项理论

如果一个人要通过知觉的方式知道 P,那么他必须排除相关的非 P 替代项,而一个相关的替代项就是会在相邻的可能世界实现的替代项。①

该理论有着较高的可行性,因为如果一个人无法区分 P 及非 P 替代项,那么由于非 P 在较近的可能世界是容易实现的,因此这个人相信 P 的信念是不安全的(或者说辩护太弱)。在上面的案例中,如果我不能把小李和小王区分开,那么我如何可以知道小李在走廊尽头呢?此处我们注意到区分型支持和知觉知识的密切关系。但是否我们因此就要预设知觉知识只能立足于区分型支持呢?如果该想法是对的,那么除非我们拥有区分型支持,否则我们无法拥有知觉知识。但这一想法是有问题的,因为它对于知觉知识的限制太强了。我们不妨回顾德雷斯基(Dretske)的斑马案例。

斑马案例

假设你带儿子去动物园游玩,然后看到几头斑马,然后你儿子问你这是什么动物,你就告诉他这是斑马。那么,你是否知道这是斑马呢?当然,我们大部分人都会说知道。因为我们大部分人都知道斑马长什么样子,并且这是在城市动物园里,还有动物信息告示牌写着"斑马"。但是,如果一个动物是斑马就蕴涵这个动物不是驴,特别地,这个动物不是被巧妙化妆过的驴,那么,你是否知道这个动物不是被巧妙化妆过的驴呢?②

这个案例给人的第一印象是,案例中的主角并不知道面前的动物不是被巧妙化妆过的驴。因为如果这些动物是被巧妙化妆过的驴,那么它们也会看起来和斑马极其相似。也就是说,基于既有的视觉证据,案例中的主角是无法把斑马和巧妙化妆过的驴区分开的。但这里遗漏了一点,即案例中的主角的理性支持(证据)到底包括哪些呢?从案例的描述来看,他的所有证据包括面前动物的样子、关于斑马外观的背景知识、一块写有"斑马"的指示牌,以及自己在城市动物园的意识。把这些证据综合起来看,我们可以说案例中的主

---

① 这一思想的源头是 Dretske(2000,52),不过此处的表述方式参见 Pritchard(2012,67)。
② 参见 Dretske(1971,1015-1016)。

角知道面前的动物是斑马。值得注意的是,他的证据里面包括一些非区分型证据,如一块写有"斑马"的指示牌和自己在城市动物园的意识。这些证据恰恰是有利型支持,因为它们使得命题〈面前的动物是斑马〉变得更有可能成真,而不是其替代项命题〈面前的动物是被巧妙化妆过的驴〉。因此,即使案例中的主角缺乏区分型支持,他也能知道面前的动物是斑马。

从斑马案例可以看出,我们对于理性支持(证据)的理解不能仅仅限于区分型支持。虽然在许多正常情况下,相关的替代项可以被区分型证据所轻易消除,如我们可以轻易地区分斑马和熊猫或者斑马和大象,但是对于一些稍远的替代项,如被巧妙化妆过的驴,正常的认知者就会缺乏区分型支持,而这正是因为一头斑马和一头巧妙化妆过的驴实在太难辨识。当然如果经过专门的训练,那么这项辨识任务也许并非不可能,但对于一般人来说,这已经是无法辨识的。不过对于一般人来说,此时可以诉诸有利型支持。谈及知觉知识,我们的理性支持应该既包括区分型支持,也包括有利型支持。既然我们认识到自己的证据可以包括区分型支持和有利型支持,那么此时我们就能批评怀疑论论证中错误的预设。

在基于理性知识非充分决定原则的怀疑论论证中,普理查德攻击的要点是(UR_2),他将支持(UR_2)的想法概括如下。

理由的孤立性论题(the insularity of reasons thesis)

即使在最好的情况下,我们对于知觉信念的理性支持都是孤立的,以至于拥有该理性支持也与该信念为假是相容的。[1]

如果知识论析取主义可以反对理由的孤立性论题,那么(UR_2)就会受到削弱,最终基于理性知识非充分决定原则的怀疑论论证也会受到驳斥。普理查德想要论证的是,在好的例子中,我们的理性支持更有利于我们的日常信念,而非怀疑论假设。此处要注意到普理查德的主张的条件性,这是因为(UR_2)是具有歧义的。我们可以按照下面的3种方式来解读(UR_2),其中P是日常命题,Q是对应的怀疑论命题。

(UR_2A) 在好的例子中,S的理性支持并不支持P超过Q。
(UR_2B) 在差的例子中,S的理性支持并不支持P超过Q。
(UR_2C) 在任何的例子中,S的理性支持并不支持P超过Q。

---

[1] 参见 Pritchard(2015b,55)。

(UR_2)在表述时未加限制,所以其实际上和(UR_2C)是一样的。知识论析取主义者会如何回应呢？首先,他们并不拒绝(UR_2B)。在差的例子中,认知者的理性支持并非事实性的,他唯一拥有的理性支持是〈看起来是P〉,而此时这个理性支持并不支持P超过Q。此外我们也能注意到(UR_2B)所表达的观点是很微不足道的,因为怀疑论者和非怀疑论者都同意在差的例子中,知识是不可能的。其次,如果(UR_2A)能被拒斥,那么(UR_2C)就能因此被拒斥。因为如果在好的例子中,我们的理性支持更有利于日常信念,那么不可能在好与差的例子中P和Q都受到证据的同等程度的支持。所以,知识论析取主义者的首要目标就是攻击(UR_2A)。

那么(UR_2A)哪里有问题呢？我们可以提出两个问题。首先,在好的例子中,针对日常信念我们所拥有的理性支持是什么？其次,在什么意义上我们的理性支持更有利于日常信念,而不是怀疑论命题？针对第一个问题,答案已经很明显。根据知识论析取主义者的观点,在好的例子中,认知者的理性支持是看到P,而该理性支持既是事实性的也是可反思获得的。但为什么我们的理性支持更有利于日常信念而不是怀疑论命题呢？正如前面所述,当讨论知觉知识时,我们不能只顾到区分型支持而忘却有利型支持。因此,即使一个人缺乏区分型支持,但如果存在有利型支持,那么他的全部理性支持也会有利于P。此时可以看出为什么(UP_2A)是有问题的了。(UP_2A)认为,在好的例子中,S的理性支持(包括区分型支持和有利型支持)并不支持P超过Q。而反对(UP_2A)的推理可以表达如下。

(A_1) 在好的例子中,S缺乏相信P或Q的区分型支持。

(A_2) 在好的例子中,S的有利型支持更有利于P(超过Q)。

(A_3) 因此,在好的例子中,S的理性支持(包括区分型支持和有利型支持)更有利于P(超过Q)。

上述推理是有效的,而(A_1)是大家都接受的,(A_2)则需要进一步澄清。对于知识论析取主义者,S对于P的有利型支持是事实性的。事实性的理性支持(看到P)有利于P超过Q,这是因为该理性支持直接蕴涵P为真,所以此处的理性支持是最强的,是决定式的。[①] 并且由于P和Q不相容,看到P也蕴

[①] 麦克道威尔(McDowell, 2008, 378)曾评论说,我们对于知觉知识可能性的最大质疑是,知觉经验顶多只为我们提供了非决定性的理性支持。但如果在好的例子中,知觉经验提供的理性支持是决定性的,那么我们对于知觉知识的可能性的质疑就可以因此消除。

涵 Q 为假，因此该理性支持也在最强的意义上反对 Q。我们从(A_1)和(A_2)成功推出(A_3)，因此知识论析取主义者可以拒绝(UR_2A)，也可以进一步拒绝(UR_2)。这样一来，基于非充分决定原则的怀疑论论证就被知识论析取主义者反驳了。

总结来看，普理查德的知识论析取主义认为在最好的情况下，我们相信日常命题 P 是基于事实性的理由"看到 P"，该理由虽然不为 P 提供区分型理性支持，却提供有利型理性支持，所以我们的理性支持更偏向日常命题而非怀疑论命题。这是知识论析取主义为摩尔式的断言所提供的哲学依据。在哲学诊断的部分，知识论析取主义者认为，怀疑论者错误地限制了理性支持的种类。我们并非只有区分型支持，还有有利型支持。并且引入有利型支持也不是特设的，这种支持是普遍发生在日常认知实践中的。所以，如果怀疑论是一种仅仅依赖日常认知实践所产生的悖论，那么怀疑论者没有理由拒绝引入这种理性支持。这样一来，我们不仅可以很好地意识到怀疑论论证的最初合理性，随着其错误的预设被揭露，也可以避免再次陷入怀疑论的泥潭之中。

第四节　解释主义反怀疑论

本节将介绍解释主义（explanationism）的反怀疑论方案。读者也许已经发现，大部分反怀疑论方案都针对的是基于闭合原则的怀疑论论证。但两个怀疑论论证都为怀疑论结论提供了很好的支持，因此不能忽视其中任何一个。解释主义主要考察的是基于非充分决定原则的怀疑论论证，这有助于弥补现阶段研究的不足，使得反怀疑论的局面更加平衡。让我们回顾基于非充分决定原则的怀疑论论证。

基于非充分决定原则的怀疑论论证

(UP_1) 如果 S 的证据 E 并不支持 P 超过 Q，并且 S 知道两者的不相容，那么 S 的证据 E 不足以为 S 相信 P 提供辩护。

(UP_2) S 的证据 E 并不支持 P 超过 Q，并且 S 知道两者的不相容。

(UP_3) 所以 S 的证据 E 不足以为 S 相信 P 提供辩护。[1]

---

[1] 这一论证形式参见 Pritchard(2005a, 40)。

让我们假定 E 是一个人的知觉证据,而针对 E 我们分别有 CS 和 RK 两个假说。CS 假说认为这些知觉证据是由外部世界中的日常对象引起的,所以 CS 是关于知觉证据的日常情景假说,或者说是反怀疑论者提出的假说。RK 假说认为这些证据是在一个怀疑论情境中获得的,所以 RK 是关于知觉证据的怀疑论情境假说。此时可以将基于非充分决定原则的怀疑论论证重新表述如下。

(1) 如果 E 对 CS 的支持并不超过 RK,并且我知道 CS 和 RK 是不相容的,那么 E 就无法为我选择 CS 做出充分的辩护。

(2) E 对于 CS 的支持并不超过对 RK 的支持,并且我知道 CS 和 RK 不相容。

(3) 因此,E 无法为我们选择 CS 做出充分的辩护。

一、解释主义概述

解释主义的大致想法是这样的。上面论证中的(2)是有问题的。这是因为,虽然我们的经验证据 E 对 CS 的支持不超过 RK,但是我们有更多的因素需要思考。而一旦考虑这些因素,我们的日常情景假说 CS 就比怀疑论情境假说 RK 更好。由于日常情景假说 CS 最好地解释了我们的诸多经验证据,因此 CS 假说是真的,而 RK 假说是假的。所以应该理性地选择 CS 而不是 RK。

根据前面对解释主义的概述,可以发现解释主义的基本思路和最佳解释推理有密切联系。什么是最佳解释推理呢?按照利普顿(Peter Lipton)的观点,"能提供给我们最深入理解的解释也就是最可能为真的解释"。[1] 根据莱肯的表述,最佳解释推理有如下的形式。

$F_1, F_2, \cdots, F_n$ 是需要解释的事实。
假说 H 解释了 F_i。
没有任何与 H 竞争的假说能同等地解释 F_i。
因此 H 是真的。[2]

---

[1] 参见 Lipton(2004,61)。
[2] 参见 Lycan(2002,413)。

在莱肯概括的基础上,可以进一步追问3个问题,从而理解最佳解释推理是如何运作的。首先我们有一些需要解释的事实。在怀疑论的案例中,需要解释的东西具体是什么呢?我们需要解释的是一个认知者所拥有的感觉经验。根据邦久的看法,需要解释如下几个关于感觉经验的特征。

(1) 当我们用同一种感官感知一个对象时,所获得的不同感觉经验之间是连续的;

(2) 我们基于不同的感官获得的经验内容之间的协调性;

(3) 我们在移动时拥有的有规律、可重复且统一的关于不同物体的感觉经验。①

当然待说明的感觉经验特征可能有很多,不过重要的是,这些特征一定要是大部分认知者所承认的,否则这个特征有可能在我们看来并不成为事实,因而不能充当被解释项。

其次,一个假说是如何对事实进行解释的?简单来说,一个假说通过让我们理解 F_i 从而解释 F_i。这里我们对 F_i 的理解包括为什么 F_i 会发生,以及为什么 F_i 拥有我们所发现的一些特征等。可以发现,这里的解释都是针对回答一些"为什么"的问题。对于什么是解释有许多看法,这里并不影响我们的讨论。因为解释主义所要求的只是说,给定一种关于解释的看法,我们需要展示为什么 CS 比 SK 能更好地完成解释的任务。

最后,一个假说满足什么条件可以实现最佳的解释呢?这里涉及最佳解释的标准是什么的问题,可以参考毕比(James Beebe)列出的一些标准。

(i) 本体论的简单性。在其余情况相同的条件下,如果一个理论所预设的实体数目或实体种类比另外一个理论少,那么这个理论就拥有本体论的简单性,应该被优先选择。

(ii) 解释的简单性。在其余情况相同的条件下,如果一个理论所预设的初始解释项比另外一个理论少,或者该理论的结构更加简洁,或者该理论引出的待解释问题更少,那么这个理论就拥有解释的简单性,应该被优先选择。②

---

① 参见 BonJour(2003,88-91)。在原文中邦久列举了8条性质,这里仅仅节选其中的3条来展示亟待解释的感觉经验特征是什么。
② 转引自 Beebe(2009,609)。基于初始解释项刻画解释简单性参见 Lycan(2002,415),基于该理论引出待解释问题更少刻画解释简单性参见 Harman(1992,202)。

(iii) 心理上的简单性。在其余情况相同的条件下,如果一个理论提供的解释项与被解释项之间的关系更容易被理解,那么我们应该优先选择这个理论。

(iv) 解释广度。在其余情况相同的条件下,一个理论能解释更多的现象,那么这个理论就应该被优先选择。

(v) 解释深度。在其余情况相同的条件下,如果一个理论能提供更有深度的解释,那么这个理论应该被优先选择。

(vi) 与背景信息相融贯。在其余情况相同的条件下,如果一个理论与那些被广泛接受的理论或背景知识更匹配,那么这个理论应该被优先选择。

(vii) 内在可行性。在其余情况相同的条件下,如果一个理论本身更可行,那么这个理论应该被优先选择。

(viii) 避免特设性成分。在其余情况相同的条件下,如果一个理论本身包含更少的特设性成分,那么这个理论应该被优先选择。

(ix) 保守性。在其余情况相同的条件下,如果一个理论所要求我们做出的改变较少,那么这个理论应该被优先选择。

(x) 谦虚性。在其余情况相同的条件下,如果一个理论在逻辑上是更弱的,即它被别的理论所蕴涵,而非蕴涵别的理论,那么这个理论应该被优先选择。①

(xi) 可检验性。在其余情况相同的条件下,如果一个理论拥有更多可检测的结论,那么这个理论应该被优先选择。②

上面所列的最佳解释标准可以被看作一个理论在解释方面的美德(explanatory virtues)。这些美德具有程度性,并且由于互相之间可能存在冲突,从而需要被综合地考虑。当解释主义者罗列出最佳解释的标准以后,接下来最核心的任务就是表明,为什么 CS 与 RK 相比,拥有上述一条或几条特征。当然,如果相对于 RK 来说 CS 能提供更好的解释,那么选择 CS 就是有理性根据的。

---

① 转引自 Beebe(2009,610)。原文出自 Quine and Ullian(1978,68),两人对于谦虚的另一种解释是,如果某理论预测将要发生的事件是更平常和熟悉的,也更加不出乎意料,那么该理论就是谦虚的。
② 参见 Beebe(2009,609-610)。

二、解释主义反怀疑论

如何表明 CS 提供的解释更好呢？我们来分析沃格尔的论证,首先他给出了一个例子。在这个案例中,提及一位研究祭坛装饰品艺术的历史学家麦克斯。他对目前手上的证据给出的一个最好的解释是,这些装饰是由两个人画的,所以在第一阶段他的假说我们可以称为 CS_1。但是,随着他对证据的深入思考,他逐渐意识到一个更好的解释可能是这些装饰品是由一个人在很长的时间段内完成的,而这个假说我们可以称为 CS_2,注意到 CS_2 比 CS_1 更优,因为 CS_2 对所有证据的解释力更强。这样的例子在实际生活中很多,因此具有相当的合理性。基于这个例子,沃格尔(Vogel, 2008, 544)给出如下反对 RK 假说的归谬论证。

(1) 假设 CS_2 和 RK 对于我们的考古证据 E^* 给出了一样好的解释。(归谬前提)

(2) CS_2 比 CS_1 更好地解释了我们的考古证据 E^*。(上面的例子规定)

(3) 那么,RK 就比 CS_1 更好地解释了我们的考古证据 E^*。[由(1)和(2)得出]

(4) 但是,RK 并不比 CS_1 能更好地解释我们的考古证据 E^*。

(5) 所以,RK 不可能与 CS_2 一样好地解释我们的考古证据 E^*。

这里需要对(4)给出解释。根据前面的讨论,可以发现 RK 假说的特征是它宣称与 CS 假说一样好地解释我们的证据,并且 RK 假说很"谦虚",它也从不主张它会比 CS 好,所以(4)就是展示了这个想法。根据这个归谬论证,是否沃格尔就可以证明 RK 和 CS 对证据的解释力是不可能持平的呢？

怀疑论者可以反对(4),并坚持 RK 的确比 CS_1 优越,这是因为和 CS_2 解释力持平的其实是一种改善了的怀疑论假设(improved sceptical hypothesis),我们不妨简写为 ISH。① ISH 仍然属于怀疑论假设,不过它需要满足两个条件,即:首先它需要对应拥有 CS_2 里的基本元素,其次它需要映射一些 CS_2 中元素之间的属性、关系以及解释性的概括。简而言之,就是 ISH

---

① 参见 Vogel(1990, 660)。

与 CS_2 是要同构的(isomorphic)。如果 ISH 与 CS_2 同构,加之 CS_2 与 CS_1 不同构,那么 ISH 就与 CS_1 不同构,因此自然 ISH 的解释力就比 CS_1 高,所以怀疑论者可以以此为根据反对(4)。但是两个理论的结构相同是否意味着二者解释力持平呢?这个想法是存在问题的。设想 CS_1 有另外一个同构的竞争假说 CS^*,它们对于 E^* 的解释分别如下。

CS_1:在时刻 T_1 之前画匠 P_1 完成了一部分祭坛艺术创作,而在时刻 T_2 画匠 P_2 完成了剩余的部分。

CS^*:在时刻 T_1 之前画匠 P_1 完成了一部分祭坛艺术创作,而在时刻 T_2 白素贞完成了剩余的部分。

虽然 CS_1 和 CS^* 是同构的,不过后者的解释力并不如前者。首先,后者设定了白素贞,而我们的背景证据表明这只是一个文学作品的虚构对象,因此并没有白素贞可以在 T_2 出现完成祭坛艺术的创作。如果我们还有其他证据表明画匠 P_2 活跃在那个时期,并且完成了另外一些艺术创作,那么明显 CS^* 对于 E^* 的解释效果不如 CS_1 好。由这个例子可以看出,影响一个假说的解释力的因素并不只是假说的逻辑结构,更重要的是假说的内容。即使两个假说同构,其中一个假说的内容更简单或者更符合背景证据,该假说的解释力自然会更好。这样一来,怀疑论者进行辩护所依赖的预设就有了问题,他们就无法合理地反对(4)。这里的结论看似支持沃格尔的归谬论证,但是怀疑论者却可以质疑,如果说假说的内容更符合背景证据,就使得假说的解释力更强,而诉诸的背景证据却又是日常假说的一部分,这样一来是对怀疑论不公平的,因为我们犯了窃题论证。所以,即使该论证中的(4)是可以被辩护的,对于怀疑论的回应还不够。但沃格尔至少指出一点关键所在,就是 RK 要想与 CS 一样对感觉经验做出同等程度的解释,最简单的方式就是实现与 CS 同构。

困难在于,即使 ISH 保持与 CS 同构也无法拥有和 CS 同样的解释美德,我们来看沃格尔的另外一个论证。他指出,在 CS 中一个重要的组成部分是我们赋予日常对象空间的性质和关系,如果 ISH 要成为可替换 CS 的合适的假说,那么非空间的性质和关系也需要能提供解释。为了让讨论更加清晰,我们构造下面这个例子。

散步案例

S 有如下的感觉经验:自己再一次来到人民公园散步,她昨天是按照公园规划好的路线，首先从 a 处进入公园，然后从 a 处径直走到 b 处荷塘，然后又径直走到出口 c 处。今天公园新开辟了一条直接从 a 到 c 的道路，她按照正常的速度走完后，发现从 a 到 c 处的感觉经验时长短于从 a 到 b 再到 c 的经验时长。[①]

当我们基于 CS 来解释上面的感觉经验时，我们可以说 a,b,c 是 3 个实在的地点，3 点具有真实的空间位置（L_a，L_b 和 L_c）。此时有三角不等式的必然真理，即从 a 点到 b 点再到 c 点的距离大于从 a 点到 c 点的距离，可以表达为距离(a,b,c) 大于距离(a,c)，我们称为 T。[②] 我们可以借助这个必然真理来解释为什么 S 从 a 走到 b 再走到 c 要比从 a 走到 c 花费的时间更多。改善了的怀疑论假设 ISH 想要实现与 CS 的同构，就得对应地预设 a^*，b^*，c^* 3 个虚拟对象，三者具有一种非空间的位置（L_a^*，L_b^* 和 L_c^*），并且三者具有非空间的关系。当 CS 基于必然真理 T 来解释为什么 S 从 a 走到 b 再走到 c 要比从 a 走到 c 花费的时间更多时，并不需要额外的工作，因为这是该定理的逻辑后承。但是 ISH 如何解释从 a^* 到 b^* 再到 c^* 的伪距离大于从 a^* 到 c^* 的伪距离，或者表达为距离*(a^*，b^*，c^*) 大于距离*(a^*，c^*) 呢？如果 ISH 不解释这一点，那么该理论在解释力上就无法与 CS 相持平。但如果 ISH 要尝试解释这一点，却不能诉诸 T，因为理论 T 只能解释真实空间具有的几何性质，却不能解释不占据真实空间的对象。

假设具体的怀疑论情景是被电脑控制的"缸中之脑"，那么 ISH 的同构解释也许是诉诸 T^*，也就是距离*(a^*，b^*，c^*) 大于距离*(a^*，c^*)。但沃格尔认为理论 T^* 实际上说的是电脑信号所具有的规律，而这种规律是依赖电脑的一种偶然配置，因此这样一个经验的规律就并不和 CS 中的任何成分相对应。这样一来，ISH 就比 CS 多了一个理论设定，因此也是更复杂的，应该基于解释的简单性标准被舍弃。他的整个论证过程可以归纳如下：

(1) 关于空间-几何的性质有必然的真理，但针对非空间-几何的性质却没有对应物。

(2) 这些必然真理参与了我们对于空间-几何性质的解释之中。

(3) 如果非空间-几何的性质要完成用空间-几何性质进行解释的功

[①] 在该案例中，我们还得假设 S 的步行速度是恒定的，并且没有别的因素影响她的速度。
[②] 在这个语境我们把 S 在公园里所走的路看成直线，并且 3 点大致在一个平面上。

能，那么只能寻求用经验的规律性替代必然真理，从而完成解释。

（4）这种替代的解释的简单性会弱于日常解释，因此是较差的解释。①

如果上述论证成功，那就意味着 ISH 比 CS 缺乏解释的简单性，因此就解释性美德来说是不足的。

总结来看，解释主义对于怀疑论的回应包含两个主要成分：首先是基于最佳解释推理的标准来论证 CS 比 ISH 提供了更好的解释（如 CS 的解释更简单）；其次是基于最佳解释推理为我们选择 CS 假说提供了认知辩护，从而让我们可以回应基于非充分决定原则的怀疑论论证。该方案同样给出了两个针对怀疑论的诊断。第一，经验等同（empirical equivalence）不蕴涵非充分决定。即使两个假说在经验上等同，两者的解释性因素是可以存在差异的，所以不是被非充分决定的。也就是说，即使两个假设在经验上是相同的，也不意味着证据同等地支持两者。② 第二，怀疑论论证的确让我们意识到关于证据的一个重要特色，即我们没有反驳怀疑论的直接证据，但这并不代表我们的证据仅仅限于直接证据。除了直接证据以外，知识论析取主义者发现了有利型支持，解释主义者发现了理论的解释性美德。这些非直接证据的因素都为我们的理论选择提供了进一步的理性支持。③

三、解释主义反怀疑论方案困难

解释主义对于怀疑论的回应方案是否可行呢？虽然沃格尔的方案是有一定说服力的，但如果要辩护解释主义的反怀疑论进路，解释主义者就需要进一步面对以下两个批评。

（1）批评 1。首先，由于解释主义依赖最佳解释推理，那么对于最佳解释推理的批评基本都能应用于解释主义的方案上。这里可以挑选范弗拉森（van Fraassen）的一个重要批评。范弗拉森指出，即使一个假设在所有竞争对手中最佳，也不意味着该假设就是真的，因为它可能是一堆糟糕的假设之中最好的那个。如果要论证该假设为真，那么我们至少要先验地相信在这一堆

---

① 参见 Vogel(2008,549)。
② 这个想法在科学哲学中已经有较充分的讨论，代表性的可参见 Laudan and Leplin(1991)。
③ 这一进路的最新进展可参见 McCain(2011;2016)。

假设之中最好的假设可能为真,才能推断说我们挑选出来的那个最佳假设可能为真。① 这一批评可以称为"最好的糟粕"。当然,我们所追求的是精华而不是糟粕,即使是最好的糟粕,对于我们来说也是没有太大价值的,可是怎样表明 CS 不是最好的糟粕呢? 也许解释主义者可以辩护,一个假说的形成并不是随意的。提出假说的人大部分都是严肃认真的科学家或科学家团体,并且有一定程度的证据支持。因此我们首先会根据背景知识来筛选潜在的竞争理论,而那些糟糕的理论早就被我们淘汰了,不会还留在我们的竞争圈中。不过这样的回答在回应怀疑论的时候,有着明显的缺陷。因为我们所根据的背景知识不能是经验的知识,否则我们就诉诸那些需要被辩护的知识,所以会被诟病为窃题论证。如果不能依赖我们已有的经验知识,那么我们只能凭借先验的因素来筛选竞争理论,可是这一步又怎样实现呢? 如果这方面没有切实可行的方案,那么这个批评对于解释主义者来说暂时是无法回应的。

(2) 批评 2。其次,即使我们忽略针对最佳解释推理的批评,解释主义还需要额外注意回应怀疑论的有效性问题。在解释主义者运用某些最佳解释的标准来辩护 CS 时,需要注意的一个问题是,某些标准不是认知的因素,而是实践的因素。例如,对于上面提到的保守性,因为保守性关心的是我们所需要做出的信念变更有多大,而不是一种严格的根据证据来行事的认知抉择。并且信念变更的程度取决于我们已经持有的信念,这样看来 CS 自然比 RK 更占优势,因为大部分人已经持有的日常信念是更接近 CS 假说的。不过这种想法具有相当的危险,因为如果我们本来的信念就有很多错误,那么与错误信念更接近的假说难道就更有希望是真的吗? 而与错误信念相差甚远的假说就因此是错的吗? 可以看出,保守性标准其实并不以真理的获得为目标,而是以原有信念的保留为目标,因此即使这个立场在科学研究的时候价值很大,在反驳怀疑论的时候却难以起到作用。认识到这一点的话,彻底怀疑论者会指出,他们所反对的核心问题是,我们对于 CS 的选择是有认知辩护的,因此如果反怀疑论者回答我们对于 CS 的选择可以获得其他种类的辩护,即非认知的辩护,那么这种回答是不合适的,并没有切中怀疑论的要害。认知的辩护要求什么呢? 一种主流的观点是,一个辩护算作认知辩护,当且仅当它能帮助实现我们的认知目标。对于我们的认知目标来说,许多当代知识

---

① 参见 van Fraassen(1989,143)。

论学者认为是真信念的最大化以及错误信念的最小化。[①] 所以，以真作为信念的首要目标就成为认知辩护的核心内容。如果一种辩护能成为认知辩护，它就必须帮助我们更好地实现对于真信念的获得。简而言之，我们所谈论的评价假说的标准必须是引向真理的。那么现在的问题就是，我们所列举的标准是引向真理的吗？例如，是否简单性能帮助我们获得真理？是否融贯性能帮助我们获得真理？如果我们缺乏独立的理由来论证这些标准是可以独立引向真理的，那么即使在某种意义上 CS 比 RK 更优，我们也没有很好地回答怀疑论。毕竟怀疑论要求的仅仅是我们可以表明对 CS 的选择是获得充足的认知辩护的，并且我们可以发现这个批评 2 与批评 1 在一定程度上相联系。如果我们要表明某个标准是引向真理的，那么我们不能凭借经验的手段去说明根据某个标准我们获得了真理，因为这样一来对于该标准的辩护又会成为窃题论证。唯一的出路就是我们对这些标准的辩护再次诉诸先验辩护，至此还缺乏可行的方案。

章末思考

1. 请比较彻底怀疑论与阿格里帕三难问题两种不同形式的怀疑论。

2. 在回应彻底怀疑论时，外在主义与内在主义各有什么优势？我们需要做出取舍还是可以兼得？

3. 你认为怀疑论问题产生的根源是什么？这种根源有可能克服吗？

4. 怀疑论问题攻击知识的可能性，独断论则是固执地坚守知识。这两种立场对于我们的认知实践各有什么影响？哪种理论的影响更大呢？

[①] 如 Foley(1987)和 BonJour(1998)。

第八章

认知相对主义

相对主义（relativism）与怀疑论一样，是哲学最古老、最经久不衰的思潮之一。大约 2 500 年前，古希腊哲学家普罗泰格拉（Protagoras）就曾表达过相对主义的想法：

> 人是一切事物的尺度，既是"是的东西"之是的尺度，也是"不是的东西"之不是的尺度。①

按照柏拉图对这句话的诠释，一个东西对认知主体显得怎样，那么它对认知主体来说就是怎样。例如，想象初春时节你和几个朋友在森林公园踏青，此时一阵风吹来，张三感觉风寒料峭，李四感觉微带寒意，王五感觉暖风和煦。那么对于这阵风本身来说，它是冷还是热呢？还是说我们无法判断，只能像普罗泰格拉一样承认这阵风对于不同的人来说是不同的，对于张三是风寒料峭，对于李四是微带寒意，对于王五是暖风和煦呢？

我们不必急于做出选择。在上述例子中，有一个想法也许能够打动读者，即：在面对某些分歧（disagreement）时，相对主义似乎是解决分歧的好办法。相对主义展现了这样一个合理的想法，即某些事情是否为真取决于它和判断主体的关系，因此事物本身如何是无法判断的，只能谈论事物对于某个认知者来说是如何。

有了这一开端，相对主义与反相对主义的斗争便成为哲学舞台上不曾落幕的一场戏剧，一直延续到当代哲学。许多著名的哲学家都与相对主义有着千丝万缕的联系，如尼采、维特根斯坦、温奇（Peter Winch）、库恩（Thomas

---

① 参见柏拉图(2015,24)。

Kuhn)、罗蒂(Richard Rorty)、福珂、德里达等。本章将主要围绕认知相对主义(epistemic relativism)展开介绍。第一节首先介绍相对主义的主要思想,并且从众多的相对主义思潮中挑选出认知相对主义。第二节着重分析认知相对主义的思想根源及其面临的困难。

第一节　相对主义概述

要给出相对主义的定义是一件困难的事。一方面我们可以在文献中找到很多不同的刻画相对主义的方式,而哪一种方式最适合在学界尚缺乏共识。另一方面,相对主义的种类和形式很多,任何一种普遍化的定义都无法提供足够的信息。为了帮助理解,我们可以刻画一些不同种类的相对主义所共享的特征。

一、概括相对主义

(一) 依赖与共变

我们在众多相对主义的思想中总是可以识别出这样一个核心陈述,即:某物 X 依赖另一个更加基础且可以独立变化的参量 Y,并且 X 会随着 Y 而变化。例如,

(1) 一个行为的善恶是相对于社会的道德规范的。

(2) 一个命题是否为真是相对于认知框架的。

(3) 一个对象是否美是相对于一个社会的美学标准的。

这一进路被许多学者使用。[①] 对于这种定义方法,我们需要关心两个问题。首先,什么对象被相对化了? 其次,该对象是被什么东西相对化的? 对这两个问题的不同回答就可以构成不同的相对主义。哈克(Susan Haack,1996,297)曾给出一个公式化表(见表 8-1)。

---

① 代表性的学者可见 Haack(1996)和 O'Grady(2002)。

表 8-1 哈克的相对主义公式化表

1 意义		a 语言
2 指称		b 概念框架
3 真理		c 理论
4 形而上学承诺		d 科学范式
5 本体论	……是相对于……	e 说法、描述
6 实在		f 文化
7 认知价值		g 社会
8 道德价值		h 个人
9 美学价值		

表 8-1 可以搭配出学界已经出现的很多相对主义的种类。例如,1d 就是库恩在《科学革命的结构》中所持有的理论,2c 代表的是蒯因的本体论相对性。需要注意的是,并非任何一种搭配都能产生一种可行的相对主义。

(二)通过反面定义

相对主义反对某些哲学立场,通过与这些立场做对比,我们可以用否定的形式来刻画相对主义。斯坦福哲学百科词条列出了几个关键的主义。

绝对主义(absolutism)
一些领域的某些真理或价值可以应用于任何时候、任何地点、任何社会或文化框架。这些东西是普遍的,且不受制于历史或社会的条件。

客观主义(objectivism)
普遍来说,认知的、伦理的和美学的规范和价值,以及真本身,是独立于某个语境的判断与信念的。

一元论(monism)
如果在某个领域或主题上出现了分歧,那么不可能出现超过一个的正确意见、判断和规范。①

---

① 参见 Baghramian Maria and Carter Adam 'Relativism', The Stanford Encyclopedia of Philosophy (Winter 2019 Edition), Edward N. Zalta (ed.), URL=〈https://plato.stanford.edu/archives/win2019/entries/relativism/〉.

通过与绝对主义相比可以发现，相对主义不承认有任何真理或价值是可以跨越时间、空间和社会文化框架的，只有局部的、受制于历史或社会的真理与价值。

通过与客观主义相比可以发现，相对主义主张认知的、伦理的和美学的规范与价值是依赖语境的，是取决于做出判断的人和社会的。

通过与一元论相比可以发现，相对主义认为在某些领域或主题上出现分歧时，分歧的双方可以都是对的。这是因为相对主义承认事实、价值或规范的多元论，并且不同事实、价值或规范之间是同样有效的，缺乏做出中立判断的可能，因此无法说谁优谁劣、谁更根本。在与一元论的对比中，相对主义显示出4个重要的特征，它们分别是多元性、不兼容性、同等有效性与非中立性。

(1) 多元性强调的是，被相对化的对象 X 与该对象所依赖的参量 Y 的关系是多重的，并且这种多元性常常可以受到经验证据的支持。需要注意的是，多元性本身并不蕴涵相对性，因为我们仍然有可能在多元框架之间做出评价，从而选出最优的框架，而该框架的结论就具有最终性。

(2) 不兼容性说的是，在不同的 XY 配对关系中，两者是不兼容的。不兼容的程度有强有弱。强的不兼容性是说，X 相对于参量 Y_1 是真的，而相对于另外一个参量 Y_2 则是假的。因此强相对主义(strong relativism)会主张，同一信念或陈述可以既在一个语境中为真，又在另一语境中为假。弱的不兼容性是说，X 相对于参量 Y_1 是真的，但是相对于另外一个参量 Y_2 时由于无法被表达出来，因此不是真的。因此弱相对主义(weak relativism)会主张，存在某些信念或陈述，它们可以在一个语境中为真，但由于它们在别的语境中无法被表达出来，因此在另一个语境中不为真。①

(3) 同等有效性说的是，虽然 X 和 Y 之间有多重的关系，但是每一种关系之间同等有效并且具有平等的地位，因此没有哪一个是有特权的，也不能谈孰优孰劣。正如鲍西安(Paul Boghossian，2006，2)所说："有很多根本不同但是同样有效的认知世界的方式，而科学只是其中之一。"

(4) 非中立性说的是，我们不仅实际上缺乏，而且原则上没有一个中立的、最终的框架来评价不兼容的框架与判断。当然这里缺乏的中立性是指认知层面的中立性，而非实用层面。如果仅仅从实用层面来考虑，那么判断者熟悉的、简单的框架自然会占优，不过这样只会从另一个角度催生相对主义。

---

① 弱相对主义的代表性想法可参见 Williams(1985)。

(三) 隐参量定义

一些学者认为,我们对于真、知识和辩护的陈述隐藏着和别的参量之间的关系。① 例如,当我们说"出轨是错误的行为"其实是缩写了另外一个陈述,"相对于某个道德规范,出轨是错误的行为",而"太阳从东方升起是对的"其实是缩写了另外一个陈述,"相对于某个科学理论,太阳从东方升起是对的"。同理,我们可以把相对主义表述如下。

> 假设 A 是一个断言,P 是某种性质,C 是相对的参量,那么在某一个领域内"A 是 P"的陈述,实际上是缩写了这样一个陈述,"相对于 C,A 是 P"。

根据这个想法,在一个领域内判断的性质并非像其表面的语法形式所显示的那样客观,而是暗藏着对其他参量的依赖性。因此,相对主义者也就有理由反对任何客观的、普遍的评价框架。

二、相对主义的分类

我们已经概括了相对主义的核心特征,接下来对相对主义进行分类。对相对主义进行分类有很多标准,一种最常见的标准是看相对主义运用的范围,即普遍/局部的区分。我们可以将两者分别定义如下。

> **普遍相对主义(global relativism)**
> 任何真理都是相对的。
>
> **局部相对主义(local relativism)**
> 某些领域的真理是相对的。

普遍相对主义是最强的相对主义,它断定没有任何事物是绝对的,一切都是相对的。因此,任何判断、信念、规范、价值都只是在某个框架下为真,而不是普遍适用的。反相对主义者攻击的矛头首先会指向普遍相对主义,并且这种形式的相对主义面临的一个经典困难是自我驳斥(self-refutation)。其

---

① 代表性的观点可参见 Harman(1975)和 Wright(2008)。

大致的想法是,如果任何真理都是相对的,那么这句话本身是否为相对的呢? 如果它是相对的,那么它又如何具有一种普遍断定的效力呢? 在本章第二节我们会进一步深入讨论这个问题。

局部的相对主义可以避免自我驳斥的困难,因为这种形式的相对主义只在某个领域或某个话题承认有相对性,而在别的领域则不一定坚持相对主义。很多相对主义者持有的是局部相对主义的观点。根据相对主义思想运用的主题,我们可以进一步简单刻画在学界较有影响力的几种相对主义。

(1) 文化相对主义(cultural relativism)认为人们的判断、情感与价值观是由于社会生活所塑造的,因此在不同的社会环境下就会有不同的文化,就会塑造出不同的思想与行为模式。① 这种相对主义的建立依赖以下3个关键想法。首先,文化的多样性。根据经验观察可以发现,在不同的历史阶段、不同的文化中,价值、信仰与规范是有差别的。其次,人类的行为与思想需要通过社会与文化的因素来得到深层解释,而不是仅仅诉诸个体生物自然的属性。最后,不同的文化之间已经发生的分歧与冲突是无法解决的,因此由归纳可知在不同的文化之间没有共同的、不变的标准。进一步地,文化相对主义提倡我们应该对别的文化、别的视角持包容和理解态度。

(2) 真理相对主义(alethic relativism)可以理解为,真或假总是相对于一个概念的、文化的或语言的框架。因此,对于一个人或某个社会团队来说是真的东西,对于别人来说可能不是,并且没有一个独立于语境的视角来判断。按照这种看法,一个命题为真并不仅仅依赖世界上的事态如何,还必须考虑另外一些参量,如评价的语境、认知的视角或框架等。真理相对主义无疑是一种论域最广、强度最高的相对主义,因为别的局部的相对主义皆可转化为加了论域与主题限制的真理相对主义。

(3) 概念相对主义(conceptual relativism)可以理解为,两个不可通约的概念框架可以同时成为合适的认知工具。② 概念框架(conceptual scheme)是由众多概念组成的一个根本性的认知依托,正是通过认知框架的存在,我们才能让经验刺激产生认知意义。如果两个认知框架 A 和 B 是不可通约的(incommensurable),那就意味着 A 框架中的某些概念不能被 B 框架中的概念所定义,并且 B 框架中的某些概念也不能被 A 框架中的概念所定义。当

---

① 这一派相对主义的代表著作可参见 Boas(1940)和 Geertz(1993)。
② 概念相对主义的一些代表性著作可参见 Kuhn(1970)和 Goodman(1978)。

然,不可通约性有程度之分,如果不可定义的概念越多、越核心,那么不可通约性越强,反之则越弱。例如,在科学领域,牛顿理论与爱因斯坦相对论之间就存在不可通约性,这是因为前一个理论中的"质量"与"绝对空间"等概念是无法被后者的框架所严格定义的。

(4) 道德相对主义(moral relativism)可以理解为,关于对与错的道德判断或道德信念不仅随着时间与语境变化,并且它们的正确与否是相对于个人或文化的视角和框架的。更进一步来说,道德相对主义可以区分为 3 种。第一种可以称为描述的道德相对主义,这种观点受到社会人类学与心理学的经验证据支持,认为不同社会的人们遵守不同的道德准则,这些准则之间存在分歧与冲突,并且没有优劣之分。第二种可以称为规范的道德相对主义,该理论认为面对道德准则之间的冲突和分歧,我们不应该判断谁对谁错,也不应该干涉其他道德共同体之内的行动。第三种可以称为元伦理学的道德相对主义,该理论认为道德判断并不是在绝对的意义上为真或假,而只是相对于不同的文化来说为真或假。这样一来,道德判断就不是自主的判断,而是依赖不同的社会文化。①

(5) 认知相对主义是本章最关心的一种局部相对主义。什么是认知相对主义呢?认知相对主义是把知识论领域的性质进行相对化。我们可以来看一些代表性的论述。

> 认知相对主义可以被定义成这样一种观点,即知识(并且,或者真)是相对的——相对于时间、地点、社会、文化、历史阶段、概念图谱或框架,或是个人的训练和信念——以至于什么算作知识依赖这些变量中一个或多个的值。(Siegel, 1992, 428 - 9)

> 正如道德的相对主义者认为不存在普遍的道德事实一样,认知相对主义者认为不存在普遍的认知事实。当基于一样证据来决定哪个信念是被辩护的时候,不同的团体之间会产生不同的判断。(Boghossian, 2006, 59)

> 认知地位(epistemic standing)是一个相对的概念,这意味着认知地位是相对于一个特定的认知系统的。(Pritchard, 2020, 292)

---

① 这一区分方式可参见 Seipel(2020,165)。

从上面的这些表述可以看出，认知相对主义认为决定知识、合理性与认知辩护的标准依赖局部的概念或文化框架并随之变化，因此认知标准缺乏普遍性。我们可以从认知相对主义的思想中识别出3个关键论题，这些论题也是刻画相对主义的特征。

局部性论题

认知辩护是相对于框架的。谈论一个信念获得（无条件的）辩护没有意义，只能谈论信念相对于某个框架是否为被辩护的。

多重性论题

有很多互相可替代甚至不兼容的认知系统。

平等性论题

原则上无法证明某一认知系统比别的系统优越。

现在我们已经对相对主义有了大概的了解，在进入本章第二节之前，我们需要做一个重要的区分。本书第七章提到过语境主义，为了避免混淆这两个理论，这里做一个简单的对比。①

首先是共同点，两者都是对传统不变主义知识论的拒斥，揭示了知识对语境的依赖和敏感。从这一点来看，两者是同一阵营的。传统不变主义知识论认为，一个人是否知道某个事实的标准是固定不变的，但是语境主义认为这个标准会随着归赋者产生变化，而相对主义则认为知识是相对于一个特定的评价标准的。

其次是不同点。①语境主义强调的是言说者语境（the context of utterance），而相对主义看重的是评价者语境（the context of assessment）。言说者语境决定说出的内容，而评价者语境决定的是评价的标准。②语境主义首先是一个语义学论题，但认知相对主义是一个知识论论题，因此当我们用语境主义来解决怀疑论问题时需要额外增加知识论论题（如德罗斯的理论需要加上敏感性理论），但是认知相对主义本身就已经具有知识论意蕴。③语境主义认为语境改变的是言语表达的（成真条件）内容，但相对主义认为言语表达的内容不变，语境改变的是评价内容真假的参考标准。我们可以通过下面的例子比较直观地展现出不变主义、相对主义与语境主义之间的差别。

1a 张三知道"2+2=4"。

---

① 这里的讨论借鉴了 Rysiew(2011b) 的工作，对此话题感兴趣的读者可以进一步阅读。

1b 张三拥有认知辩护地相信颐和园在北京。
1c 张三知道上海有南京东路步行街。
2a 现在在下雨。
2b 我手上有张复旦一卡通。
2c 王老师在这个教室上课。
3a 紫檀木梳的右边放着一束枯萎的郁金香。
3b 我的手机是静止的。
3c 上课叫外卖是不好的。

1a 至 1c 表达的真理更偏向不变主义的看法。张三是否知道"2+2=4"，是否拥有认知辩护地相信颐和园在北京，是否知道上海有南京东路步行街，都是有一个确定的标准的。他是否达到这个标准与语境没有关系，只与他是否达到知识的标准、认知辩护的标准有关系。换句话说，不论张三一开始是否知道"2+2=4"，即使换一个言说的语境或者评价的语境，他对于"2+2=4"的认知状态应该是保持不变的。

2a 至 2c 表达的真理更偏向语境主义者的看法。这 3 个句子都包含（言说）语境敏感的表达式，如"现在"、"我"、"这个"。不同的人说出这 3 个句子时，表达的内容是不同的。一旦句子表达的内容不同，成真条件也因此不同。以句子 2b 为例，当小杨说出这句话时，这句话的内容是〈小杨手上有一张复旦一卡通〉，这个命题为真当且仅当小杨手上有一张复旦一卡通。但是当小李说出这句话时，那这句话的内容是〈小李手上有一张复旦一卡通〉，这个命题为真当且仅当小李手上有一张复旦一卡通。因此，语境主义者注意到言说语境对于句子成真条件的影响，认为"知道"一词也具有（言说）语境敏感性。

3a 至 3c 表达的真理更偏向相对主义者的看法。这 3 个句子都包含（评价）语境敏感的表达式，如"右边"、"静止"和"不好"。以 3a 为例，当我们从某个方向看时，郁金香在木梳的右边，但只要我们换一个相反的方向来看，郁金香就会在木梳的左边。同样，如果某个地方的课堂纪律要求上课不能叫外卖，那么上课叫外卖自然是不好的。但是如果另外一个地方的课堂纪律鼓励同学们上课叫外卖，那么上课叫外卖就是好事。所以，当我们的评价标准变了时，3a 至 3c 的真值也会相应发生改变。正是出于对评价语境的关注，相对主义者认为知识论的性质也拥有（评价）语境敏感性。

到这里为止，我们已经对相对主义有了大致的了解。下一节将会进一步展现支持认知相对主义的理由。

第二节 认知相对主义

从哲学的角度考察相对主义,我们需要探究相对主义想法产生的根源,并且思考在什么意义上这些想法是成立的,在什么程度这些想法又是可被驳斥的。本节将回顾与认知相对主义有关的 5 个核心子话题。通过对这些子话题的研讨,我们对相对主义的理解会更加深入。

一、相对主义与自我驳斥

有一种历史悠久的反对相对主义的方法,即揭示相对主义是自我驳斥的(self-refuting)。这种反对相对主义策略至少可以追溯到柏拉图的《泰阿泰德篇》和亚里士多德的《形而上学》。什么是自我驳斥呢?大概说来,如果一个主张(claim)是自我驳斥的,那就意味着这个主张在某种意义上反对其自身。借鉴科博尔(Max Kölbel, 2011, 12 - 14)的讨论,我们可以区分 4 种不同意义的自我驳斥。

(一) 内容自我驳斥

如果一个主张 L 的内容是自我驳斥的,那就意味着从假设 L 为真可以推论 L 为假。在内容自我驳斥的大类中,我们还能进一步做出区分。如果假设 L 为真就直接蕴涵 L 为假,那就是直接的内容自我驳斥。如果需要进一步加上别的理论假设,那就是间接的内容自我驳斥。句子"我现在所说的话是假的"就是直接的内容自我驳斥,因为从假设这句话为真可以直接推出我所说的话是假的。对于一个想要塑造自己谦逊形象的人来说,句子"我知道自己一无所知"是内容间接自我驳斥的。因为当他说出这一句子时,他表达的是他知道自己一无所知。此时,加上一个额外的理论假设(知识的事实条件),我们可以推出说话者一无所知,而这个结论进一步蕴涵说话者并不知道自己一无所知。

(二) 语用自我驳斥

如果一个主张 L 是语用自我驳斥的,那就意味着 L 在语用层面的某种使用方式蕴涵这句话为假。在语用自我驳斥的大类里,我们还能进一步做出区分。如果说出 L 的某种方式会导致 L 自我驳斥,那么 L 是偶然的语用自我驳斥;如果任何说出 L 的方式都会导致 L 自我驳斥,那么 L 是必然的语用自我驳斥。考虑句子"我没有在咆哮",当小马以咆哮的方式说出"我没有在咆哮",那么他在咆哮这一事实就驳斥了他咆哮说出的内容,即他的语用方式驳斥了他表达的内容。但是要注意,他咆哮的内容并不蕴涵其自身为假,小马完全可以和颜悦色、轻声细语地说出这句话,此时〈小马没有在咆哮〉是真的,并且没有产生语用自我驳斥的现象。所以,这句话是偶然的语用自我驳斥。

偶然的语用自我驳斥可以避免,但有些语用自我驳斥是必然的。考虑句子"我现在处于沉默状态"。是否有人可以断言句子 S 并且使其为真呢?一旦张三做出这个断言,那么张三断言这个行为本身就会驳斥所断言的内容,即:事实上张三说自己现在保持沉默状态就表明他并没有处于这一状态,而是处在说话状态,因此张三的任何语用方式都是自我驳斥的。但是,即使这一语句是必然的语用自我驳斥,它也不是内容自我驳斥。当张三默默不语,或者把这句话写在一张白纸上的时候,这句话的内容可以为真,并且不会驳斥自身。由此可见,内容自我驳斥和语用自我驳斥是有很大差别的。

(三) 对话意义上的自我驳斥

如果一个主张 L 在对话意义上是自我驳斥的,那就意味着在对话语境中说出 L 会违背断言的规则。不同的哲学家主张不同的断言规范性条件(norms of assertion),常见的规范有断言的知识规范、断言的信念规范、断言的确定性规范。这些规范可以表达为以下的形式。

> 当 S 知道/相信/有理由相信/确定 P 时,S 断言 P 是被允许的。
> 除非 S 知道/相信/有理由相信/确定 P,S 不能断言 P。

以断言的信念规范为例,当我遵循规范地断言摩尔的悖论式语句"2020 年奥运会在东京举办,但我不相信"时,我实际上表达的内容是〈我相信 2020 年奥运会在东京举办,但是我不相信 2020 年奥运会在东京举办〉。此时,这一合取语句的前半部分内容就与后半部分的内容产生冲突。因此,这一句子在对话意义上是自我驳斥的。不过我们发现这一句子的内容可以为真,当它为真时它刻画的是 2020 年奥运会在东京举办以及某个认知者不相信这一情况的两个状态的合取事实,这对于一个不问世事的深山隐居者来说并非不可能。

(四) 论辩意义上的自我驳斥

当一个人身处论辩（dialectics）的语境中时，他的论题或主张需要遵守一定的论辩规则。例如，在众多争论的形式中，有一条规则是较为常见的，即必须承认另一方所做的主张，且不能归罪于别人没有做出的主张。在这个意义上，在给定论辩双方都同意的规则后，一个在论辩意义上自我驳斥的论题是不能在争论之中被捍卫的。例如，对于论题"没有人愿意当一座孤岛"，这个论题的支持者是无法捍卫这一论题的，因为只要反对者在论辩语境中申明自己愿意当一座孤岛，根据上述规则，支持者就必须承认有人愿意当一座孤岛，而这个论题因此就是在论辩意义上自我驳斥的。

现在我们已经区分了4种意义上的自我驳斥，那么相对主义所面临的自我驳斥是哪一种呢？可以发现相对主义并非语用或对话意义上的自我驳斥。当一个人说"一切都是相对的"时，他任何说话方式都不会驳斥他所说的内容，所以即使最强的相对主义也不会面临语用层面的自我驳斥。要使得这句话产生对话意义上的自我驳斥，就需要类似下面的断言规范。

S 只应该断言绝对真的句子。

S 只应该断言他认为（知道/确定）是绝对真的句子。

此时，如果相对主义者接受此规范并承认自己违反了此规范，那就可以表明相对主义的思想不能被断言，恰如摩尔的悖论式语句一样。但是这一断言规范是合理的吗？根据这一规范，除非我们已经处在绝对的框架之中并且识别出那些绝对真的句子，否则我们绝大多数的断言都是不适合的。一个反相对主义者可以论证这样的框架存在，但很难论证我们已经处于这样的框架之中。因此，我们也很难说明在什么意义上相对主义是在对话意义上自我反驳的。

相对主义是否在论辩的意义上是自我驳斥的？一种很直接的想法是，对于普罗泰格拉（主义者）来说，如果他接受这一论辩规则（必须承认另一方所做的主张，且不能归罪于别人没有做出的主张），那么当他的论辩对手主张"相对主义是错的"时，他就需要遵循这一规则，承认相对主义是错的。这似乎使得他的相对主义思想在论辩的语境中不能被捍卫。不过这里有一个复杂之处，因为普罗泰格拉（主义者）可以说，他所承认的只是相对主义对于反对者来说是错的，而非相对主义是错的。因此，他可以继续捍卫相对主义从自己的视角来看是对的，不一定陷入论辩意义上的自我驳斥。

根据学界的研究,普遍相对主义会面临内容自我驳斥这一困难,因此让我们把目光转向普遍相对主义。普遍相对主义主张一切都是相对的,早在古希腊时期的《泰阿泰德》篇中,苏格拉底这样评价普罗泰格拉的"人是万物的尺度"理论:

> 如果个人通过感觉而认识的东西对个人来言就是真的,一个人不能对别人的经验做出比该人更好的判断,一个人也不会对别人更有权威去考察该人的信念是正确的还是错误的,就像我们多次说过的。每个人只能自己对属于自己的东西形成信念,而这些信念全部都是正确的、真的。……既然每个人都是正确的,人们彼此检验并且尝试去辩驳对方的印象和信念,就是多此一举、愚蠢至极,不是吗?(柏拉图,2015,48—49)

> 对普罗泰格拉本人而言呢?如果他本人不认为,大众也不认为(他们也确实不认为),人是万物的尺度,那么,他所撰写的那个"真理"对任何人都不是真的。另一方面,如果他自己这么认为,而多数人不这么认为,那么最起码你可以知道:不这样认为的人越是比这样认为的人多,那么它不是真的就越是超过了它是真的。……其次,它还带有一个最微妙的意思。既然普罗泰格拉同意所有人都认信是的东西,于是,那些认信相反者的人的想法——他们认为他出错了,他也得承认是真的。如果他同意那些认为他出错的人们的想法是真的,那么他就要承认他自己的想法是错误的,不是吗?(柏拉图,2015,65—66)

苏格拉底的批评可以总结为两个要点。首先,苏格拉底认为普罗泰格拉的普遍相对主义破坏了认知评价的可能性与意义。在苏格拉底看来,普罗泰格拉是在评价和测试别人的概念和意见,但如果相对主义是对的,那么这样做根本就是不可能且没有意义的。放在当代知识论的背景中,如果普罗泰格拉的相对主义是对的,那么我们评价别人的信念是否为真的、合理的、被辩护的以及是否成为知识,都是无意义的。西格尔(Siegel,1986,230)追随苏格拉底,认为支持普遍相对主义的人会陷入一个困境。

1. 如果我们需要好的理由来支持相对主义,那么好的理由不能是带偏见的、不中立的、任意的或是怪异的。因此,如果存在好的理由,那么就必须承认绝对的、中立的框架,在这个框架内我们认为相对主义是可以被理性辩护的。但是存在这样的框架的话,相对主义就是错的。

2. 如果相对主义拒绝这一框架存在的可能性,那么相对主义的立场就不能被理性地辩护。

3. 因此,相对主义或者是错的,或者不能以理性的方式持有。

其次,苏格拉底认为普罗泰格拉的理论是自我驳斥的。正如苏格拉底所说,如果坚持普罗泰格拉的相对主义,那么他必须承认那些认为相对主义是错的人的观点也是对的。因此,相对主义是错的。但是这一论证的说服力不够,相对主义者完全可以解释说,即使别人是对的,也不具有绝对主义意义上的真。这意味着不能从某人的信念为真推出信念的内容为真。这一推论本身依赖绝对主义的真理观。相对主义者会说,即使普罗泰格拉的反对者认为普罗泰格拉的理论是错的,并且普罗泰格拉愿意承认这一事实,那也只意味着对于他的反对者来说,〈普罗泰格拉的理论是错的〉是真的。这样一种相对主义的真理观的提出,是否能挽救普遍相对主义呢?

除了苏格拉底的批评,本尼格森(Thomas Bennigson, 1999, 215 – 216)提到两个反对普遍相对主义的简洁有力的论证。第一个论证是这样的:

(1) 相对主义是否为绝对真?
(2) 如果是,那么相对主义是错的。
(3) 如果不是,那么相对主义是相对真。
(4) 如果相对主义是相对真,那么相对主义也是错的。
(5) 无论相对主义是否为绝对真,相对主义都是错的。

这个论证的大致思路是这样的:如果相对主义是绝对真,那么因为有一样东西是绝对真的,并非一切都是相对的,所以普遍相对主义就是错的。但是如果相对主义只是相对真,那就意味着至少在一个框架内相对主义是错的,而在该框架内至少有一个句子是绝对真,因此普遍相对主义也是错的。① 无论如何,该二难推理都可以得到相对主义是错的结论。本尼格森的

---

① 读者可能会好奇,在该框架内是哪一个句子绝对真呢? Hales(1997, 36)针对第一个论证的陈述(4)做了进一步补充。让我们思考几个可能的候选项。
可能1:绝对主义是绝对真? 但是(4)的前件已经预设了相对主义相对真,那么这个可能需要排除。
可能2:相对主义是绝对真? 但是(4)的前件已经预设了相对主义相对真,那么这个可能需要排除。
可能3:别的命题? 但是(4)的前件已经预设了相对主义在某个视角中为真,那么该视角中任何命题的真值都会随视角变换而变换,因此没有任何命题可以在所有视角中为真。也就是说,任何命题都是在某些视角为真,在另外一些视角为假。但这难道不是意味着相对主义绝对真? 因此,相对主义也是错的。

第二个论证是这样的：

（1）是否可能存在一个普遍的绝对主义框架，在该框架内所有真都是绝对的呢？

（2）如果不可能，那么普遍相对主义就是错的。

（3）如果可能，那么普遍相对主义也是错的。

这个论证的大致思路是这样的：如果不可能有一个普遍的绝对主义的框架，那么否定绝对主义就是真的，即在每一个可能的框架内绝对主义都是错的，而这个否定因此就成为绝对真。由于至少有一个句子是绝对真，因此普遍相对主义就是错的。但是如果可能存在一个普遍绝对主义的框架，那么否定普遍相对主义就为真。并且由于在框架内的真是绝对意义上的真，那么在每一个可能的框架内，否定普遍相对主义都是真的。最终结论就是，无论是否可能存在一个普遍的绝对主义框架，普遍相对主义都是错的。

有哲学家试图通过定义"相对真"来挽救普遍相对主义，如梅兰德（Jack Meiland，1977；1980）。他指出，如果相对主义说别的思想都是相对真，而相对主义是绝对真的话，就会陷入自我驳斥。因此，为了躲避这一困难，相对主义者可以说相对主义是相对为真。在梅兰德看来，绝对的真是二元关系〈世界，陈述〉，相对的真是三元关系〈世界，陈述，视角〉，这里的视角可以指个人、原则、世界观、情景等。梅兰德意图通过独立于绝对真来定义和刻画相对真，从而避免自我驳斥的问题。在他看来，相对真表示的是从某个视角来看陈述符合于世界。但是与真相比，相对于视角的真（true-for-W）又代表什么呢？① 显然梅兰德是想把它与绝对真区分开来，但是它是否会滑落到仅仅等同于某人相信 P 为真？梅兰德并没有做出很好的回答。如果是等同的，那么相对主义就只是一个很琐碎的真理，即：人们有不同的看法，不同的看法对于那个人来说都好像是真的。要使得相对主义在哲学上有实质意义，那么相对主义者还必须证明不相容的信念之间是不能被中立地或客观地评价的。

即使我们退一步承认相对主义者可以提供一个可行的关于相对真的说明，但是关于相对主义的自我驳斥论证仍然存在。相对主义者不仅要提出一个自洽的真理观，还必须表明这样一个真理观相对于绝对真的价值，否则在

---

① 需要注意的是，梅兰德区别的是真（true）与相对于视角的真，这是两种不同的真。

哲学上使用这一概念的意义就会受到极大的削弱,而这正是苏格拉底的第一个反驳所指出的核心。西格尔(Siegel,1987,19)表达了同样的担忧。他认为,相对主义者或者需要论证为什么相对真优于绝对真,或者需要说明为什么真比非真在认知上更应该持有。但是要完成这两个任务当中的任何一个,相对主义者都需要一个中立的、客观的标准去评价认知的优越性,而这种标准却又是相对主义者所拒斥的。但是如果不去做这些任务,那么某个陈述S相对真仅仅表示S是被那些认为S真的人所持有的,并且S符合那些人对于实在的观念。但是相对真并没有使得S比起非S或任意其他信念更有价值。因此一个陈述达到相对真不是一种成就,只相当于说有人信它为真,承认S相对真并没有在任何意义上赞赏这种认知努力。

总结来看,相对主义者为了避免自我驳斥的困难,或者需要驳斥传统反相对主义者的论证错误所在,或者需要摆脱绝对真的束缚,建立一种相对主义的真理观,并且让相对主义真理观在认知层面具有一定的价值,不轻易下降成信念。两条路都困难重重,所以自我驳斥仍然是普遍相对主义面临的最棘手的困难之一。当然这只是普遍相对主义所面临的问题。局部相对主义限定了相对主义的适用范围,因此即使在别的方面不合理,但至少是一个融贯的理论。

二、相对主义与无穷倒退

有些学者认为,相对主义面临的另外一个困难是无穷倒退(infinite regress)。[①] 无穷倒退在哲学上也是一种经典的批评,那么相对主义在什么意义上面临这一困难呢?根据普遍相对主义来说,任何真理都不是绝对的,都是相对于一个参量来说为真,因此相对主义者会进行下述改写:

(A)人吃多了辛辣食物会上火。
(B)根据理论T,人吃多了辛辣食物会上火。

此时,我们可以问(B)是相对真还是绝对真?普遍相对主义者不会选择绝对真,因为这会设立一个绝对真,从而与自身的理论主张不融贯。那么普遍相对主义选择相对真呢?这就意味着(B)需要被改写如下。

---

① 采取这种解读的学者可见 Putnam(1981,119-124)、Boghossian(2006,54-56)和 MacFarlane(2014,32-33)。

(C) 根据理论 T_2,根据理论 T,人吃多了辛辣食物会上火。

我们继续追问(C)是否绝对真,而相对主义者就会回答:

(D) 根据理论 T_3,根据理论 T_2,根据理论 T,人吃多了辛辣食物会上火。

相对主义者的每一个回答都揭示出一个相对的事实,而该事实又依赖进一步的参量。相对主义者秉承其精神,每一步都会坚持说没有绝对真,只有相对真,所以回答的模式就会呈现倒退,以至无穷。

(0) P;

(1) 根据 T,(1);

(2) 根据 T_2,(2);

(3) 根据 T_3,(3);

……

(n) 根据 T_n,(n)。

此时的问题在于,我们一开始断定的句子是和(A)一样简单和可以理解的句子,但是根据相对主义的精神,我们的断定是一种缩写,而缩写的展开是无穷的参量还原过程。因此,看似简单的断定其实是断定一个长度无穷的命题。这么一来,我们如何表达和理解一个长度无穷的命题呢? 此时,相对主义者面临的一个二难是,或者相对主义者在某一步停止引入参量,从而止步于一个绝对真理;或者相对主义者一直添加新的参量,从而把我们的日常言语诠释为无穷命题的表达和沟通。前一种选择让普遍相对主义的立场不融贯,后一种选择让普遍相对主义持有一种有关语言沟通和理解的荒谬观点。

我们在第三章中曾经讨论过无限主义,无限主义所面临的一个问题也是有限的心灵如何通达无限的理由链条。此处所讨论的问题类似无限主义问题的翻版,即说出有限的语句如何表达无限的内容,而理解一个有限的语句如何理解无限的内容。虽然相对主义者不一定支持无限主义,但无限主义的回答思路也许可以提供一个帮助。无限主义提到两个要点。首先,正如无限主义者所说,我们并不要求实际上的无限理由,而只是潜能上的无限拓展。其次,无穷的理由链条的展开是依赖情景需要的,即对话者的提问。与之相对应,相对主义者也可以做出两个简单回应。首先,普遍相对主义的思想是一种诠释原则,说话者和对话者可以不断地运用这样一种原则,揭示任何真理的相对性,找出每一个看似绝对的真理所依赖的参量,而这种诠释原则上没有运用的尽头,可以一直进行下去。其次,这种原则的运用也取决于论辩的情景。当对话者以为已经找到绝对的真理时,就应该继续运用相对主义的方法，进一步揭示某个真理的相对性，从而消除对话者的疑虑。如果对方还没有产生疑问，那么自然不用多此一举。因此，作为一个普遍的相对主义者，恰如一个无限主义者一样，并不需要把日常语言的断定和理解无限制地加以相对主义化处理，而只是需要保持相对主义化处理的潜能，并且根据对话与讨论的需求伺机而动。

三、相对主义与中立判断

如果在一个分歧中，中立的判断（或两方都能接受的中立证据，或高阶标准）不存在，那么我们就无法判断分歧双方的对错。相对主义者则会说，看来只有承认争论双方都是对的，都是相对于自己的标准和自己的证据来说是对的。

桑奇（Howard Sankey, 2010; 2011; 2012）为这一想法提供了进一步的支持。[①] 在第三章讨论阿格里帕三难问题时，皮浪主义者用下面的论证表明推论性的辩护不可能获得，从而支持了怀疑论的思想。

> **阿格里帕三难问题**
> 1. 给出理由 R_1 支持 P，给出理由 R_2 支持 R_1，给出理由 R_3 支持 R_2，依此直到无穷。（无穷倒退）
> 2. 给出理由 R_1 支持 P，给出理由 R_2 支持 R_1，给出理由 R_3 支持 R_2，给出理由 P 支持 R_3。（循环辩护）
> 3. 给出理由 R_1 支持 P，给出理由 R_2 支持 R_1，对于某个理由 R_n，不再继续提供理由。（任意假设）

桑奇对这个论证稍加转变，变成一个支持相对主义的论证。在他的理解中，认知相对主义的核心观点是，认知规范（epistemic norms）不可能获得客观的、理性的辩护。概括来说，一个信念获得辩护取决于两个要素：第一是该信念所处的背景信念集，第二是该信念系统包含的认知规范。如果在该信念系统中的一个信念符合认知规范，那么这个信念就会成为被辩护的信念。但是由于存在不同的信念系统以及不同的认知规范，当我们要为自己的认知规范 N 进行辩护时，我们就会面临"标准问题"（the problem of criterion），这个问

[①] 虽然桑奇为相对主义提供了皮浪主义式的论证，但是他本人是个基于自然主义的反相对主义者，具体的反驳工作可以阅读他的论文。

题可以表述如下。

标准的辩护三难问题

1. 给出标准 N_1 支持 N，给出标准 N_2 支持 N_1，给出标准 N_3 支持 N_2，依此直到无穷。（无穷倒退）

2. 给出标准 N_1 支持 N，给出标准 N_2 支持 R_1，给出标准 N_3 支持 N_2，给出标准 N 支持 N_3。（循环辩护）

3. 给出标准 N_1 支持 N，给出标准 N_2 支持 N_1，对于某个标准 N_n，不再继续提供理由。（任意假设）

与阿格里帕三难问题一样，当辩护认知规范时，我们同样面临 3 种选择，或者是无穷倒退式辩护，或者是循环式辩护，或者是任意假设式辩护，每一种选择都无法为我们使用认知规范 N 提供客观的、非独断的辩护。既然我们无法为认知规范 N 提供辩护，那么在众多认知系统中发挥作用的规范无所谓谁更优越，每种规范都缺乏被客观辩护的可能。这就意味着，规范的采用是任意的，并非受制于任何认知理性的标准，而所有的认知规范都是同等缺乏辩护的。对于在一个认知系统中获得辩护的信念来说，其辩护的地位也仅仅依赖那些不能获得辩护的认知规范。这样的结论已经明显是认知相对主义所期待的结论了。

但要注意的是，是否所有的分歧都缺乏中立的证据和关于中立证据的标准呢？西格尔(Siegel, 2011)指出，为了避免相对主义，我们需要的并不是普遍的中立性，即相对于所有可能的争论或所有可设想的概念框架的中立性，而是相对于实际争论双方的中立证据和中立标准。这种中立性并不要求该标准不能区分竞争观点的好坏，而只是要求对好坏的区分必须对于竞争观点来说是公平的，即不能对某一方持有偏见。这种较弱意义上的中立性在西格尔看来是可以拥有的。

让我们以 17 世纪时伽利略与天主教主教贝拉民（Catholic Cardinal Bellarmine）的一个争论为例展开讨论。① 在 16 世纪以前，主流的宇宙观是地心说，而托勒密的本轮理论将地心说的模型发展完善，天主教教会也把此理论接纳为世界观的"正统理论"。② 直到哥白尼于 1543 年出版《天体运行论》

---

① 这一案例是一经典案例，相关的讨论可见罗蒂(2004,308)和 Boghossian(2006,59)。
② 地心说包括 3 个主要观点：①地球是球体；②地球是宇宙的中心，本身是静止不动的；③所有日月星辰都围绕着地球运动。

一书,"正统理论"才受到挑战,但由于教会的权威,人们认为日心说是一种异教徒的观点。但是,在伽利略发明天文望远镜以后,人们逐渐发现了月球表面的环形山、木卫体系的存在以及金星的完整相变,使得日心说逐渐引起关注。1615年,伽利略的著作被递交给罗马宗教裁判所,伽利略被视为教会异端,而他本人则去罗马捍卫自己的思想。伽利略与主教贝拉民展开论战,他邀请贝拉民通过天文望远镜进行天体观测,但是贝拉民却认为自己拥有更好的证据——来自《圣经》的记载。此时伽利略认为存在绕木星的诸卫星,但是宗教裁判所否认此类卫星存在。双方出现了一个分歧,而问题的困难在于,双方不仅在观点上有冲突,对于什么可以被用作证据来解决这一分歧也产生了分歧。伽利略认为望远镜观察和肉眼观察是解决这一分歧的证据,但是贝拉民认为亚里士多德的哲学以及《圣经》的文本和释义是解决这一分歧的证据,而伽利略的学说是异端学说。贝拉民在给梵卡里尼(Paolo Antonio Foscarini)的信中指出:

> 如果你阅读教皇们和当代评论者们对《创世记》、《诗篇》、《传道书》和《约书亚记》的解读,你就会发现所有人都同意这句话的字面解读,即:太阳在天上并且以很快的速度围绕地球旋转,地球离天很远,以静止的方式处于世界的中心。现在请你秉承审慎的精神考虑一下,是否教会能容忍《圣经》被给予一种与教皇及所有希腊和拉丁的注释者们相反的解读呢?我们不能说这不是一个信仰的问题,因为这不是对于一个话题的信仰,而是关于言说者的信仰。因此,如果说亚伯拉罕没有2个孩子而雅各没有12个孩子,以及说耶稣不是童贞女所生,那么这是异端学说。这些都是圣灵通过先知与使徒的口中说出的真理。①

两者的分歧陷入僵局,而此时的困难正如罗蒂(2004,308—309)所说:

> 但是我们能找到一种说法,认为贝拉民大主教提出来反对哥白尼理论的各种考虑(对天体构造的圣经描述)是"非逻辑的或反科学的吗?"……贝拉民认为哥白尼理论的范围小于人们所想象的。当他提出也许哥白尼理论对于(例如)航海目的和其他各种实用性的天体计算而言确实是一种巧妙的启示性工具时,就等于承认理论在其适当的限制内是准确的、一致的、简明的,以及甚至是富于成效的。当他说不应该把它

---

① 参见 Cardinal Bellarmine to Foscarini (12 April 1615)。全部书信集参见 Finocchiaro(1989)。

看作具有比上述这些更广的范围时,他是这样来维护自己的观点的,即通过表明我们具有极好的、独立的(圣经的)证据去相信天体大致是符合托勒密理论的。他的证据引自另一范围,因此他提出的范围限制就是"非科学的"吗?究竟是什么决定着圣经不是天体构造方式的极好的证据来源的呢?

罗蒂这里提出的关键问题是,为什么我们会认为在这场论战中伽利略用的证据是科学的,而贝拉民用的证据是非逻辑的或反科学的呢?这个问题不是关于证据的问题,而是关于用什么标准可以决定证据的问题。对于这个问题,罗蒂(2004,310)的回答是倾向于相对主义的。

> 于是关于贝拉民(以及必然还有伽利略的维护者们)是否引入了外在的"非科学的"考虑的问题,似乎就是关于是否存在有某种决定一个陈述与另一个陈述关联性的、在先的方式的问题,也就是是否存在有某种"构架"(grid,让我们用一下福柯的词),它可决定着能够有什么样的关于天体运动陈述的证据。
>
> 显然,我想得出的结论是,在十七世纪后期和十八世纪中出现的这种"构架",在伽利略受审的十七世纪早期还不存在以供人们依赖。在它被设想出来之前,没有任何可想象的认识论,没有任何关于人类知识性质的研究可能去"发现"它。……我们很幸运,在认识论内部或在科学史学内部没有任何令人困惑的事物足以使其失效。但是宣称我们忠于这些区分,不等于说存在着接受它们的"客观的"和"合理的"标准。可以说伽利略赢得了那场争论,而且我们大家都立足于关于相关性与不相关性"构架"这个共同的基础上,这是"近代哲学"由于这场胜利的结果而发展起来的。但是有什么可以指出,贝拉民和伽利略的争论"在性质上不同于"克伦斯基和列宁的争论或皇家科学院(大约 1910 年)和伦敦布鲁姆斯伯里区之间的争论呢?

根据罗蒂的表述,伽利略所持有的信念在他的科学构架之上受到观察证据的支持,是被辩护的,而贝拉民所持有的信念在他的宗教构架之上受到文本证据的支持,也是被辩护的。两人所在的框架有巨大的差别,而这两个框架并没有谁更好,没有谁的标准在客观的意义上更好,两人都在其"构架"上做出了正确的选择。只是由于我们生活在伽利略开启的"科学"时代之中,我们才无法理解贝拉民的认知选择,看不到他的正确所在。这种想法可以浓缩

为下面的论证:

(1) S_1 认为 P 为真。

(2) S_2 认为 P 为假。

(3) 两人之间的分歧是不可解决的。

(4) 因此,S_1 和 S_2 都是正确的。从 S_1 的视角来说,P 为真,从 S_2 的视角来说,非 P 为真。

(5) 所以,相对主义是正确的。[①]

虽然我们可以承认在这个案例中存在的分歧很大,两人不仅持有不同的看法,还对决定证据的标准有着不同的看法,但这是否意味着两人的框架之间没有任何共享的、中立的标准,因此两人之间的分歧是不可以解决的吗?西格尔认为,虽然伽利略和教会对于用什么标准决定可以接受的证据持有分歧,但是他们仍然有共享的标准,如伽利略和他的对手都接受逻辑作为解决分歧的标准。贝拉民说,如果能证明日心说的内容并且表明《圣经》中看起来相反的文字记载其实是由于教会有识之士的误解,那么教会能接受伽利略的工作。[②] 双方也承认,如果伽利略可以充分解释他发明的望远镜的工作方式,那么他就可以反驳教会对望远镜的不接受态度。只是那时伽利略还无法解释,因此这个中立的标准未能助他一臂之力。显然,在这里逻辑与充分的解释成为解决分歧的标准。虽然这两个标准并不是解决所有分歧的标准,但至少表明在这场分歧中仍然可以存在中立的非循环的标准,而上述论证中的陈述(3)就是错误的。

总结来看,相对主义者认为,由于没有中立的或更高阶的标准可以公平地解决争论,因此相对主义的结论成立。但是我们并不需要中立于任何分歧的标准,只要有中立于具体分歧的标准存在,那么我们就能以不偏袒的、客观

[①] 这个论证是对皮浪主义思想的修改,皮浪主义者本来是借用分歧来论证怀疑论的,其论证结构可以写成:
  (1) S_1 认为 P 为真。
  (2) S_2 认为 P 为假。
  (3) 分歧的双方不可能都是对的。
  (4) 两人之间的分歧是不可解决的。
  (5) 因此,我们应该悬搁判断。
  (6) 怀疑论结论是正确的。

[②] 参见 Cardinal Bellarmine to Foscarini (12 April 1615)。

的方式解决分歧,这也意味着克服认知相对主义结论的积极资源在逻辑上是存在的。

四、相对主义与个人视角

相对主义者指出,每种观点都是受其视角所束缚的,并且认知者根本无法逃离自己的视角、框架或者概念体系,无法获得一种绝对知识所要求的上帝之眼。蒯因(2005,311)的一段论述十分贴切。

> 因此,哲学家的任务在细节上是不同于其他理论家的任务的,但并没有像有些人所设想的那样存在严格的区分,这些人以为哲学家在其掌握的概念框架之外有一种优越的地位。宇宙中没有这样的放逐地。如果哲学家没有某种概念框架,他就不可能研究和修正科学和常识的基本概念框架,无论是科学和常识的这个或那个概念框架都还是需要有对其进行加工的哲学考察。他可以诉诸融贯性和简单性,从内部仔细考察和改进该系统,但这是理论家一般都会用到的方法。

既然认识到无法超越个人视角,那么相对主义的结论就显得很自然,因为任何判断和观点都是基于一个视角或概念框架,并且不存在无视角的视角,所以相对主义的观点看起来是正确的。

虽然我们不能实现无视角的视角,也不能脱离于所有的视角,但是认知者却可以超越个人的视角。我们需要区分的是超越所有视角和超越某个视角。那么我们是否总会限于已有的视角从而无法以一种批判的视角来审查该视角呢? 西格尔(Siegel,2011,210-211)提供了一些案例表明视角是可以被改变和突破的。

(1) 小孩子最开始学习的是正整数,但是并不了解分数、小数和负数,因此他们在面对"是否在 1 和 2 之间有数?"以及"是否有比 0 小的数?"时会给出否定的回答,但是再过一段时间,他们就会轻松地学会在 1 和 2 之间有许多数(如 1.8),而比 0 小的数就是负数,掌握分数、小数和负数的概念。[①]

(2) 在显微镜发明之前,人类关于存在的东西的范围局限在用肉眼或者靠手持透镜帮助肉眼所能看到的东西。但是在应用显微镜以后,我们可以说

[①] 关于这个问题的研究可以参见 Piaget(1952)和 Gelman and Gallistel (1978,244)。

获得了新的视角,从而认识到许多新的东西的存在,如细胞、病毒等微生物,还促进了传染病学的研究。显微镜的发明让人们超越了传统对于存在物范围的理解框架。

(3) 在传统男权主义的社会中,妇女只被看作烧饭做菜、养儿育女的辅助角色,并且是附属于一个男性角色的。但是随着女权思想的兴起,许多男性逐渐意识到每个女性都是独立自主的,她们有发展自己职业追求、承担社会重要角色的权利和能力。此时,从一个大男子主义视角转变到平等看待男女地位的视角,代表着一个视角被超越和改变了。

在上述的案例中,发生了从一个视角往另外一个视角的转变,并且这种转变构成了视角的进步。这里的进步可以表现在两个方面。首先,在前一个框架中基础性预设的东西在后一个框架中成为可以被批判讨论的东西。在前一个框架中,基础是被设定的,而非理性选择的,也不是理性可反思的,但变换框架后我们可以为前一个框架的基础提供正面或反面的理由,并且与前一个框架相冲突的框架也可以被纳入新的框架下。其次,新的框架不仅能解释和预测原有框架的东西,还能解释更多的现象。这样的例子在科学史上数不胜数,因此有的科学家也把这一标准看作科学理论的进步。

由此可见,超越一个视角不仅代表视角的转变,有时我们甚至会发现改变后的视角要优于改变前的视角。波普尔(Popper, 1970, 56)曾经这样论述:

> 我承认,我们在任何时候都深陷囹圄,这是由我们的理论、我们的期望、我们过去的经验和我们的语言所塑造的囹圄。但我们只是匹克威克意义上的囚徒:只要我们尝试,我们就能在任何时候逃离这些框架。当然,我们会再次发现自己进入了新的框架之中,但是新的框架更好、更广阔,而且我们可以在以后的任何时刻继续逃离。最核心的宗旨是,批判的讨论以及不同框架之间的比较总是可能的。现在有人认为不同的框架就好像互相不可翻译的语言,这是一个教条,一个危险的教条。

总结来看,虽然我们不能超越所有框架,但是我们可以摆脱现有的某个框架,从而采用更好、更全面的框架,在新的框架中评价以前的框架(甚至是与以前框架相对的框架),并以此做出一个中立的、非相对主义式的评价。

五、相对主义与无错分歧

前面讨论相对主义与中立标准时我们已经看到分歧的出现与相对主义之间的关系,这种关系还能被进一步挖掘。学界有两种新的挖掘方向:第一是通过无错的分歧来为相对主义辩护,第二是通过不可解决的分歧为相对主义辩护。

我们先看第一种进路。① 在某些分歧上,分歧的某一方显然是错的。例如,中华人民共和国的首都在哪里,2020年的第一天是星期几。这些命题的真假依赖某个外部事实。但是针对另外一些事情则很难说分歧的某一方一定是错的,如关于个人品味(personal taste)的事情。例如,你和你的朋友来到印度餐馆,点了一份餐饮点评软件上评分很高的烤鸡咖喱(chicken tikka)。你觉得这份烤鸡咖喱好吃,而你的朋友却觉得难以下咽。此时,你们针对同一个东西做出相反的判断。同样的个人品味分歧还能出现在审美的领域,如音乐、电影、绘画。那么在这些领域出现分歧后,是否一定有一个客观的标准决定出现分歧的双方谁对谁错呢?是否分歧的某一方一定是错的呢?读者可能会觉得在这类分歧中双方没有明显的错误。这是因为,一方面分歧的双方有充足的证据支持自己的判断,因此并不是信口雌黄;另一方面我们很难(甚至不可能)找到一个确定的事实来判决谁对谁错。因此,看起来两人都没有犯错,相对于两人的标准来说他们的判断都是对的,这类分歧我们称为无错的分歧。如果存在无错的分歧,那么相对主义似乎是最好的解释。因为相对主义认为,(所有/某些)真是相对的,分歧的双方根据自己的标准来看都是正确的,他们的冲突只是由于判断的标准不同。

读者也许会认为不存在无错的分歧。比如基于下面的想法:

(1) 在T时刻,或者P为真,或者P为假。
(2) 如果P为真,那么非P就是假的。
(3) 如果非P为真,那么P就是假的。
(4) 相信一个假的命题在认知上是有过错的。
(5) 因此,在时刻T,A和B两人之中肯定有一人犯错。②

---

① 这一进路的代表人物可参见 Kölbel(2004;2009)。
② 该论证参见 Kölbel(2004,56)。

这个论证的核心思想是,一旦有分歧,那么 A 和 B 至少一人有错误,不存在任何无错的分歧。这个论证的支持者持有实在论(realism)的态度,并且把这一态度拓展到关于个人品味的领域之中。不过该论证中的前提(4)是否合理值得商榷。评价一个人在认知上是否犯错可以有不同的标准,前提(4)采用了很强的标准,即:只要所信命题是假的,那么认知者就有过错。仅仅从知识论求真避假的目标来看,这样的评价有一定道理。但是我们在讨论知识论的内在主义时曾经指出,根据新恶魔论题,在恶魔世界中的认知主体和我们的信念拥有同等程度的辩护,而如果在恶魔世界中的主体拥有辩护,那么他们的错又从何而来呢?如果一个认知主体不顾相反的证据,或者明明缺乏证据还坚持相信一个命题为真,那么他肯定在认知层面犯错了。是否我们应该无视他内在的视角,只根据信念的真值来评价其对错呢?相对主义者提倡一种更合理的认知错误观,即:

(4*)相信一个从自己视角来看是假的命题在认知上是有过错的。

现在的问题在于,我们应该如何取舍(4)和(4*)呢?这个问题的实质是对"犯错"这个词汇的不同理解。限于篇幅,这里不再进一步深入,但是我们可以看到不同选择的意蕴。一个选择(4)的实在论者需要提供一种对无错分歧现象的好的解释,而选择(4*)更容易解释无错分歧的存在,但视角的引入为局部的相对主义提供了思想支持。

现在我们看第二种进路,即通过不可解决的分歧为相对主义辩护。黑尔斯(Steven Hales, 2014)是这一进路的代表。[①] 当一个分歧出现的时候,我们可能有下面几种解决分歧的方法。

(1)两人持续争论,直到某人屈服。在争论的过程中一方不断寻找新的证据,试图说服另一方。这种策略在生活中很常见,也是我们解决分歧的一种有效手段。按照这种策略来看,一开始双方的确有一个实质的分歧,但是随着证据的不断呈现和评判,最后有一方会获得胜利,而另一方则接受了自己的错误。在这个过程中,分歧的双方只有一方是对的,而另外一方则是错的,并且随着分歧的解决,双方最后都能获得客观的知识。

(2)双方妥协,承认大家都有一部分看法是对的。例如,对于流产持开放

[①] 在早期的作品中,黑尔斯则是借助模态逻辑来辩护相对主义,参见(Hales, 1997;2006)。在这些工作中他所讨论的相对主义限定在哲学命题之中,已经不是普遍的相对主义。

态度的人会说所有的流产都是被允许的，而对于流产持保守态度的人会说所有的流产都是不被允许的。双方妥协的结果是，承认早期流产可以，但禁止晚期流产，并对早晚期的分界线进行明确划定。在妥协的解决方法中，最开始双方的确有一个实质的分歧，并且每一方都有对的地方，但是双方最初都没有掌握完全的真理，因此只有当双方达成妥协后，最后的真理才显露出来，而知识的获得也就依赖这最后显现出来的真理。

（3）消除歧义。双方发现大家是在不同的意义上使用一个词，并且决定采纳一个公共的用法。一个经典的例子是詹姆斯（William James）在《实用主义》一书中讨论的树上的松鼠案例。

> **树上的松鼠**
>
> 有人假定，树干上有只松鼠，一个人恰好相对地站在树的另一面，人绕着树追松鼠，但那松鼠总以和人相等的速度在另一面奔跑，你快它快，你慢它慢，这样，人就怎么也看不到松鼠。于是，一个形而上学的问题出现了，人绕树跑，松鼠在树干上，那么人是绕着松鼠在跑吗？大家在旷野上争来争去。……我边想边说："'绕着'松鼠跑，细致的含义是什么？如果从东南西北的方向位置上来判断，人重复了松鼠的方位，那显然是在绕松鼠跑。"如果从不运动的静止位置来判断，松鼠总是拿自己的肚子对着人，没有变化，那么那人就没有绕松鼠跑。

两个人看似对人是否绕着松鼠在跑产生了分歧，但分歧其实是由于"绕着"这个词语义的模棱两可而造成的。随着出现分歧的双方统一了"绕着"一词的意义，这个分歧就会自然消解。

根据这一解决进路，分歧的双方相对于他们对于语词的理解都是完全正确的，他们只是没有意识到在对方理解下表达的也是真理。双方都有可能获得知识，但是最初的分歧却被彰显为表面的分歧而非实质的分歧。结合树上的松鼠案例来看，最开始双方貌似在争论人是否绕着松鼠在跑，但是由于"绕着"一词的歧义被揭示，其实双方最初表达的意见分别是，这个人出现在松鼠的东南西北4个方向，以及这个人的肚子一直对着松鼠的肚子。这是意义不同的两个命题，而真正的分歧要求是针对同一个意义明确的命题，争论的双方持有不同的态度。也就是说，根据这个策略来看，争论的一开始其实并没有一个分歧，而消除歧义的策略只不过是帮助争论双方看清了分歧的假象。所以，这种策略不是对分歧的解决，而是对"分歧"的消除。

（4）两人持续争论，其中一方认为对方太愚蠢、太顽固，不能被自己的理由所说服，对方亦觉得如此。可以发现，这并不是一种解决分歧的方法，只是让分歧继续存在，并且破坏了解决分歧的对谈前提。

（5）两人同意在这个分歧上大家都不同意对方。皮浪主义传统是这种解决方法的一个代表。我们在第三章"阿格里帕三难问题及其回应"已经简要叙述了皮浪主义者的思想。面对众多的分歧，皮浪主义者认为不存在一个中立的判定标准，因此要理性地判断分歧的双方谁对谁错是不会有结果的。与其受困于分歧的普遍存在和不能解决，为了寻求心灵的安宁，一种更好的方式则是悬搁判断，不去判断事物的本性，而只接受那些不可避免的纷扰，坦然地接受事物的呈现。

根据这种解决方法来看，争论的双方并不拥有任何真理，而针对事物本性的知识也是不可能的，但是在争论的最初，双方的确是对一个意义明确的命题产生了分歧，因此分歧被保留下来。

（6）相对主义也是解决分歧的一种办法，相对主义可以认为分歧的双方都是对的。例如，一个中国人认为竖起大拇指是表示称赞，不带有侮辱之意，而一个伊朗人认为竖起大拇指是表示侮辱。那么谁对谁错呢？相对主义者说，根据中国的传统文化是中国人说的对，而根据伊朗的文化习俗是伊朗人说的对。两者采用的是不同的判断标准，因此两者都对。在相对主义者的眼中，并没有绝对的知识，而只有相对于不同框架的知识，所以相对的知识仍然是可以获得的。但是这里有一个自然的问题，相对主义会不会与消除歧义的解法一样，让最初的分歧消失了呢？黑尔斯认为相对主义保留了最初的分歧，但是这里有一个困难值得一提。根据相对主义者的想法，当中国人说竖起大拇指是好的时，所说的是〈根据中国文化的标准，竖大拇指是好的〉。而当伊朗人说竖起大拇指表示侮辱时，所说的是〈根据伊朗文化的标准，竖大拇指是侮辱〉。这难道不意味着双方一开始就表达了内容不同的命题吗？黑尔斯的回应略显薄弱，他认为对于分歧的一方来说，对方的证据并没有说服力，而自己的证据却很有力，另一方也有同样的感觉。这意味着双方的确出现了由于视角不同而引起的观点冲撞，这已经具备了分歧的重要特性。可见在相对主义这里，分歧的定义已经被拓宽，他们并不要求出现分歧的双方一定要针对内容相同的命题，而是要求出现分歧感。那么到底应该采取哪种方式理解分歧呢？这个问题需要进一步的探讨，这里暂且搁置。

对分歧的几种解决方法进行总结，如表8-2所示。黑尔斯（Hales，

2014,71)认为相对主义是占优的。

表8-2 分歧的解决方法

	争论双方都拥有部分真理	争论双方都是完全正确的	允许知识的可能性	保留原初的分歧
争论到底	否	否	是	是
双方妥协	是	否	是	是
消除歧义	是	是	是	否
皮浪主义	否	否	否	是
相对主义	是	是	是	是

从表8-2可以看出,只有相对主义在各项指标上都占优。当然,对于有些事情,相对主义并不是最好的解决分歧路径,但是这种策略在用于处理某些不可解决的分歧时,却有着得天独厚的优势。哪些是不可解决的分歧呢?[1] 黑尔斯认为,当我们面临由于不存在正确的证据而引发的不可解决的分歧时,相对主义是一种最好的解决办法。例如,一个相信人有三魂七魄的人A和一个坚定的唯物主义者B,两人对于人是否有三魂七魄有分歧:A认为每个人都有三魂七魄,魂是离开人体而存在的精神,魄是依附形体而显现的精神;B认为人没有魂魄。为了解决分歧,两人给出各自的证据。A援引的是北宋张君房所编《云笈七签》,而B援引的是认知心理学和心灵哲学的研究成果。两人认为对方的证据都是不相关的,而自己提供的证据则很具说服力。可以发现,这样的案例十分类似伽利略和贝拉民的争论,不过在黑尔斯的描述中,两人的情况更糟,因为他们无法找到更高阶的证据来帮助解决对于一阶证据的分歧,也就是说,这两个人没有任何共享的标准。这样一个描述令人费解。如果这两个人不共享任何推理方法和逻辑规则,那么很难想象他们是如何生活于同一个世界的。不过让我们暂且把这些疑虑放置在一边,把前面提到的几种分歧解决方法用在这里,看看它们各自会衍生出什么结果。

基于持续论战的策略,A和B两个人会吵到天荒地老。基于妥协的策

---

[1] 黑尔斯认为引发不可解决的分歧的情况有3种。第一种情况是,虽然可以获得正确的证据,但是我们永远无法拥有充足的证据,如针对海洋深处的生物种类数量是偶数这个问题。第二种情况是,我们永远无法获得正确的证据,如针对人类灭绝后喜马拉雅山的高度问题。第三种情况是,不存在正确的证据。参见 Hales(2014,72-73)。

略,A 和 B 需要找一个妥协的点,但是如何妥协呢?是人年轻时有三魂七魄,老了就没有?还是人的魂魄并没有典籍上记载的数量那么多?抑或道教典籍和科学知识都能接受?似乎这些妥协实现的可能性都不大。基于消除语义含混的策略,我们应该如何对三魂七魄统一定义呢?这看起来是一个难以实施的策略。基于皮浪主义策略,可以说双方在这里的分歧无法判断,人是否有三魂七魄并没有最终答案,两个人掌握的都不是真理,应该悬搁判断。根据相对主义,A 和 B 都对,双方根据各自的评价体系都做出了正确的、有理有据的判断。那么是不是相对主义比较好呢?至少该策略让分歧的双方在面对不可解决的分歧时平心静气,避免了双方花费时间和精力去参与无用的争吵,甚至升级为暴力冲突。并且由于相对主义揭示该分歧中双方都是无错的,双方的合理性和正确性都获得了承认,因此相对主义成功地扮演了"和事佬"的角色,化冲突为和谐。

章末思考

1. 比较相对主义与怀疑论对知识造成的挑战。

2. 有人认为,只有秉承认知相对主义才可以让人们对别的认知框架持有宽容和理解的态度。你是否同意这种观点?

3. 是否存在不可解决的分歧和无错分歧?如果存在,那么一个非相对主义者应该如何解释这类分歧呢?

结　语

通过本书的学习，相信读者已经对当代知识论的许多核心话题有了初步的掌握。这些话题塑造了当代知识论的地形图，并且有着持续的影响力。当代知识论研究可谓蓬勃发展，我们不仅可以看到广泛而细致的研究话题，还能见识到富有活力和学术造诣颇深的学者。这是一个既有理论主张，又兼具现实关怀的研究方向。因此，与其说本书将读者引入了知识论的殿堂大门，不如说本书向各位读者打开了一扇窗，窗外是一个广阔的世界，有大好河山留待各位读者用自己的脚步去丈量，用自己的眼光去欣赏，用自己的心灵去品味。

在写作即将完成之际，我对本书可能存在的问题表示歉意。一些我能预想到的问题包括：有些话题并没有充分展开，有些章节可能过于烦琐，有些重要的话题被忽略，有些最新的研究没有涵盖，有些经典的理论未被提及。如果有机会，我希望未来的研究能帮助我更好地理解书中的话题，并且对学界的动态和思想史有更深入的把握。限于学识、能力和精力，这是我现阶段所能呈现的一个最好版本。当然，最好的永远是下一个版本，我愿保持理智、谦逊的态度。

知识论的研究同任何领域的哲学研究一样，既需要哲学天赋，又不能缺少勤奋的阅读和思考，这是严肃的学术精神的体现。愿各位读者在学习完本书后，对其中的话题产生兴趣并且展开进一步探究，相信你们可以在该领域贡献出属于自己的有价值和有深度的思考，并为知识论的长卷书写新的篇章。

最后，以一句话与各位知识论的爱好者共勉，"不是无知，而是对无知的无知葬送了知识"。愿我们都成为有自知之明的求知者。

参考文献

Alfano M. *Character as Moral Fiction*. Cambridge: Cambridge University Press, 2013.

Alfano M. Expanding the Situationist Challenge to Reliabilism About Inference. *Virtue Epistemology Naturalized*. Switzerland: Springer International Publishing, 2014,103-122.

Almeder R. Basic Knowledge and Justification. *Canadian Journal of Philosophy*, 1983,13(4),115-127.

Almeder R. Blind Realism. *Erkenntnis*, 1987,26(1),57-101.

Alston W. How to Think about Reliability? *Philosophical Topics*, 1995,23(1),1-29.

Annis D. A Contextualist Theory of Epistemic Justification. *American Philosophical Quarterly*, 1978,15(3),213-219.

Armstrong D. *A Materialist Theory of Mind*. New York: Routledge, 1968.

Audi R. Foundationalism, Epistemic Dependence, and Defeasibility. *Synthese*, 1983, 55(1),119-139.

Audi R. *The Structure of Justification*. New York: Cambridge University Press, 1993.

Austin J L. Other Minds, *Philosophical Papers*. Oxford: Oxford University Press, 1961,76-116.

Axtell G. *Knowledge, Belief and Character: Readings in Virtue Epistemology*. Lanham, MD: Rowman and Littlefield, 2000.

Bach K. The Emperor's New "Knows". *Contextualism in Philosophy: Knowledge, Meaning, and Truth*. Oxford: Oxford University Press, 2005,51-89.

Baehr J. *The Inquiring Mind: On Intellectual Virtues and Virtue Epistemology*. Oxford: Oxford University Press, 2011.

Baehr J. *Intellectual Virtues and Education*. New York: Routledge, 2016.

Baghramian M, Carter A. Relativism. *The Stanford Encyclopedia of Philosophy*, 2019, URL=〈https://plato.stanford.edu/archives/win2019/entries/relativism/〉.

Battaly H. Virtue Epistemology. *Philosophy Compass*, 2008,3(4),639-663.

Battaly H. Acquiring Epistemic Virtue. *Naturalizing Epistemic Virtue*. Cambridge: Cambridge University Press, 2014,175-196.

Battaly H. *The Routledge Handbook of Virtue Epistemology*. New York: Routledge, 2019.

Baumann P. *Epistemic Contextualism: A Defense*. Oxford: Oxford University Press, 2016.

Beddor B. Process Reliabilism's Troubles with Defeat. *Philosophical Quarterly*, 2015, 65(259), 145-159.

Beebe J. The Generality Problem, Statistical Relevance and the Tri-Level Hypothesis. *Noûs*, 2004, 38(1), 177-195.

Beebe J. The Abductivist Reply to Skepticism. *Philosophy and Phenomenological Research*, 2009, 79(3), 605-636.

Bennigson T. Is Relativism Really Self-Refuting? *Philosophical Studies*, 1999, 94(3), 211-236.

Bergmann M. *Justification without Awareness*. Oxford: Oxford University Press, 2006.

Bewersdorff J. *Luck, Logic, and White Lies: The Mathematics of Games*. Wellesley, Mass: A. K. Peters, 2005.

Bishop M A. Why the Generality Problem Is Everybody's Problem? *Philosophical Studies*, 2010, 151(2), 285-298.

Boas F. *Race, Language, and Culture*. Chicago: University of Chicago Press, 1940.

Boghossian P. *Fear of Knowledge: Against Relativism and Constructivism*. Oxford: Oxford University Press, 2006.

BonJour L. The Coherence Theory of Empirical Knowledge. *Philosophical Studies*, 1976, 30(5), 281-312.

BonJour L. Externalist Theories of Empirical Knowledge. *Midwest Studies in Philosophy*, 1980, 5(1), 53-73.

BonJour L. *The Structure of Empirical Justification*. Cambridge, MA: Harvard University Press, 1985.

BonJour L. Externalism/Internalism. *A Companion to Epistemology*. Oxford: Blackwell Publishers, 1992, 364-368.

BonJour L. *In Defense of Pure Reason*. New York: Cambridge University Press, 1998.

BonJour L. A Version of Internalist Foundationalism. *Epistemic Justification: Internalism vs. Externalism, Foundations vs. Virtues*. Malden, MA: Blackwell Publishing, 2003, 5-96.

Brogaard B. Towards a Eudaimonistic Virtue Epistemology. *Virtue Epistemology Naturalized*. Switzerland: Springer International Publishing, 2014, 83-102.

Brueckner A. The Structure of the Skeptical Argument. *Philosophy and Phenomenological Research*, 1994, 54(4), 827-835.

Chisholm R. *Theory of Knowledge*. Second Edition. Englewood Cliffs, NJ: Prentice-Hall, 1977.

Clark M. Knowledge and Grounds: A Comment on Mr. Gettier's Paper. *Analysis*, 1963,24(2),46-48.

Code L. *Epistemic Responsibility*. Hanover, NH: University Press of New England, 1987.

Coffman E. Does Luck Exclude Control? *Australasian Journal of Philosophy*, 2009, 87(3),499-504.

Cohen S. Justification and Truth. *Philosophical Studies*, 1984,46(3),279-296.

Cohen S. How to Be a Fallibilist? *Philosophical Perspectives*, 1988,2(1),91-123.

Cohen S. Two Kinds of Skeptical Argument. *Philosophy and Phenomenological Research*, 1998,58(1),143-159.

Cohen S. Contextualism, Skepticism, and the Structure of Reasons. *Philosophical Perspectives*, 1999,13(1),57-89.

Comesaña J. The Diagonal and the Demon. *Philosophical Studies*, 2002,110(3),249-266.

Comesaña J. A Well-Founded Solution to the Generality Problem. *Philosophical Studies*, 2006,129(1),27-47.

Conee E. Isolation and Beyond. *Philosophical Topics*, 1995,23(1),129-146.

Conee E, Feldman R. The Generality Problem for Reliabilism. *Philosophical Studies*, 1998,89(1),1-29.

Conee E, Feldman R. Internalism Defended. *American Philosophical Quarterly*, 2001,38(1),1-18.

Conee E, Feldman R. *Evidentialism: Essays in Epistemology*. Oxford: Oxford University Press, 2004.

Cornman J. *Skepticism, Justification, and Explanation*. Dordrecht: D. Reidel, 1980.

Craig E. *Knowledge and the State of Nature: An Essay in Conceptual Synthesis*. Oxford: Clarendon Press, 1990.

Dancy J. *An Introduction to Contemporary Epistemology*. Oxford: Blackwell, 1985.

Darley J, Batson D. From Jerusalem to Jericho: A Study of Situational and Dispositional Variables in Helping Behavior. *Journal of Personality and Social Psychology*, 1973,27(1),100-108.

Daukas N. Altogether Now: A Virtue-Theoretic Approach to Pluralism in Feminist Epistemology. *Feminist Epistemology and Philosophy of Science: Power in Knowledge*. New York: Springer, 2011,45-67.

Davies M. Epistemic Entitlement, Warrant Transmission, and Easy Knowledge. *Aristotelian Society Supplementary Volume*, 2004,78(1),213-245.

DePaul M. Foundationalism. *The Routledge Companion to Epistemology*. London and New York: Routledge, 2011,235-244.

DeRose K. Contextualism and Knowledge Attributions. *Philosophy and Phenomenological Research*, 1992,52(4),913-929.

DeRose K. Solving the Skeptical Problem. *Philosophical Review*, 1995, 104(1), 1-52.
DeRose K. *The Case for Contextualism*. Oxford: Oxford University Press, 2009.
Dretske F. *Seeing and Knowing*. Chicago: University of Chicago Press, 1968.
Dretske F. Epistemic Operators. *Journal of Philosophy*, 1970, 67(24), 1007-1023.
Dretske F. Conclusive Reasons. *Australasian Journal of Philosophy*, 1971, 49(1), 1-22.
Dretske F. The Pragmatic Dimension of Knowledge. *Perception, Knowledge and Belief: Selected Essays*. Cambridge: Cambridge University Press, 2000, 48-63.
Driver J. The Virtues of Ignorance. *The Journal of Philosophy*, 1989, 86(7), 373-384.
Elgin C. The Epistemic Efficacy of Stupidity. *Synthese*, 1988, 74(3), 297-311.
Empiricus S. *Outlines of Scepticism*. Oxford: Oxford University Press, 2000.
Engel M. Is Epistemic Luck Compatible with Knowledge? *Southern Journal of Philosophy*, 1992, 30(2), 59-75.
Fantl J, McGrath M. *Knowledge in an Uncertain World*. Oxford: Oxford University Press, 2009.
Feldman R. Reliability and Justification. *The Monist*, 1985, 68(2), 159-74.
Feldman R. In Defence of Closure. *Philosophical Quarterly*, 1995, 45(181), 487-494.
Finocchiaro A. *The Galileo Affair*. Berkeley, CA: University of California Press, 1989.
Firth R. Are Epistemic Concepts Reducible to Ethical Concepts? *Value and Morals*. Dordrecht: Kluer, 1978, 215-229.
Fleisher W. Virtuous Distinctions: New Distinctions for Reliabilism and Responsibilism. *Synthese*, 2017, 194(8), 2973-3003.
Foley R. *The Theory of Epistemic Rationality*. Cambridge, MA: Harvard University Press, 1987.
Fricker M. *Epistemic Injustice: Power and the Ethics of Knowing*. Oxford: Oxford University Press, 2007.
Geertz C. *Local Knowledge*. London: Fontana, 1993.
Gelman R, Gallistel C R. *The Child's Understanding of Number*. Cambridge, MA: Harvard University Press, 1978.
Gettier E. Is Justified Belief Knowledge? *Analysis*, 1963, 23(6), 121-123.
Ginet C. Infinitism Is Not the Solution to the Regress Problem. *Contemporary Debates in Epistemology*. Second Edition. Wiley-Blackwell, 2014, 283-291.
Goldman A. A Causal Theory of Knowing. *The Journal of Philosophy*, 1967, 64(12), 357-372.
Goldman A. Discrimination and Perceptual Knowledge. *The Journal of Philosophy*, 1976, 73(20), 771-791.

Goldman A. What Is Justified Belief? *Justification and Knowledge*. Dordrecht: Reidel, 1979,143 – 164.

Goldman A. *Epistemology and Cognition*. Cambridge, MA: Harvard University Press, 1986.

Goldman A. *Empirical Knowledge*. Berkeley, CA: University of California Press, 1988.

Goldman A. *Reliabilism and Contemporary Epistemology*. Oxford: Oxford University Press, 2012.

Goodman N. *Ways of Worldmaking*. Indianapolis: Hackett Publishing Company, 1978.

Greco J. Worries about Pritchard's Safety. *Synthese*, 2007,158(3),299 – 302.

Greco J. *Achieving Knowledge: A Virtue-Theoretic Account of Epistemic Normativity*. Cambridge: Cambridge University Press, 2010.

Grimm S. *Making Sense of the World: New Essays on Understanding*. Oxford: Oxford University Press, 2017.

Haack S. Reflections on Relativism: From Momentous Tautology to Seductive Contradiction. *Philosophical Perspectives*, 1996,10(1),297 – 315.

Haggard M, Rowatt W, Leman J, Meagher B, Moore C, Fergus T, Whitcomb D, Battaly H, Baehr J, Howard-Snyder D. Finding Middle Ground between Intellectual Arrogance and Intellectual Servility: Development and Assessment of the Limitations-Owning Intellectual Humility Scale. *Personality and Individual Differences*, 2018,124(1),184 – 193.

Hales S. A Consistent Relativism. *Mind*, 1997,106(421),33 – 52.

Hales S. *Relativism and the Foundations of Philosophy*. Cambridge, MA: MIT Press, 2006.

Hales S. Motivations for Relativism as a Solution to Disagreements. *Philosophy*, 2014,89(1),63 – 82.

Hannon M. Skepticism and Epistemic Contextualism. *The Routledge Handbook of Epistemic Contextualism*. London and New York: Routledge, 2017,131 – 144.

Harman G. *Thought*. Princeton: Princeton University Press, 1973.

Harman G. Moral Relativism Defended. *The Philosophical Review*, 1975,84(1),3 – 22.

Harman G. Induction: Enumerative and Hypothetical. *A Companion to Epistemology*. Cambridge, MA: Blackwell, 1992,200 – 206.

Harman G. Moral Philosophy Meets Social Psychology: Virtue Ethics and the Fundamental Attribution Error. *Proceedings of the Aristotelian Society*, 1999,99(1),315 – 331.

Harman G, Thomson J. *Moral Relativism and Moral Objectivity*. Oxford: Blackwell, 1996.

Hawthorne J. *Knowledge and Lotteries*. Oxford: Oxford University Press, 2004.

Hazlett A. Knowledge and Conversation. *Philosophy and Phenomenological Research*, 2009,78(3),591-620.

Hazlett A. *A Critical Introduction to Skepticism*. London: Bloomsbury, 2014.

Hill T. *Autonomy and Self-Respect*. New York: Cambridge University Press, 1991.

Hursthouse R. *On Virtue Ethics*. New York: Oxford University Press, 1999.

Isen A M, Levin P F. The Effect of Feeling Good on Helping: Cookies and Kindness. *Journal of Personality and Social Psychology*, 1972,21(3),384-388.

Kahneman D. *Thinking, Fast and Slow*. London: Macmillan, 2011.

Kampa S. A New Statistical Solution to The Generality Problem. *Episteme*, 2018,15(2),228-244.

Kekes J. Recent Trends and Future Prospects in Epistemology. *Metaphilosophy*, 1977,8(2),87-107.

Klein P. Knowledge, Causality, and Defeasibility. *The Journal of Philosophy*, 1976,73(20),792-812.

Klein P. Human Knowledge and the Infinite Regress of Reasons. *Noûs*, 1999,33(13),297-325.

Klein P. Contextualism and the Real Nature of Academic Skepticism. *Philosophical Issues*, 2000,10(1),108-116.

Klein P. Human Knowledge and the Infinite Progress of Reasoning. *Philosophical Studies*, 2007,134(1),1-17.

Klein P. Useful False Beliefs. *Epistemology: New Essays*. Oxford: Oxford University Press, 2008,26-62.

Klein P. Infinitism. *The Routledge Companion to Epistemology*. London and New York: Routledge, 2011,245-256.

Klein P. Introduction. *Ad Infinitum: New Essays on Epistemological Infinitism*. Oxford: Oxford University Press, 2014,1-16.

Kölbel M. Ⅲ — Faultless Disagreement. *Proceedings of the Aristotelian Society*, 2004,104(1),53-73.

Kölbel M. The Evidence for Relativism. *Synthese*, 2009,166(2),375-395.

Kölbel M. Global Relativism and Self-Refutation. *A Companion to Relativism*. Wiley-Blackwell, 2011,11-30.

Kuhn T. *The Structure of Scientific Revolutions*. Second Edition. Chicago, IL: University of Chicago Press, 1970.

Kupfer J. The Moral Perspective of Humility. *Pacific Philosophical Quarterly*, 2003,84(3),249-269.

Kvanvig J. *The Intellectual Virtues and the Life of the Mind*. Savage, MD: Rowman and Littlefield, 1992.

Kvanvig J. *The Value of Knowledge and the Pursuit of Understanding*. New York: Cambridge University Press, 2003.

Lackey J. *Learning from Words. Testimony as a Source of Knowledge*. Oxford:

Oxford University Press, 2008a.

Lackey J. What Luck Is Not. *Australasian Journal of Philosophy*, 2008b, 86(2), 255 - 267.

Laudan L, Leplin J. Empirical Equivalence and Underdetermination. *Journal of Philosophy*, 1991, 88(9), 449 - 472.

Lehrer K. *Knowledge*. Oxford: Clarendon Press, 1974.

Lehrer K. *Theory of Knowledge*. London: Routledge, 1990.

Lehrer K, Cohen S. Justification, Truth and Coherence. *Synthese*, 1983, 55(2), 191 - 207.

Lehrer K, Paxson Jr T D. Knowledge: Undefeated Justified True Belief. *The Journal of Philosophy*, 1969, 66(8), 225 - 37.

Lewis C I. *An Analysis of Knowledge and Valuation*. LaSalle, IL: Open Court, 1946.

Lewis D. Scorekeeping in a Language Game. *Journal of Philosophical Logic*, 1979a, 8(1), 339 - 359.

Lewis D. Counterfactual Dependence and Time's Arrow. *Noûs*, 1979b, 13(4), 455 - 476.

Lewis D. Elusive Knowledge. *Australasian Journal of Philosophy*, 1996, 74(4), 549 - 567.

Lipton P. *Inference to the Best Explanation*. Second Edition. New York: Routledge, 2004.

Lycan W. Explanation and Epistemology. *Oxford Handbook of Epistemology*. Oxford: Oxford University Press, 2002, 408 - 434.

Lyons J. *Perception and Basic Beliefs*. New York: Oxford University Press, 2009.

MacFarlane J. The Assessment Sensitivity of Knowledge Attributions. *Oxford Studies in Epistemology*, 2005, 1(1), 197 - 233.

MacFarlane J. *Assessment Sensitivity: Relative Truth and Its Applications*. Oxford: Oxford University Press, 2014.

Madison B J. Epistemological Disjunctivism and the New Evil Demon. *Acta Analytica*, 2014, 29(1), 61 - 70.

Matthews K E, Cannon L K. Environmental Noise Level as a Determinant of Helping Behavior. *Journal of Personality and Social Psychology*, 1975, 32(4), 571 - 577.

Mazur J. *What's Luck Got to Do with It? The History, Mathematics, and Psychology of the Gambler's Illusion*. Princeton: Princeton University Press, 2010.

McCain K. *Inference to the Best Explanation and the External World: A Defense of the Explanationist Response to Skepticism*. University of Rochester, 2011.

McCain K. Two Arguments or Only One? *Philosophical Studies*, 2013, 164(2), 289 - 300.

McCain K. Skepticism and Elegance: An Explanationist Rejoinder. *International*

Journal for the Study of Skepticism, 2016, 6(1), 30-43.

McDowell J. Knowledge and the Internal. *Philosophy and Phenomenological Research*, 1995, 55(4), 877-93.

McDowell J. The Disjunctive Conception of Experience as Material for a Transcendental Argument. *Disjunctivism: Perception, Action and Knowledge*. Oxford: Oxford University Press, 2008, 376-389.

McGlone M S, Tofighbakhsh J. The Keats Heuristic: Rhyme as Reason in Aphorism Interpretation. *Poetics*, 1999, 26(4), 235-244.

McGlone M S, Tofighbakhsh J. Birds of a Feather Flock Conjointly: Rhyme as Reason in Aphorisms. *Psychological Science*, 2000, 11(5), 424-428.

Meiland J. Concepts of Relative Truth. *The Monist*, 1977, 60(4), 568-582.

Meiland J. On the Paradox of Cognitive Relativism. *Metaphilosophy*, 1980, 11(2), 115-126.

Mele A. *Free Will and Luck*. Oxford: Oxford University Press, 2006.

Milgram S. Behavioral Study of Obedience. *Journal of Abnormal and Social Psychology*, 1963, 67(4), 371-378.

Montmarquet J. *Epistemic Virtue and Doxastic Responsibility*. Lanham, MD: Rowman and Littlefield, 1993.

Montmarquet J. Situationism and Responsibilist Virtue Epistemology. *Epistemic Situationism*. Oxford: Oxford University Press, 2017, 77-89.

Moore G E. Certainty. *Philosophical Papers*. London: George Allen & Unwin, 1959.

Nagel T. Moral Luck. *Proceedings of the Aristotelian Society*, 1976, 50(1), 136-150.

Neta R, Guy R. Luminosity and the Safety of Knowledge. *Pacific Philosophical Quarterly*, 2004, 85(4), 396-406.

Nozick R. *Philosophical Explanations*. Cambridge, MA: Belknap Press, 1981.

O'Grady P. *Relativism*. Chesham: Acumen Publishing, 2002.

Olin L, Doris J M. Vicious Minds: Virtue Epistemology, Cognition, and Skepticism. *Philosophical Studies*, 2014, 168(3), 665-692.

Oppenheimer D M. Consequences of Erudite Vernacular Utilized Irrespective of Necessity: Problems with Using Long Words Needlessly. *Applied Cognitive Psychology*, 2006, 20(2), 139-156.

Page R. Noise and Helping Behavior. *Environment and Behavior*, 1974, 9(3), 311-334.

Piaget J. *The Child's Conception of Number*. New York: Norton, 1952.

Plantinga A. *Warrant and Proper Function*. New York: Oxford University Press, 1993.

Plantinga A. *Warranted Christian Belief*. Oxford: Oxford University Press, 2000.

Pollock J. *Contemporary Theories of Knowledge*. Savage, MD: Rowman and Littlefield, 1986.

Pollock J. At the Interface of Philosophy and AI. *The Blackwell Guide to Epistemology*. Maiden, Mass: Blackwell, 1999, 83 – 414.

Popper K. Normal Science and Its Dangers. *Criticism and the Growth of Knowledge*. Cambridge: Cambridge University Press, 1970, 51 – 58.

Pritchard D. Contextualism, Scepticism and the Problem of Epistemic Descent. *Dialectica*, 2001, 55(4), 327 – 249.

Pritchard D. Recent Work on Radical Skepticism. *American Philosophical Quarterly*, 2002a, 39(3), 215 – 257.

Pritchard D. Contemporary Skepticism. *Internet Encyclopedia of Philosophy*, 2002b.

Pritchard D. The Structure of Sceptical Arguments. *Philosophical Quarterly*, 2005a, 55(218), 37 – 52.

Pritchard D. *Epistemic Luck*. Oxford: Clarendon, 2005b.

Pritchard D. Anti-Luck Epistemology. *Synthese*, 2007, 158(3), 277 – 297.

Pritchard D. Apt Performance and Epistemic Value. *Philosophical Studies*, 2009, 143(3), 407 – 416.

Pritchard D. *Epistemological Disjunctivism*. Oxford: Oxford University Press, 2012.

Pritchard D. The Modal Account of Luck. *Metaphilosophy*, 2014, 45(4 – 5), 594 – 619.

Pritchard D. Anti-Luck Epistemology and the Gettier Problem. *Philosophical Studies*, 2015a, 172(1), 93 – 111.

Pritchard D. *Epistemic Angst: Radical Skepticism and the Groundlessness of Our Believing*. Princeton: Princeton University Press, 2015b.

Pritchard D. Epistemic Relativism and Epistemic Internalism. *The Routledge Handbook of Philosophy of Relativism*. London and New York: Routledge, 2020, 292 – 300.

Proffitt D R. Embodied Perception and the Economy of Action. *Perspectives on Psychological Science*, 2006, 1(2), 110 – 122.

Pryor J. What's Wrong with Moore's Argument? *Philosophical Issues*, 2004, 14(1), 349 – 378.

Pury C L S, Hensel A. Are Courageous Actions Successful Actions? *Journal of Positive Psychology*, 2010, 5(1), 62 – 73.

Putnam H. *Reason, Truth and History*. New York: Cambridge University Press, 1981.

Quine W V, Ullian J S. *The Web of Belief*. New York: Random House, 1978.

Quinton A. *The Nature of Things*. Boston: Routledge and Kegan Paul, 1973.

Reber R, Brun M, Mitterndorfer K. The Use of Heuristics in Intuitive Mathematical Judgment. *Psychonomic Bulletin & Review*, 2008, 15(6), 1174 – 1178.

Rescher N. *Luck: The Brilliant Randomness of Everyday Life*. New York: Farrar Straus Giroux, 1995.

Rhodes M G, Castel A D. Memory Predictions Are Influenced by Perceptual

Information: Evidence for Metacognitive Illusions. *Journal of Experimental Psychology: General*, 2008,137(4),615 – 25.

Rhodes M G, Castel A D. Metacognitive Illusions for Auditory Information: Effects on Monitoring and Control. *Psychonomic Bulletin & Review*, 2009,16(3),550 – 4.

Roberts R, Wood J. *Intellectual Virtues: An Essay in Regulative Epistemology*. New York: Oxford University Press, 2007.

Rorty R. *The Linguistic Turn: Essays in Philosophical Method*. Chicago: University of Chicago Press, 1992.

Riggs W. Why Epistemologists Are So Down on Their Luck? *Synthese*, 2007,158(3), 329 – 344.

Riggs W. Luck, Knowledge, and Control. *Epistemic Value*. Oxford: Oxford University Press, 2009,204 – 221.

Ross L, Nisbett R. *The Person and the Situation: Perspectives of Social Psychology*. New York: McGraw-Hill, 1991.

Ryle G. *The Concept of Mind*. London: Hutchinson, 1949.

Rysiew P. The Context-Sensitivity of Knowledge Attribution. *Noûs*, 2001,35(4),477 – 514.

Rysiew P. Contextualism. *Routledge Companion to Epistemology*. London and New York: Routledge, 2011a,523 – 544.

Rysiew P. Relativism and Contextualism. *A Companion to Relativism*. Wiley-Blackwell, 2011b,286 – 305.

Sankey H. Witchcraft, Relativism and the Problem of the Criterion. *Erkenntnis*, 2010,72(1),1 – 16.

Sankey H. Epistemic Relativism and the Problem of the Criterion. *Studies in History and Philosophy of Science*, Part A, 2011,42(4),562 – 570.

Sankey H. Scepticism, Relativism and the Argument from the Criterion. *Studies in History and Philosophy of Science*, Part A, 2012,43(1):182 – 190.

Schaffer J. Skepticism, Contextualism, and Discrimination. *Philosophy and Phenomenological Research*, 2004,69(1),138 – 55.

Seipel P. Moral Relativism. *The Routledge Handbook of Philosophy of Relativism*. London and New York: Routledge, 2020,165 – 173.

Sider T. *Logic for Philosophy*. Oxford: Oxford University Press, 2010.

Siegel H. Relativism, Truth and Incoherence. *Synthese*, 1986,68(2),225 – 259.

Siegel H. *Relativism Refuted*. New York: Springer, 1987.

Siegel H. Relativism. *A Companion to Epistemology*. Oxford: Blackwell, 1992,428 – 430.

Siegel H. Epistemological Relativism: Arguments Pro and Con. *A Companion to Relativism*. Wiley-Blackwell, 2011,201 – 218.

Silins N. Deception and Evidence. *Philosophical Perspectives*, 2005, 19(1), 375 – 404.

Sosa E. The Raft and the Pyramid: Coherence versus Foundations in the Theory of Knowledge. *Midwest Studies in Philosophy*, 1980,5(1),3 - 25.

Sosa E. *Knowledge in Perspective: Selected Essays in Epistemology*. Cambridge: Cambridge University press, 1991.

Sosa E. Proper Functionalism and Virtue Epistemology. *Noûs*, 1993,27(1),51 - 65.

Sosa E. How to Defeat Opposition to Moore. *Philosophical Perspectives*, 1999a,33(13),141 - 154.

Sosa E. Skepticism and the Internal/External Divide. *The Blackwell Guide to Epistemology*. Malden, MA: Blackwell, 1999b,145 - 157.

Sosa E. Skepticism and Contextualism. *Philosophical Issues*, 2000,10(1),1 - 18.

Sosa E. Goldman's Reliabilism and Virtue Epistemology. *Philosophical Topics*, 2001,29(1/2),383 - 400.

Sosa E. *A Virtue Epistemology: Apt Belief and Reflective Knowledge*, Volume I. Oxford: Clarendon Press, 2007.

Sosa E. *Reflective Knowledge: Apt Belief and Reflective Knowledge*, Volume II. Oxford: Clarendon Press, 2009.

Sosa E. How Competence Matters in Epistemology? *Philosophical Perspectives*, 2010,24(1),465 - 475.

Sosa E. *Knowing Full Well*. Princeton and Oxford: Princeton University Press, 2011.

Sosa E. *Epistemology*. Princeton: Princeton University Press, 2017.

Sosa E. Telic Virtue Epistemology. *The Routledge Handbook of Virtue Epistemology*. New York and London: Routledge, 2019,15 - 25.

Stanley J. *Knowledge and Practical Interests*. Oxford: Oxford University Press, 2007.

Statman D. Moral and Epistemic Luck. *Ratio*, 1991,4(2),146 - 156.

Strawson P F. *Scepticism and Naturalism: Some Varieties*. New York: Columbia University Press, 1985.

Stroud B. *The Significance of Philosophical Scepticism*. Oxford: Clarendon Press, 1984.

Sylvan K. Responsibilism Out of Character. *Epistemic Situationism*. Oxford: Oxford University Press, 2017,135 - 157.

Teigen K. Luck, Envy, Gratitude: It Could Have Been Different. *Scandinavian Journal of Psychology*, 1997,38(4),318 - 323.

Teigen K. When a Small Difference Makes a Large Difference: Counterfactual Thinking and Luck. *The Psychology of Counterfactual Thinking*. London: Routledge, 2003, 129 - 146.

Triplett T. Recent Work on Foundationalism. *American Philosophical Quarterly*, 1990,27(2),93 - 116.

Tolly J. A Defense of Parrying Responses to the Generality Problem. *Philosophical

Studies, 2017,174(8),1935 - 1957.

Turri J. In Gettier's Wake. *Epistemology: the Key Thinkers*. London: Continuum, 2012,214 - 229.

Turri J. Creative Reasoning. *Ad Infinitum: New Essays on Epistemological Infinitism*. Oxford: Oxford University Press, 2014,210 - 227.

Tversky A, Kahneman D. Availability: A Heuristic for Judging Frequency and Probability. *Cognitive Psychology*, 1973,5(2),207 - 32.

Unger P. An Analysis of Factual Knowledge. *The Journal of Philosophy*, 1968,65 (6),157 - 170.

Unger P. *Philosophical Relativity*. Oxford: Blackwell, 1984.

Unger P. The Cone Model of Knowledge. *Philosophical Topics*, 1986,14(1),198 - 219.

Unger P. A Defense of Skepticism. *The Philosophical Review*, 1971,80(2),198 - 218.

Unkelbach C. Reversing the Truth Effect: Learning the Interpretation of Processing Fluency in Judgments of Truth. *Journal of Experimental Psychology: Learning, Memory, and Cognition*, 2007,33(1),219 - 230.

Vahid H. Externalism/Internalism. *The Routledge Companion to Epistemology*. London and New York: Routledge, 2011,144 - 155.

Van F B. *Laws and Symmetry*. Oxford: Clarendon Press, 1989.

Vogel J. Cartesian Skepticism and the Inference to Best Explanation. *Journal of Philosophy*, 1990,87(11),658 - 666.

Vogel J. Reliabilism Leveled. *Journal of Philosophy* 2000,97(11),602 - 623.

Vogel J. Internalist Responses to Skepticism. *The Oxford Handbook of Skepticism*. Oxford: Oxford University Press, 2008,533 - 556.

Wallis C. Truth-Ratios, Process, Task, and Knowledge. *Synthese*, 1994,98(2),243 - 269.

Wang J. Closure and Underdetermination Again. *Philosophia*, 2014,42(4),1129 - 1140.

Wang J, Yang X. Intellectual Humility and Owning One's Limitations. *Fudan Journal of Humanities and Social Sciences*, 2019,12(3),353 - 369.

Weisberg J. The Bootstrapping Problem. *Philosophy Compass*, 2012,7(9),597 - 610.

Whitcomb D, Battaly H, Baehr J, Howard-Synder D. Intellectual Humility: Owning Our Limitations. *Philosophy and Phenomenological Research*, 2017,94(3),509 - 539.

Williams B. Moral Luck. *Proceedings of the Aristotelian Society*, 1976,50(1),115 - 135.

Williams B. *Ethics and the Limits of Philosophy*. Cambridge, MA: Harvard University Press, 1985.

Williams J. Justified Belief and the Infinite Regress Argument. *American Philosophical Quarterly*, 1981, 18(1), 85 – 88.

Williams M. *Unnatural Doubt: Epistemological Realism and the Basis of Scepticism*. Malden, MA: Blackwell, 1991.

Williams M. *Problems of Knowledge*. Oxford: Oxford University Press, 2001.

Williams M. Skepticism, Evidence and Entitlement. *Philosophy and Phenomenological Research*, 2013, 87(1), 36 – 71.

Williams M. Avoiding the Regress. *Ad Infinitum: New Essays on Epistemological Infinitism*. Oxford: Oxford University Press, 2014, 228 – 243.

Williamson T. *Knowledge and Its Limits*. Oxford: Oxford University Press, 2000.

Wright C. Scepticism and Dreaming: Imploding the Demon. *Mind*, 1991, 100(1), 87 – 115.

Wright C. (Anti-) Sceptics Simple and Subtle: G. E. Moore and John McDowell. *Philosophy and Phenomenological Research*, 2002, 65(2), 331 – 349.

Wright C. Warrant for Nothing (and Foundations for Free?). *Proceedings of the Aristotelian Society, Supplementary Volume*, 2004, 78(1), 167 – 212.

Wright C. Fear of Relativism? *Philosophical Studies*, 2008, 141(3), 379 – 390.

Zagzebski L. *Virtues of the Mind: An Inquiry into the Nature of Virtue and the Ethical Foundations of Knowledge*. Cambridge: Cambridge University Press, 1996.

Zagzebski L. The Search for the Source of Epistemic Good. *Metaphilosophy*, 2003, 34(1 – 2), 12 – 28.

Zagzebski L. Intellectual Virtues: Admirable Traits of Character. *The Routledge Handbook of Virtue Epistemology*. New York and London: Routledge, 2019, 15 – 25.

Zhong C B, Bohns V, Gino F. Good Lamps Are the Best Police: Darkness Increases Dishonesty and Self-Interested Behavior. *Psychological Science*, 2010, 21(3), 311 – 314.

Zimmerman M. Luck and Moral Responsibility. *Moral Luck*. Albany N. Y.: State University of New York Press, 1993, 217 – 233.

爱默生著, 蒲隆译.《爱默生随笔全集》. 北京理工大学出版社, 2015.

柏拉图著, 詹文杰译注.《泰阿泰德》. 商务印书馆, 2015.

柏拉图著, 王晓朝译.《柏拉图全集》. 人民出版社, 2017.

曹剑波. 怀疑主义难题的语境主义解答——基思·德娄斯的虚拟条件的语境主义评价.《自然辩证法研究》, 2005 年第 6 期, 30 – 34.

曹剑波. "知道"的语境敏感性: 质疑与辩护.《厦门大学学报(哲学社会科学版)》. 2009 年第 4 期, 13 – 20.

陈嘉明. 经验基础与知识确证.《中国社会科学》, 2007 年第 1 期, 65 – 75.

笛卡尔著, 庞景仁译.《第一哲学沉思集》. 商务印书馆, 1986.

方红庆. 两种德性知识论: 争论与融合.《厦门大学学报(哲学社会科学版)》, 2014 年第

6 期,9 – 16.

蒯因著,陈启伟等译.《语词和对象》.中国人民大学出版社,2005.

李麒麟.理智德性及其在知识价值问题当中扮演的驱动性角色——扎格泽博斯基对盖梯尔问题的解决方案.《自然辩证法通讯》,2018 年第 2 期,24 – 30.

罗蒂著,李幼蒸译.《哲学和自然之镜》.商务印书馆,2004.

米建国,叶方兴.当代知识论的德性转型——台湾东吴大学哲学系米建国教授学术访谈.《东南大学学报(哲学社会科学版)》,2016 年第 2 期,21 – 28.

塞克斯都·恩披里克著,包利民,龚奎洪,唐翰译.《悬搁判断与心灵宁静》.中国社会科学出版社,2017.

王华平.无限主义:当代知识论的新观点.《自然辩证法研究》,2006 年第 1 期,53 – 56.

王聚.知识论析取主义,蕴涵论题与根据难题.《自然辩证法通讯》,2016 年第 5 期,28 – 34.

王聚.无限主义与阿格里帕三难问题.《自然辩证法研究》,2018 年第 2 期,3 – 8.

王聚.来自谬误的推理知识.《哲学研究》,2020 年第 10 期,117 – 126.

魏屹东.知识确证问题与非语境论解决策略.《世界哲学》,2013 年第 3 期,22 – 31.

徐竹.科学理解的德性知识论意蕴.《世界哲学》,2017 年第 3 期,73 – 80.

徐向东,陈玮.境况与美德——亚里士多德道德心理学对境况主义挑战的回应.《中国社会科学》,2019 年第 3 期,126 – 146.

亚里士多德著,廖申白译著.《尼各马可伦理学》.商务印书馆,2003.

阳建国.《知识论语境主义研究》.湖南大学出版社,2016.

图书在版编目(CIP)数据

当代知识论导论/王聚著.—上海：复旦大学出版社，2022.9
ISBN 978-7-309-16063-5

Ⅰ.①当… Ⅱ.①王… Ⅲ.①知识论-研究 Ⅳ.①G302

中国版本图书馆 CIP 数据核字(2021)第 276313 号

当代知识论导论
王 聚 著
责任编辑/梁 玲

复旦大学出版社有限公司出版发行
上海市国权路 579 号 邮编：200433
网址：fupnet@fudanpress.com   http://www.fudanpress.com
门市零售：86-21-65102580   团体订购：86-21-65104505
出版部电话：86-21-65642845
常熟市华顺印刷有限公司

开本 787×1092 1/16 印张 16 字数 270 千
2022 年 9 月第 1 版
2022 年 9 月第 1 版第 1 次印刷

ISBN 978-7-309-16063-5/G·2332
定价：49.00 元

如有印装质量问题,请向复旦大学出版社有限公司出版部调换。
版权所有 侵权必究